Reinhard Schulz
Waltraud Roth-Schulz

MIT DEM WOHNMOBIL NACH OST-SPANIEN

Die Anleitung für einen Erlebnisurlaub

DER WOHNMOBIL-VERLAG
D-98634 Mittelsdorf/Rhön

Bibliografische Information der Deutschen Bibliothek

Die Deutsche Bibliothek verzeichnet diese Publikation in der Deutschen Nationalbibliografie.
Detaillierte bibliografische Daten sind im Internet über <http://dnb.ddb.de> abrufbar.

Titelbild: Die berühmte Brücke von Besalú (Tour 9)

4. neu bearbeitete und erweiterte Auflage 2011

Druck:
Fuldaer Verlagsanstalt, 36037 Fulda

Vertrieb:
GeoCenter ILH, 70565 Stuttgart

Herausgeber:
WOMO-Verlag, 98634 Mittelsdorf/Rhön
GPS: N 50° 36' 38.2" E 10° 07' 56.0"

Fon: 0049(0)36946-20691
Fax: 0049(0)36946-20692
eMail: verlag@womo.de
Internet: www.womo.de

Alle Rechte vorbehalten
Alle Angaben ohne Gewähr

ISBN 978-3-86903-284-9

EINLADUNG

*„Waaas, Ihr schreibt ein Buch über die Costa Brava?
Da bekommt man doch kein Bein mehr auf den Boden!"*

Zugegeben, etwas mulmig war uns schon bei dem Gedanken an zubetonierte Strände und Urlaubermassen.
Aber unsere Infos und Beziehungen reichten weiter!
Wie oft schwärmten spanische (katalanische) Freunde von ihrer Heimat, von den wilden Schluchten der Pyrenäen, von einsamen Tälern in den Serras, über denen noch Adler und Geier kreisen.
Und dann zogen sie Fotos hervor, auf denen diese Urlaubsträume abgelichtet waren, aber auch beeindruckende Belege einer jahrtausende alten Kultur: Iberer, Griechen, Römer, Mauren, Zisterzienser hinterließen Zeugnisse ihrer Anwesenheit; am beeindruckendsten fanden wir jedoch die kleinen "Ermitas", die sich einsamkeitssuchende Mönche in stets idyllischer Natur erbauten ...

Liebe Leser, dieses Spanien gibt es wirklich!
Folgen Sie uns in ein Urlaubsland, dessen Küsten jährlich von zigtausenden überflutet werden, das jedoch bereits nach wenigen Kilometern im Landesinneren seine Ursprünglichkeit bewahrt hat. Erleben Sie mit uns grandiose Bergketten (Serras), streifen Sie mit uns durch Täler, in deren kristallklaren Flüssen man noch baden kann, entdecken Sie mit uns eine Fülle von Kulturdenkmälern, aber auch mittelalterliche Städte, die ihren Flair bewahrt haben, ohne wie Museen zu wirken.
Und, last not least, baden Sie mit uns an den Stränden von Costa Dorada und Costa Brava, wo wir trotz aller Unkenrufe noch schöne Plätzchen entdeckt haben.

Die Anreise durch Frankreich ist bestens für Sie vorbereitet: Auf der kürzesten (und schönsten) Strecke haben wir vierzehn bequeme Übernachtungsplätze ausgesucht, damit Sie bereits erholt in Spanien ankommen, denn – **der Weg ist das Ziel!**

Ihre
Waltraud Roth-Schulz

Sehr geehrter Leser, lieber WOMO-Freund!

Reiseführer sind für einen gelungenen Urlaub unverzichtbar – das beweisen Sie mit dem Kauf dieses Buches. Aber aktuelle Informationen altern schnell, und ein veralteter Reiseführer macht wenig Freude.

Sie können helfen, Aktualität und Qualität dieses Buches zu verbessern, indem Sie uns nach Ihrer Reise mitteilen, welchen unserer Empfehlungen Sie gefolgt sind (freie Stellplätze, Campingplätze, Wanderungen, Gaststätten usw.) und uns darüber berichten (auch wenn sich gegenüber unseren Beschreibungen nichts geändert hat).

Bitte füllen Sie schon während Ihrer Reise das Info-Blatt am Buchende aus und schreiben Sie evtl. Korrekturen auch in unser Forum unter: www.forum.womoverlag.de

Dafür gewähren wir Ihnen bei Buchbestellungen direkt beim Verlag (mit beigefügtem, vollständig ausgefülltem Info-Blatt oder entsprechender eMail) ein Info-Honorar von 10%.

Aktuelle Korrekturen finden Sie unter: www.forum.womoverlag.de

Um die freien Übernachtungs- und Campingplätze auf einen Blick erfassen zu können, haben wir diese im Text in einem Kasten nochmals farbig hervorgehoben und, wie auf den Karten, fortlaufend durchnummeriert. Wir nennen dabei wichtige Ausstattungsmerkmale und geben Ihnen eine kurze Zufahrtsbeschreibung. "Max. WOMOs" soll dabei andeuten, wie viele WOMOs dieser Platz maximal verträgt und nicht, wie viele auf ihn passen würden (schließlich gibt es auch Einwohner und andere Urlauber)!

Übernachtungsplätze mit **B**ademöglichkeit sind mit hellblauer Farbe unterlegt. **W**anderparkplätze sind grün gekennzeichnet. **P**icknickplätze erkennen sie an der violetten Farbe. Auf Schlafplätzchen, denen die gerade genannten Merkmale fehlen – also auf einfache **S**tellplätze – weist die Farbe Gelb hin. Empfehlenswerte **C**ampingplätze haben olivgrüne Kästchen. Wanderungen, die wir Ihnen besonders ans Herz legen möchten, haben wir ebenfalls grün unterlegt.

Und hier kommt das Kleingedruckte:

Jede Tour und jeder Stellplatz sind von uns meist mehrfach überprüft worden, wir können jedoch inhaltliche Fehler nie ganz ausschließen. Bitte achten Sie selbst auf Hochwasser, Brandgefahr, Steinschlag und Erdrutsch!

Verlag und Autoren übernehmen keine Verantwortung für die Legalität der veröffentlichten Stellplätze und aller anderen Angaben. Unsere Haftung ist, soweit ein Schaden nicht an Leben, Körper oder Gesundheit eingetreten ist, ausgeschlossen, es sei denn unsere Verantwortung beruht auf Vorsatz oder grober Fahrlässigkeit.

INHALT

An- und Rückreisewege
durch Frankreich .... S. 6

12 Touren durch Ost-Spanien
Tour 1: Von den Pyrenäentälern nach Lleida .... S. 14
Tour 2: Wilde Serras mit schönen Badeplätzen .... S. 34
Tour 3: Costa Dorada mit Ebro-Delta .... S. 56
Tour 4: Wein, Serras und die schönsten Klöster .... S. 72
Tour 5: Tarragona, Costa Dorada und Montserrat .... S. 92
Tour 6: Barcelona, Wasserfälle und Montseny S.110
Tour 7: Costa Brava, Girona und alte Iberer S.128
Tour 8: Römer, Reiher, Störche, Strände S.145
Tour 9: Schildkröten, Dali & Vulkane S.162
Tour 10: Bergtouren & wilde Pisten S.180
Tour 11: Kirchen, Köster, Badeplätzchen S.196
Tour 12: Durch Schluchten zurück zu den Pyrenäen .. S.206

Tipps und Tricks
für Reisevorbereitung und Urlaub S.230
u. a. Packliste S.248
In eigener Sache S.258

Stichwortverzeichnis S.259

Tourenübersicht S.265

Zeichenerklärungen für die Tourenkarten

Touren / abseits der Touren
- Autobahn (Maut)
- 4-spurige Straße
- Hauptstraße
- Nebenstraße
- Schotterstraße
- Wanderweg
- Badeplatz (ohne/mit freier Übernachtung)
- Stellplatz (ohne/mit freier Übernachtung)
- (W)(P)(B) Wander-, Picknick-, Badeplatz
- (12)(13)(14) geeignet für freie Übernachtungen
  Alle freien Übernachtungsplätze sind im Text und auf den Tourenkarten fortlaufend durchnummeriert.

- ? Problemstrecke (s. Text)
- Kirche, Kloster
- Burg, Schloss, Ruine
- Ausgrabung/Dolmen
- Sehenswürdigkeit
- Trinkwasser/Dusche
- Campingplatz/Höhle
- Schwimmbad
- Ver-/Entsorgung/WC/Klo
- N 50° 36' 38.2" E 10° 7' 56.0" **GPS-Daten**

Wir starten Richtung Ost-Spanien!

Überfüllte Strände auf Mallorca und Saufgelage bei Ballermann, so präsentiert uns die Presse nicht selten das sommerliche Spanien.
Auch die zugebauten Festlandsküsten sollen eigentlich kein Ziel für erlebnishungrige Wohnmobilurlauber, sondern eher für bequeme Campingplatzfreunde sein.
Was werden wir geboten bekommen in dem Teil von Spanien, den alljährlich zigtausende aus ganz Europa ansteuern?
Werden wir auch dort die Urlaubsfreiheit finden, die Möglichkeit, zu reisen und zu bleiben, wo wir wollen?
Gibt es auch in Ostspanien die freien, idyllischen Übernachtungsplätze, die wir so lieben?
Aber – was machen wir uns eigentlich unnötige Gedanken!
Wir haben ja den "Schulz" dabei, da kann doch eigentlich nichts schiefgehen.
Jetzt wollen wir erst einmal die Anreise hinter uns bringen ...

Vorüberlegung
So lange wie möglich in Deutschland anreisen – die französischen Autobahnen sind teuer!

Oder:
So schnell wie möglich über die Grenze – weg von den Urlaubsstaus auf deutschen Straßen?

Unsere Erkundigungen ergaben, dass die sparsamen Touristen in der Mehrheit sind, fast immer wurde der Grenzübergang Mulhouse südwestlich Freiburgs genannt.
Selbst die wenigsten Nordlichter fuhren auf der >A 44< bei Aachen über die Grenze, durch Belgien Richtung Paris.
Häufiger wurde, vor allem bei Fahrern aus dem Raum Frankfurt/Mannheim, die Strecke Saarbrücken – Paris genannt.
Münchner und Österreicher waren keineswegs am schlechtesten dran. Zwar brauchten sie für die Schweiz eine Vignette und landeten, über Bern und Genf anreisend, bei Lyon auf der französischen Autobahn. Aber sie hatten ein ganzes Stück teure, französische Autobahn eingespart – und die Vignette gilt ein Jahr, manche hatten sie noch vom Wintersport.
Es ist jedoch nicht nur Sparsamkeit, die die meisten nach Süden treibt. Von dort aus bietet sich eine Vielzahl von Kombinationsmöglichkeiten zwischen Autobahnen und Landstraßen an, die wir Ihnen gern empfehlen und auch näher beschreiben möchten.

An-/Rückreiserouten durch Frankreich

Wer die Wahl hat, hat die Qual?
Wenn Sie auch nur die Überschriften unserer Streckenvorschläge mit den Kilometerangaben und den Autobahngebühren überfliegen, wird Ihnen die Entscheidung leichter fallen!

Nordroute I

(Aachen – Bielsa-Tunnel 1150 km, z.Zt. 50 € Maut)
Aachen - Lüttich (Liège) - Valenciennes - Paris - Orléans - Limoges - Brive - Toulouse - Bielsa-Tunnel.

Es handelt sich um die bequemste Route für Anreisende aus dem norddeutschen Raum. Bald ist jeder Meter gepflegte (und dann auch kostenpflichtige) Autobahn, ein Ausweichen auf benachbarte Landstraßen ist kaum sinnvoll.

Nordroute II

(Aachen – Bielsa-Tunnel 1350 km, ca. 110 € Maut)
Aachen - Lüttich (Liège) - Valenciennes - Paris - Orléans - Tours - Bordeaux - Toulouse - Bielsa-Tunnel

Lang, bequem, aber teuer! Nur mit Abstechern zu den Loire-Schlössern oder der franz. Atlantikküste zu empfehlen.

Nordroute III

(Saarbrücken – Bielsa-Tunnel 1200 km, z.Zt. 70 € Maut)
Saarbrücken - Metz - Reims - Paris - Orléans - Limoges - Brive (Autobahn im Bau) - Toulouse - Bielsa-Tunnel.

Es handelt sich um die bequemste Route für Anreisende aus dem Frankfurter Raum. Bald ist jeder Meter gepflegte (und dann auch kostenpflichtige) Autobahn. Die Variante über Metz - Dijon - Lyon (und dann "unsere" Diagonalroute) wäre jedoch viel preiswerter.

Sehenswertes:
- Metz: Gotische Kathedrale, malerische Altstadt, Moseltal.
- Reims: Besichtigung der schönsten gotischen Kathedrale der Welt und der Champagner-Kellereien.
- Paris: Bummel durch die Champs-Elysees, Louvre, Invalidendom, Triumphbogen, Eiffelturm, Notre Dame, Moulin Rouge mit Umgebung.
- Orléans: Gotische Kathedrale.
- Tours: In der Umgebung die berühmten Loire-Schlösser.
- Limoges: Gotische Kathedrale.
- Toulouse: Kathedrale, Basilika St. Sernin, Jakobinerkirche.

Südroute I (Anreise)

(Mulhouse – Bielsa-Tunnel 1020 km, ca. 90 € Maut)
Mulhouse - Besançon - Beaune - Chalon s. S. - Lyon - Nîmes - Montpellier - Narbonne - Toulouse - Bielsa-Tunnel.

Südroute II (Rückreise)

(Le Perthus – Mulhouse 860 km, ca. 90 € Maut)
Le Perthus - Perpignan - Montpellier - Nîmes - Lyon - Chalon s. S. - Beaune - Besançon - Mulhouse).

„Warum sind die Südrouten so kurz?" Weil "der Rest" durch Deutschland für die meisten um so länger ist!

Sehenswertes:
- Mulhouse: Europas größtes Automobilmuseum.
- Besançon: Zitadelle mit weitem Blick über die Stadt.
- Beaune: "Hotel Dieu", gotisches Krankenhaus aus dem 15. Jahrh., Burgunderweinprobe.
- Tournus: Romanische Abteikirche St. Philibert.
- Lyon: Gotische Kathedrale, römische Amphitheater sowie unzählige Feinschmeckerlokale.
- Vienne: Römische Tempel und romanischer Klosterhof, herrlicher Blick übers Rhônetal.
- Orange: Triumphbogen und Theater aus römischer Zeit.
- Nîmes: Hier ist fast alles römisch: Amphitheater, Wasserturm, Stadtbefestigung, Tempel, Thermen.

Diagonalroute – unser Streckentipp!

(Mulhouse – Bielsa-Tunnel 930 km, ca. 20 € Maut)

Mulhouse - Besançon-Palente (Sortie 4.1) - Besançon - Lons - Bourg - Lyon - St. Etienne - le Puy - Mende - Rodez - Albi - Toulouse - St. Gaudens - la Barthe - Bielsa-Tunnel.

Der kürzeste und preiswerteste unserer Streckenvorschläge, aber nicht der schnellste. Zwar sind die "routes nationales" bekannt für ihre geringe Verkehrsdichte und ihren meist sehr guten Ausbau, nur noch wenige Stadtdurchfahrten mindern das Reisetempo. Dafür wird man jedoch nicht von der Autobahnlangeweile angeödet, findet schöne Übernachtungsplätzchen (die wir metergenau beschrieben haben) und preiswerte Tankstellen bei den meisten Supermärkten.

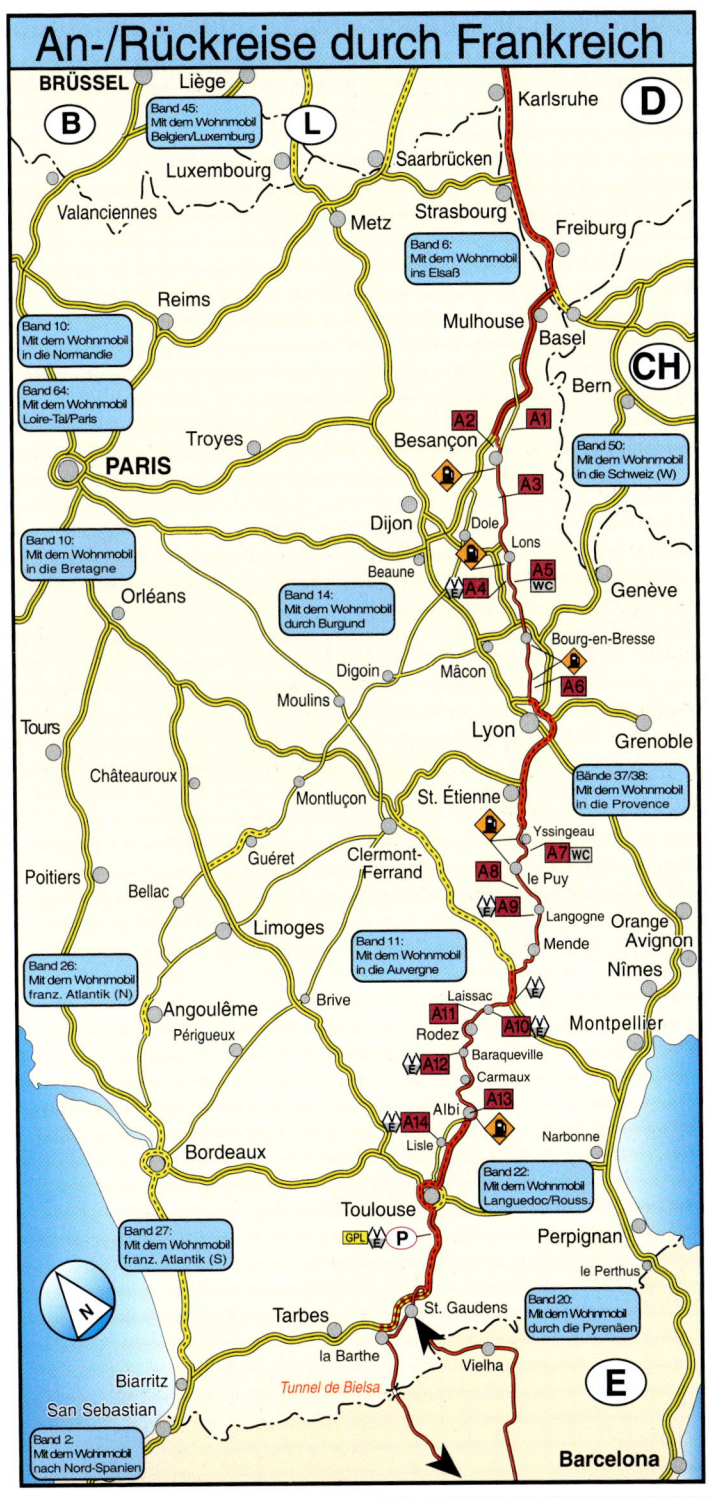

... und weil die Diagonalroute unsere Lieblingsstrecke ist, jetzt alles noch einmal ganz genau:

Mulhouse – AB 36 (D 683) – Besançon-Palente (Sortie 4.1) – D 486 – Besançon – N 83/D 1083 – Lons-le-Saunier – Bourg-en-Bresse – D 1083 – AB 6 – Lyon – AB 47 – St. Etienne – N 88 – Yssingeau – le Puy-en-Velay – Langogne – Mende – N 88/AB 75/N 88 – Laissac – Rodez – Baraqueville – Carmaux – Albi – AB 68 – Lisle – Toulouse – AB 64 – St. Martory – D 817 – St. Gaudens – la Barthe – D 929 – Bielsa-Tunnel.

A 1: Wer statt der A 36 ab Montbéliard die N 86 entlang des Doubs-Flusses nimmt, findet in Baume-les-Dames den gebührenpflichtigen, oft überfüllten Stellplatz am Fluss [N47° 20' 24.6" E6° 21' 35.6"].

A 2: Nach der A 36-Abfahrt 4.1 (Besançon-Palente) 8 km weiter auf der **D 486** Richtung Besançon, bei »km 2,9« rechts ab in den "Forêt de Chailluz" (links geht's nach Thise), nach 2 km ruhige Parkplätze [N47° 17' 50.8" E6° 02' 57.9"] mit Picknicktischen bei Wildgehegen.  Am Ortsende von Besançon preiswerte 24-h-Tankstelle beim Supermarkt "Super U", auf der **N 83** nach Süden.

A 3: Knapp 40 km südlich Besançon und 7 km südlich Quingey rechts nach Chay. Dort durch die Rue du Moulin zu Wiesenplätzen [N47° 2' 16.2" E5° 51' 28.5"] links vor der Brücke über den Loue-Fluss mit Bademöglichkeit (auf eigenes Risiko). Kurz darauf in Rennes-sur-Loue Camping a la ferme.

Direkt nach dem Ortsende von Lons-le-Saunier "Super U" mit preiswerter 24-h-Tankstelle.

A 4: 23 km südlich von Lons liegt Cousance. Dort ausgeschilderter, schräger WOMO-Stellplatz [N46° 31' 46.1" E5° 23' 29.0"] mit V/E, Wasser und WC; leider direkt an der Ortsstraße.

A 5: 25 km südlich von Lons verlässt man die Schnellstraße nach Cuiseaux und fährt steil 4 km hinauf nach Chevreaux, oberhalb die mittelalterliche Burgruine mit Parkplätzen, Toiletten, Duschen, Wasserhahn und Picknicktisch [N46° 30' 35.8" E5° 24' 11.0"].

In Bourg-en-Bresse preiswerte Tankstellen bei den Supermärkten "Casino" und "Carrefour".

In Villars-les-Dombres preiswerte 24-h-Tankstelle bei "Super U", südlich vom Ort schöne Picknickplätze (nur tags) beim Vogelpark [N45° 59' 29.1" E5° 01' 30.9"].

A 6: 3 km nach dem Vogelpark links Richtung Versailleux und nach 2,5 km wieder rechts bis zum Ortsbeginn von Birieux. Dort rechts schöner Parkplatz mit Wasserhahn, Bank und Boule-Bahn [N45° 57' 12.5" E5° 2' 21.8"].

Von der **D 1083** auf die **AB 46**, auf dem Autobahnring "Rocade Est/N 346" südlich um Lyon herum, den Wegweisern Marseille bzw. später St. Etienne auf die **AB 47/N 88** folgen, auf der **N 88** weiter.

A 7: 7 km hinter Yssingeau, in Le Pertuis, viele, ruhige Parkplätze [N45° 05' 45.8" E4° 03' 46.3"] neben dem LKW-Parkplatz, WC vor dem Kinderspielplatz rechts.

In Le Puy-en-Velay billige Tankstelle bei "Géant".

A 8: 7 km südlich des Ortsendes von Le Puy biegen wir rechts, folgen über Cayres den Wegweisern zum "Lac du Bouchet". Nach 8 km viele Waldparkplätze [N44° 54' 10.9" E3° 47' 40.2"] oberhalb des Vulkansees (mit Badegelegenheit und Gaststätte).

A 9: 30 km weiter südlich, in Langogne, nach rechts zum Stausee de Naussac abbiegen. An der "Base Nautic" Picknick-

plätze und WOMO-Ver-/Entsorgungsstation [N44° 44' 16.1" E3° 50' 04.2"] (5 € incl. Entsorgung).
Über Mende weiter die **N 88** entlang des Lot zur (mautfreien) Autobahn **AB 75**, diese 26 km bis zur Abfahrt Severac "Aire de l'Aveyron" (dort Ver-/Entsorgung gegen Gebühr).

A 10: Weiter auf der »N 88«. Nach 25 km, in Laissac, kostenloser, offizieller, lauter WOMO-Parkplatz [N44° 23' 9.7" E2° 49' 18.2"] mit Ver- und Entsorgung, Wasser separat; nahebei preiswerte Tankstelle bei Ecomarché.

A 11: Nur 5 km weiter, in Bertholene, großer Parkplatz [N44° 23' 42.3" E2° 46' 38.1"] rechts abseits der Straße mit WC.
An der Umgehungsstraße von Rodez billige 24-h-Tankstellen (Géant/Leclerc), auch wenig später am Ortsbeginn von Baraqueville.

A 12: Ortsmitte Baraqueville nach rechts dem Wegweiser zum ruhig gelegenen, offiziellen WOMO-Stellplatz [N 44° 16' 42.7" E 2° 26' 0.7"] mit kostenpflichtiger Ver-/Entsorgungsstation, Wasser und Strom folgen.

Die Umgehungsstraße führt uns weit um Carmaux herum, so dass wir am Ortsende nicht die billige 24-h-Tankstelle bei "Hyper U" passieren, Ersatz 2x an der Ortsumfahrung von Albi ("Leclerc" und "Intermarché").

A 13: Günstig gelegener offizieller WOMO-Stellplatz [N43° 55' 38.7" E2° 08' 27.5"] hinter der Kathedrale von Albi (links von ihr den Tarn überqueren, dahinter rechts).
Ab hier haben wir keine Tankstellen mehr gesucht, weil der Diesel in Spanien billiger ist!

Hinter Albi geht die **N 88** in die (mautfreie) **AB 68** über. Zum Übernachtungsplatz von Lisle-sur-Tarn (sehenswert!) kommt man, wenn man die Sortie 8 nach Lisle nimmt, geradeaus bis zur **D 988** fährt und dort rechts Richtung Albi abzweigt.

A 14: Nach 2000 m liegt rechts der "Lac de Bellevue" mit schönen, ruhigen offiziellen WOMO-Parkplätzen [N43° 51' 42.6" E1° 49' 06.6"], Ver-/Entsorgung, Wasser, Grillstellen, Tischen & Bänken, Schwimmbad.

Achtung! Der Autobahnring (Rocade Ouest, Wegweiser "Bordeaux", später "Tarbes/Pau/Auch") um Toulouse herum ist kostenlos, ein paar Kilometer davor (**AB 68**) und dahinter (**AB 64**) ist die Autobahn jedoch mautpflichtig.

Wir verlassen die **AB 64** bei der Sortie 21 (Tarbes par RN), auf der **N 117** geht's weiter über St. Gaudens und Montrejau bis Lannemezan, dort links auf der **D 929** bis zum Bielsa-Tunnel, in dessen Mitte wir die spanische Grenze überqueren.

Wir haben 12 Touren durch Ihr Urlaubsgebiet gelegt, die Sie ganz nach Belieben der Reihe nach abfahren – oder durch schnelle Querverbindungen anders miteinander verknüpfen oder auch abkürzen können (siehe 3. Umschlagseite).

Die Michelin-Karten Nr. 721 Frankreich und Nr. 574 Ost-Spanien sind Ihre idealen Begleiter (Bestellmöglichkeit im WOMO-Buchshop unter www.womo.de oder telefonisch).

Lisle-sur-Tarn, Lac de Bellevue

TOUR 1 (ca. 320 km / 4-5 Tage)

Tunnel de Bielsa – Bielsa – Valle de Pineta – Canyon de Añisclo – Ainsa – Embalse de Mediano – Embalse de El Grado – Torreciudad – Embalse de Barrasona – Barbastro – Alquézar – Lleida

Freie Übernachtung:	Valle de Pineta, Schlucht von Añisclo, Ainsa, Stausee von Mediano, Stausee von El Grado, Alquézar, bei Graus.
Trinkwasserstellen:	u.a. Valle de Pineta, Schlucht von Añisclo, Ainsa, Alquézar.
Campingplätze:	u.a. Valle de Pineta, Schlucht von Añisclo, Alquézar, Lleida.
Baden:	u.a. Stausee von Mediano, von El Grado, von Barasona.
Besichtigungen:	NSG Ordesa, Ainsa, Torreciudad, Barbastro, Alquézar, Lleida
Wandern:	u.a. NSG Ordesa, Schlucht von Añisclo, Alquézar.

Kennen Sie die Neste? Nein??
Sie mündet bei MONTREJEAU in die Garonne und fließt mit ihr bei BORDEAUX in den Atlantik.
Für uns hat sie Bahn gebrochen in unser Urlaubsland. Montrejeau, La Barthe, Arreau waren bisher die Stationen unseres gemeinsamen Weges. Hinter St. Lary/Soulan rücken die Berge zusammen, die D 929 schlängelt sich zwischen ihnen empor. Linkerhand schäumt "unsere" Neste über rundgeschliffene Felsen. Am Ortsende von FABIAN wechseln wir auf die D 118 nach links – und gleichzeitig in den 2. Gang. Die Bewaldung wird lichter, zwischen Weiden und Wacholder ziehen Wolkenfetzen über die Straße. Die erste Serpentine, noch eine, tröpfelnd beginnen sich die Wolken zu entleeren. Ein Wasserfall blitzt kurz auf, bevor wir in den 3 km langen **Bielsa-Tunnel** eintauchen.

Wie ein ferner Motorradscheinwerfer blinzelt uns das Tunnelende an, wird größer, größer und wir rollen hinaus in das sonnenüberflutete Spanien – Urlaub!
Steil geht es wieder hinab, der **Rio Barrosa** ist unser neuer flüssiger Freund. Genau 10 km dauert die Talfahrt, dann schwenken wir unmittelbar hinter einem kurzen Tunnel rechts ab (Wegweiser: BIELSA, Parador Nacional de Monte Perdido). Direkt vor dem Kirchturm von BIELSA biegen wir

scharf rechts um einen **Brunnen** herum. Steil steigt die Straße an ins **Valle de Pineta**, bereits nach der ersten Serpentine können wir auf die Dächer von BIELSA hinabblicken.

Nach 3 km sichten wir erste Rastplätze am **Embalse (Stausee) de Pineta**. Gemütlich steigt die Straße rechts des **Rio Cinca** weiter an, endet nach 15 km in einem Talkessel, der umstanden ist von den Giganten der Pyrenäen. Blitzende Wasserfälle stürzen von ihren Flanken herab, gespeist von ewigen Schneefeldern.

Viel interessanter als der staatliche Parador, um den herum Parkplatznot herrscht wie in einer Großstadt, sind zwei andere Attraktionen: ein reichlich schüttender **Brunnen** kurz vor dem Parador rechts und das große **Wanderparkplatz-Gelände** am **Rio Cinca**, etwa 500 m unterhalb des Paradors. Hier, an der Ostgrenze des **Nationalparks Ordesa und Monte Perdido**

Am Rande des NP Ordesa

kann man parken, übernachten (zumindest in der Nebensaison, wenn der Campingplatz geschlossen ist), auf verschiedensten Strecken im NP Ordesa bergwandern (z. B. zu den Wasserfällen des Rio Cinca) oder den preiswerten Camping Municipal beehren. Ein Info-Posten des NP gibt Wandertipps und hält eine Wanderskizze für Sie bereit.

> **(01) WOMO-Wanderparkplatz: Valle de Pineta / NSG Ordesa**
> **GPS:** N42° 40' 34.4" E0° 05' 07.8"; 1394 m.   **Max. WOMOs:** >5.
> **Ausstattung/Lage:** Wanderwege, Liegewiesen, Brunnen, Mülleimer, i-Stelle des NP/außerorts.   **Zufahrt:** siehe Text.

Wir haben für eine einsamere Nachtruhe bereits Ausschau gehalten! Nach einer geruhsamen Pause rollen wir das **Valle de Pineta** wieder hinab. Nach 8 km, zwischen dem Dörfchen ZAPATIERNO und dem Stausee, ist die Straße wieder auf Flussniveau abgesunken. Schotterwege durchziehen eine "Zona de Acampada", wo wir die einzigen Nachtgäste sind.

> **(02) WOMO-Stellplatz:**
> **Valle de Pineta / Rio Cinca**
> **GPS:** N42° 38' 30.8" E0° 10' 09.4"; 1191 m.
> **Max. WOMOs:** >5.
> **Ausstattung/Lage:** Liegewiesen, Plätscherfluss (kalt)/außerorts.
> **Zufahrt:** siehe Text.

Über BIELSA kehren wir zur Hauptstraße zurück, treu gefolgt vom **Rio Cinca**, der das spärliche Nass des **Rio Esera** aufnimmt und uns weiter begleitet. Nach 8 km, südlich von SALINAS, rücken die Talwände plötzlich zusammen, für die Straße musste Platz freigesprengt werden: **Congosto de las Devotas**, unsere erste von vielen malerisch-dramatischen Schluchten in den Pyrenäen.

Die Schlucht war langweilig? Sie hätten die Felswände gern höher, den Fluss tiefer, die Straße schmaler?? Und eigentlich wäre ein Stück Schlucht ohne Straße, nur zum Wandern, das Größte?! Dann folgen Sie uns 24 km südlich von BIELSA nach rechts zum **Canyon de Añisclo**. Das Sträßchen ist wesentlich schmaler (**?**) als im Valle de Pineta, noch nicht einmal eine Einbahnstraßenregelung garantiert Ihnen, dass Sie sich nur vor Kurven, überhängenden Felsen (WOMOs bis max. 3 m Höhe!) und steilen Abhängen in acht nehmen müssen.

In PUYARRUEGO halten wir uns folglich rechts, begleiten weiter den **Rio Vellos**, dessen kalte Fluten durch eine selbst ausgewaschene, schotterlose Riesenbadewanne schießen. Nach 3600 m links der Straße ein Parkplatz mit Schutzhütte und Picknicktischen unter schattigen Pinien.

Von den Pyrenäentälern nach Lleida

(03) WOMO-Picknickplatz: Rio Vellos
GPS: N42° 30' 52.0" E0° 06' 43.8"; 655 m. **Max. WOMOs:** 2-3.
Ausstattung/Lage: Tisch & Bank, Schutzhütte, Schatten/außerorts. **Zufahrt:** s. Text.

Kurz darauf ein Brückchen. Parkmöglichkeiten davor und dahinter ermöglichen geruhsamen Ausblick in die immer schmaler werdende Schlucht. Die Szene wird immer dramatischer, die Schlucht immer schmaler....

Nach 4,8 km erreichen wir gleichzeitig die Grenze des **NP Ordesa und Monte Perdido**, eine Parkmöglichkeit und ein Hinweisschild zur **Fuente de los Baños**.

Tapfer schnappe ich unseren 15-l-Kanister und steige 275 Escalones (d'r Schwob tät sage: Woibergsstäffele) hinab bis zum Schluchtgrund, wo der Heilquell völlig ungenutzt aus dem Rohr in den Rio Vellos sprudelt.

„Den Kreislauf turnt es an!" schnaufe ich und sacke wieder in den Fahrersitz.

Die Weiterfahrt ist ein einmaliges Erlebnis, man kann die Vielfalt der Eindrücke kaum verarbeiten, so schnell folgen sie aufeinander: Mal schlängeln wir uns im Schluchtgrund dahin, dann wieder haben wir einen Panoramablick von einem Logenplatz hinab; immer aber ist Vorsicht angeraten vor überhängenden Felsen (**?**) und engen Kurven (Nur etwas für geübte Fahrer!).

Haben Sie auch nicht die Tropfsteinhöhle übersehen, die wie ein Säulengarten links der Straße auf Sie wartet?

Nach gut 13 km erreichen wir den Beginn des Wanderweges in die Fortsetzung der Schlucht und 300 m später eine kleine Parkfläche, die Platz bietet für etwa 20 Fahrzeuge (hier darf man nach Auskunft der Nationalparkhüter einmal übernachten). Wer zu spät kommt (und das sind viele!), muss sich an den Straßenrand quetschen.

(04) WOMO-Wanderparkplatz: Canyon de Añisclo

GPS: N42° 33' 32.2" E0° 03' 06.2"; 713 m.
Max. WOMOs: 2-3.
Ausstattung/Lage:
Wanderwege (auch Rundwanderweg 1 h), Mülleimer/ außerorts.

Kurz darauf stapfen zwei Gestalten mit Rucksack und Wanderstiefeln über das Fußgängerbrückchen, das den Rio Vellos in schwindelnder Höhe überspannt. Ein Stein fällt 4 Sekunden, folglich berechnen wir die Tiefe nach der allseits bekannten Formel (g · t im Quadrat durch 2) und erhalten das schaurige Ergebnis von 78,4 Metern.

Blick senkrecht hinab in den Canyon de Añisclo

Die Trinkflaschen hätten wir leer mitnehmen können, denn bereits nach 10 min. wartet rechts des Weges eine gefasste Quelle auf den durstigen Wanderer. Wenig später sind wir zur Schluchtsohle hinabgestiegen, begleiten nun den wilden Bach, dessen Ungestüm sich nach 25 min. zu einem ersten Katarakt steigert. Kurz darauf überqueren wir den Bach. Hinter dem Brückchen kann man sich rechts auf glatten Liegesteinen niederlassen.

Wir steigen weiter bergauf, passieren nach 35 min. einen zweiten Katarakt, wandern nun durch einen schattigen Tunnel aus Buchsbaum, Haselnuss, Stechpalmen und Heckenkirschen. Nach genau 45 min. leuchtet von unten wieder eine große, türkisblaue Gumpe, in die ein Wasserfall hineinstürzt.

Canyon de Añisclo, Picknick- und Badeplatz (für Abgehärtete)

Wir gesellen uns zu den anderen, die bereits diese Naturkulisse genießen, hängen die Füße in das erfrischende Nass und kehren nach einem gemütlichen Vesper zufrieden zu unserem Wohnmobil zurück.

Der Rückweg zur Hauptstraße führt uns zunächst steil den Hang hinauf (man kann sehr schön in "unsere" Schlucht hineinblicken), gewinnt die Höhe (den Rückweg durch die Schlucht empfehlen wir nicht wegen des Gegenverkehrs). Eine ganze Reihe von aussichtsreichen Rastplätzen bieten sich hier an, bevor man über BUERBA in Schleifen und Serpentinen wieder zum Rio Vellos hinabklettert. Dort angekommen, kann man neben der Brücke ins frische Wasser hüpfen oder den **Campingplatz** beehren. Wir kehren zur Hauptstraße zurück, biegen rechts ein (Wegweiser: AINSA, BARBASTRO).

Einen Besuch der mittelalterlichen Altstadt von AINSA sollte man nicht auslassen!

An der einzigen Kreuzung in der modernen Unterstadt hält man sich rechts, folgt dem Wegweiser "Casco historico" hinauf zu einem riesigen Touristenparkplatz (übernachtungsgetestet), der unmittelbar vor den Mauern des **Castillo** (XI. – XVI. Jh.) liegt.

Ainsa, Plaza Mayor

(05) WOMO-Stellplatz: Ainsa
GPS: N42° 25' 06.7" E0° 08' 07.1"; 578 m. **Max. WOMOs:** >5.
Ausstattung/Lage: Mülleimer, Toiletten hinter dem Eingang zur Burg/Ortsrand.
Hinweise: Brunnen an der Auffahrt zur Altstadt (400 m nach der Kreuzung rechts). Schöner 15-min.-Spazierweg zum Mirador del Cinca beginnt am Ende des Parkplatzes.

Von dort aus bummeln wir in die Altstadt hinein, bewundern die Arkadengänge an der **Plaza Mayor**, den romanischen Glockenturm der **Iglesia de Santa Maria**, streifen durch die bestens restaurierten, kühl-schattigen Gässchen, die kunstvoll mit Granitkieseln gepflastert sind. Bei Ihrem Rundgang werden Sie mindestens drei Brunnen entdecken, unter die man seinen durstigen Schnabel halten kann.

Aber viel bequemer sitzt es sich natürlich in einem der Arkadencafés auf der Plaza Mayor bei einem Frappé.

Von den Pyrenäentälern nach Lleida

Sie lechzen nach einer Ganzkörperabkühlung? Sie haben bereits die Stauseen auf unserem Weg nach Süden entdeckt? Dann folgen Sie uns zu unseren Badeplatzvorschlägen!

Bereits nach 1 km Richtung BARBASTRO haben wir den Nordrand des **Embalse de Mediano** erreicht. Weite Uferbereiche sind mit kahlem Gestein und vertrocknetem Schlamm bedeckt, der Wasserspiegel ist weit abgesunken.

Nur bei »km 32,6« und noch 600 m vor dem Dörfchen MEDIANO entdecken wir eine 100 m kurze Zufahrt zu einem Eichenparkplätzchen. Die restlichen 200-500 m zum Ufer (gegenüber dem halb versunkenen Kirchturm des alten MEDIANO) muss man zu Fuß gehen.

(06) WOMO-Badeplatz: Embalse de Mediano
GPS: N42° 19' 02.8" E0° 11' 16.4"; 532 m. **Max. WOMOs:** 2.
Ausstattung/Lage: Bademöglichkeit/außerorts. **Zufahrt:** siehe Text.

Nur 4,5 km weiter südlich schwenken wir nach links, kurven um den Camping "Ligüerre de Cinca" herum, erreichen nach 1 km eine Gabelung. Wir halten uns zunächst links und entdecken rechts hinter der Brücke über den Rio Cinca, dort, wo er aus der steilen Schlucht **Congosto del Entremont** in den **Embalse de El Grado** hineinquillt, ein weiteres Badeplätzchen.

(07) WOMO-Badeplatz: Rio Cinca
GPS: N42° 17' 44.3" E0° 13' 02.0"; 467 m.
Ausstattung/Lage: Bademöglichkeit/außerorts.
Max. WOMOs: 2.
Zufahrt: siehe Text.

Hält man sich an der erwähnten Gabelung rechts, so landet man auf dem großen Parkplatz (mit Wasserhahn) vor dem touristisch herausgeputzten Dörfchen LIGÜERRE. Aber wo sind seine Einwohner? Bei unserem Besuch waren wir mit ein streunenden Katze die einzigen Besucher.

(08) WOMO-Stellplatz: Ligüerre

GPS: N42° 17' 11.7" E0° 12' 49.0"; 491 m. **Max. WOMOs:** 2-3.
Ausstattung/Lage: Mülleimer, Wasserhahn/Ortsrand. **Zufahrt:** siehe Text.

Nur wenige Kilometer auf der Weiterfahrt nach Süden müssen wir ohne Stausee auskommen, dafür können wir einen Blick auf das auf einem Felssporn thronende ABIZANDA werfen - und zwar von dem **Picknickplatz** "La Fuente" aus mit **Brunnen** [N42° 14' 30.5" E0° 12' 22.7"].

Dann schieben sich schon die nördlichsten Zipfel des **Embalse de El Grado** ins Bild. Leider führt die neue Straße nicht direkt an seinem Ufer entlang; wo ist die beste Zufahrt?

Bei »km 19,2« (wir hatten gerade die Abfahrt zu dem fast völlig verlassenen Dorf MIPANAS passiert) schwenken wir versuchsweise nach links in einen Schotterweg (direkt hinter der Brücke "Barranco de los Gorgos"). Er turnt in mäßig erhaltenem Zustand immer weiter zum Seespiegel hinab, linkerhand sehen wir die grauen Ruinen von MIPANAS auf einem Felsvorsprung.

Nach 1500 m landen wir vor einer großen freien Fläche, die etwas einem Sportplatz ähnelt, vom Ufer des Sees ist sie durch eine Busch- und Baumreihe getrennt. Schattenspendende Steineichen und Pinien überragen auch die kleinen Fels- und Sandbuchten; der Wasserspiegel ist kaum abgesunken.

(09) WOMO-Badeplatz: Embalse de El Grado

GPS: N42° 12' 29.5" E0° 13' 11.2"; 457 m. **Max. WOMOs:** 2-3.
Ausstattung/Lage: Liegewiese, Bademöglichkeit/außerorts.

Am nächsten Morgen ist wieder Kultur angesagt. Wir stauben zur Hauptstraße hinauf, erreichen bei EL GRADO die Staumauer unseres Sees. Lange vorher haben wir bereits auf einem Felsplateau über dem See die Pilgerkirche von **Torreciudad** erblickt; aus der Ferne ähnelt sie eher einem rostigbraunen Fabrikkomplex.

Hinter der Staumauer biegen wir links (Wegweiser: GRAUS/**Torreciudad**), erreichen wenig später die ersten Parkplätze [N 42° 10' 9.6" E 0° 14' 14.9"] der Pilgerstätte. **Brunnen** mit Wasserhähnen sind überall aufgestellt, aber auch das große Hinweisschild zu einer Quelle ist nicht zu übersehen.

Pilgerkirche Torreciudad

Wir brauchen eine Weile, bis wir uns in die moderne Architektur eingestimmt haben. Unstrittig schön ist der **Blick** von den Aussichtsplateaus über den Stausee bis zu den Pyrenäengipfeln. Im Inneren der Pilgerkirche (geöffnet 10-14/16-19 Uhr) fällt der Blick automatisch auf das riesige Altarbild, in dessen Zentrum die kleine, romanische Marienstatue "Nuestra Señora de Torreciudad" verehrt wird. Leider bekommt der Kunstinteressierte keine Möglichkeit, sich das Kleinod aus dem XI. Jh. aus der Nähe zu betrachten.

Die Straße nach **Torreciudad** ist keine Sackgasse, wie auf den meisten Karten eingezeichnet! Wir kurven weiter den Hang hinauf, rollen hinab nach LA PUEBLA DE CASTRO, halten uns dort links, erreichen den **Embalse de Barasona** (auch: **Embalse Joaquin Costa**).

Weiter geht es nach links bis GRAUS. Auch dieses Städtchen bietet ein malerisches Stadtbild. Besonders sehenswert ist die **Plaza de España**, deren Häuser mit Fresken, geschnitzten Balken und Ziegelsteinlauben verziert sind.

Wir überqueren vor GRAUS den **Rio Esera**; von der Brücke aus sollte man einen Blick auf die stromaufwärts gelegene alte **Römerbrücke** werfen oder nach der Brücke links zu ihr abbiegen. Fährt man auf der Teerstraße weiter, so kann man nach 2500 m bei »km 31,5« nach rechts, vorbei am Maschendrahtzaun der Mineralwasserfirma Ribagorza, zu einer "Area social de recreo" abzweigen.

> **(10) WOMO-Bade- und Picknickplatz: Embalse de Barasona I**
> GPS: N42° 09' 17.2" E0° 20' 17.1"; 448 m.   Max. WOMOs: > 5.
> **Ausstattung/Lage:** Tisch & Bank, Grillstellen, Bademöglichkeit/außerorts.

Von dort aus kann man auch hunderte von Metern am Seeufer entlang fahren und sich unter Pappeln ein schattiges Plätzchen suchen – oder bis zum Wasserspiegel vorfahren.

Bade- und Picknickplatz am Embalse de Barasona

Wir kehren auf dem gleichen Weg zum Westufer des Sees zurück, wo ebenfalls eine ganze Reihe von Pisten zu den Pappelwäldchen am Seeufer führen.
Wir haben die erste, 3,2 km nach der Brücke (700 m nach der Abzweigung SECASTILLA), getestet.

> **(11) WOMO-Badeplatz: Embalse de Barasona II**
> GPS: N 42° 09' 09.9" E0° 19' 31.6"; 435 m.   Max. WOMOs: 2-3.
> **Ausstattung/Lage:** Bademöglichkeit, Baumschatten/außerorts.
> **Zufahrt:** Von Graus nach Süden Rtg. Barbastro, nach 3200 m, 3700 m oder 4200 m links.

Auch zwei Campingplätze warten auf Kunden.
Die Straße nach BARBASTRO führt durch die wildromantische Schlucht des **Rio Esera**. Platz für eine Straße war eigentlich nicht vorgesehen. So musste für das Teerband häufig Raum im Inneren der Berge geschaffen werden, 13 Tunnel zählen wir auf der nur etwa 10 km langen Schluchtstrecke.
Zwei Highlights sollten Sie nicht verpassen: Bei »km 16,5«,

Schlucht des Rio Esera mit der Puente de la Sierra

unmittelbar vor dem rot getünchten Tunneleingang, führt ein Pfad zur fotogenen Einbogenbrücke Puente de la Sierra.
Achten Sie auch auf die Abzweigung nach OLVENA bei »km 14,5«! Das neue Brückchen überspannt die Schlucht direkt über einer mittelalterlichen "Türkenbrücke". Für ein Foto können Sie hinter den Tunnels auf einen Parkplatz einschwenken.
Eine neue Brücke überquert den **Rio Cinca** Richtung BARBASTRO. Unmittelbar davor kann man links (Wegweiser: ESTADILLA) zu einem neuen Picknickgelände hinüberkurven [N 42° 3' 52.0"; E 0° 13' 9.3"; 317 m]; der kleine See an seinem Rande lockt nicht zum Bade. Fährt man am Picknickplatz vorbei, so findet man am Ufer des **Rio Cinca** weitere Übernachtungsplätze.
Die einzige Sehenswürdigkeit von BARBASTRO ist die **Kathedrale**. So braucht man sich nur nach den Wegweisern "Centro" bzw. "Catedral" zu richten und in der Ortsmitte neben einer

Grünanlage mit Springbrunnen zu parken. Von dort aus sind es nur wenige Schritte zu der Kirche mit den zierlichen Pfeilern und dem reich verzierten Gewölbe. Die Seitenkapellen sind komplett mit Stuckarbeiten bedeckt. In der ersten Kapelle links eine sehr schöne, gemalte Altarwand mit Goldverzierungen.
Am Ende der Grünanlage entdecken Sie den Busbahnhof. An ihm muss man rechts vorbei fahren, um unseren Abstecher nach ALQUÉZAR nicht zu verfehlen.

Hinweis: Wer sich nicht für die Kirche interessiert, kann den Ort im Uhrzeigersinn auf der >N 240< Richtung LLEIDA umfahren und die letzte Abzweigung nach BARBASTRO nehmen

Die Straße nach ALQUÉZAR (alcázar, arab. = Burg) führt durchs Tal des **Rio Vero**. Hier ist alles herrlich grün, Weinreben bedecken weite Flächen, Bodegas laden uns zu Weinprobe und Kauf ein.

Nach 16 km sichten wir erstmals unser Ziel hoch oben auf einem rötlichen Felsen. An dieser Stelle führt ein Seitensträßchen über den **Rio Vero** nach BUERA. Überquert man den Fluss und schwenkt nach der Brücke rechts wieder zu ihm hinab, so findet man ein lauschiges Plätzchen unter Pappeln.

**(12) WOMO-Stellplatz:
Buera / Rio Vero**
GPS: N42° 08' 37.1" E0° 01' 24.0";
459 m.
Max. WOMOs: 2.
Ausstattung/Lage: Schatten, Plätscherfluss, Liegewiese/außerorts.
Zufahrt: siehe Text.

Fast wären wir 600 m weiter an der alten romanischen **Brücke von Albarda** vorbeigezischt, denn sie liegt wie der Campingplatz 100 m hinter der Abzweigung nach COLUNGO.
Dort sollten Sie unbedingt eine Fotopause einlegen.
Wir halten uns links, kurven nach ALQUÉZAR hinauf. Kurz vor dem Ort gabelt sich nochmals die Straße bei einer Kapelle. Wir folgen nach links dem Wegweiser zum Touristenparkplatz. Dort oben, unterhalb des Schwimmbades, stehen wir herrlich, aussichtsreich, und wer wie wir am frühen Nachmittag ankommt, kann den Flugvorführungen der zahlreichen Adler zuschauen, die wie schwerelos über den steilen, graubraunen und ockerfarbenen Felswän-

den der **Rio-Vero-Schlucht**, dem Bergdorf und der rotbraunen Burg mit dem Kreuzgang und der Stiftskirche kreisen.

(13) WOMO-Wanderparkplatz: Alquézar
GPS: N42° 10' 18.8" E0° 01' 21.6"; 670 m. **Max. WOMOs:** 2-3.
Ausstattung/Lage: Wanderweg, Baumschatten, Brunnen, Gaststätten/Ortsrand.
Hinweis: Direkt unterhalb der Stadt neuer Campingplatz.

Tief unten schlängelt sich smaragdgrün der **Rio Vero**. Er scheint nur darauf zu warten, von uns besucht zu werden.
Der Abend jedoch gehört der Besichtigung der Burg und der Kollegiatskirche, den engen, steilen Gassen von ALQUÉZAR und einer der netten, kleinen Gaststätten. Dabei entdecken Sie sicher am linken Ortsrand die Panaderia (Bäckerei) und links davon den Beginn des Wanderweges zur "Puente romano de Villacantal".

An diesem Platz stehen wir am nächsten Morgen mit Rucksack, Badesachen, Badeschuhen, Wanderstiefel an den Füßen (0 min.). Ein gerölliger Felspfad nimmt uns auf, führt uns hinauf zu einem Sattel (10 min.). In Serpentinen stapfen wir hinab zur Sohle der Schlucht (30 min.), die dank der "Puente romano" auch bei Hochwasser trockenen Fußes überquert werden kann. Wer hat sich nur die Mühe gemacht, in dieser Einöde solch ein

Brückenmeisterwerk abzuliefern, das in der Mitte, zwischen den beiden Bögen, sogar noch einen eleganten Knick aufweist?

Wir wechseln von den Wanderstiefeln in die Badeschuhe und spritzen und stapfen flussabwärts weiter.

Flussaufwärts müssten Sie bereits nach wenigen Metern die erste Schwimmpassage einlegen! Wer also die einmalige **Rio Vero-Schlucht** in ihrer ganzen Länge erleben möchte, sollte sich entsprechend ausrüsten und einen ganzen Tag dafür einplanen (in ALQUÉZAR gibt's Veranstalter, Führer – und entsprechende Ausrüstung zu leihen).

In unserem kurzen Schluchtenabschnitt wandern wir zur Hälfte auf dem trockenen Schotterbett, zur anderen Hälfte in maximal waden- bis knietiefem Wasser. Wo brüten unsere Adler? In der Felspassage mit den riesigen Höhlungen kann man an den weißen Kotstreifen die Horste der Adler erkennen.

Wenig später sind wir bei dem riesigen Abri, einem Felsüberhang, der einer ganzen Steinzeithorde Unterschlupf bieten könnte.

100 m weiter sieht man das Ende der Leitungen, die die Wasserpumpe von ALQUÉZAR mit Strom versorgt (70 min.). Hier führt der Wanderweg "Barranco de la Fuente" durch eine steile, aber schattige Schlucht hinauf nach ALQUÉZAR.

Nur wenige weitere Schritte flussabwärts führen uns zum Höhepunkt unserer Tour. Auf einer kühnen Metallgitterkonstruktion umgehen wir einen Katarakt, der in eine türkisfarbene Badegumpe hinabstürzt. Dahinter verzweigt sich der Pfad: Am Fluss entlang führt er weiter hinab bis zum Campingplatz, rechts stapfen wir unter der Stromleitung nach ALQUÉZAR hinauf.

Felsenschwalben, die in der senkrechten Felswand brüten, quittieren unseren Vorbeimarsch mit zornigem Kreischen. An der halbkreisförmigen Aussichtsplattform (Mirador) am Ortsbeginn von ALQUÉZAR endet unser Schluchtenspaziergang mit einem letzten Rundblick (90 min.), dann stapfen wir hinauf zum WOMO und kehren auf dem gleichen Weg nach BARBASTRO zurück.

In BARBASTRO folgen wir den Wegweisern MONZÓN und LLEIDA (LÉRIDA), werden auf die Schnellstraße >N 240< geführt (dort Supermarkt "Hyper Simply" mit preiswerter Tankstelle: Erst einkaufen, dann noch günstiger tanken!).

Alternativstrecke: AINSA - ALQUEZAR

Für alle, die aufs Baden verzichten wollen (oder wegen der kühlen Jahreszeit müssen), haben wir die Bergstraße entlang des **Rio Vero** getestet, die am südlichen Ortsrand von AINSA, hinter dem Rio Ara, nach rechts Richtung GUASO/ARCUSA abzweigt. Hinter TORRECILLA stoppen wir

bei einem überdachten **Brunnen** mit Tisch und Bank.
Im Talgrund überqueren wir den **Rio Ena** mit seinem breiten Schotterbett, begleiten ihn ein Stück. Eine weite Ebene, dann windet sich die Straße zum Collado de Eripol hinauf um endlich ins Tal des Rio Vero abzusinken. Kaum haben wir ihn erreicht, können wir, vorbei

am Campingplatz "Lecina", einen Abstecher zum gleichnamigen Dörfchen machen, das uns mit einem großen, ebenen Parkplatz empfängt von dem wir in das malerische Dörfchen spazieren.

(14) WOMO-Wanderparkplatz: Lecina
GPS: N 42° 13' 43.4" E0° 02' 15.0"; 759 m. **Max. WOMOs:** 3-4.
Ausstattung/Lage: Wanderwege zu den Felszeichnungen von Barfaluy, 5-min.-Spazierweg zur 1000-jährigen Steineiche, Brunnen im Ort, Gaststätte/Ortsrand.

Jetzt sind die steinzeitlichen Felszeichnungen an der Wand der Rio-Vero-Schlucht dran! Nach 1,8 km kommt der erste Wanderparkplatz [N42° 13' 11.7" E0° 02' 43.5"], nach 3,5 km schwenken wir auf den ideal gelegenen Parkplatz zum Besuch der Felszeichnungen "Tozal de Mallata".

(15) WOMO-Wanderparkplatz: Tozal de Mallata
GPS: N 42° 12' 55.7" E0° 02' 27.4"; 747 m. **Max. WOMOs:** 3-4.
Ausstattung/Lage: Wanderweg zu den Felszeichnungen von Tozal de Mallata/außerorts, abseits der Straße.
Wanderung: Schnell in die Wandersandalen geschlüpft, denn die vergitterten Felszeichnungen kann man auch ohne Führer besichtigen. Der breite Geröllweg geht vor der Schlucht in einen schmalen Pfad über, senkt sich zur Schluchtwand, bietet einen Traumblick in die tiefe Klamm. Eisengitterstufen führen zu den Vertiefungen in der Schluchtwand, in denen die Felszeichnungen die Jahrtausende trocken überdauert haben.
Der Weg hatte sich gegabelt, die zweite Felszeichnungsgruppe ist noch sehenswerter (Hinweg: 20 min.).

Wenig später ist COLUNGO erreicht, wo man im Museum (offen: tgl. 10-14/ 16-19 Uhr, Nebensaison nur am Wochenende) alles über unsere steinzeitlichen Vorfahren, speziell ihre künstlerischen Fähigkeiten erfährt. Jetzt sind es nur noch wenige Kilometer bis zur Einmündung in die Straße nach ALQUEZAR, wo wir wieder auf die Badefreunde treffen.

Auf den 66 km von BARBASTRO bis LLEIDA erwartet uns eine öde, wasserarme Landschaft. Die Pinien und Olivenbäume stehen in weiten Abständen voneinander, nur dort, wo Bewässerungskanäle hinführen, gedeihen Mais und Sonnenblumen. Quell dieser Fruchtbarkeit ist der immer noch wohlgefüllte **Rio Cinca**, den wir kurz vor MONZÓN überqueren. Bei »km 118,5« passieren wir zum ersten Mal die Landesgrenze der autonomen Region Katalonien.

Die Landschaft wird nun grüner, weite Flächen sind mit Pinienwäldern oder Weinbergen bedeckt. Bald haben wir die drittgrößte Stadt Kataloniens erreicht.

Alternativ kann man vor MONZON rechts auf die A 130 Richtung ALCOLEA DE CINCA schwenken. Zunächst zeigt sich die Landschaft eintönig, in ALCOLEA scheint die Straße aber gegen eine Steilwand prallen zu wollen. Wir schwenken in dem Ort nach links und vor dem **Rio Cinca** rechts nach CHALAMERA, passieren die Kirche mit über zwanzig Storchennestern. Dann rollen wir an einer wahrlich bedrohlich aufragenden Felswand, horizontal farbig geschichtet, entlang. Auch ein Blick von oben ist möglich, wenn man das kurze, steile Stichsträßchen zur Ermita de Santa Maria hinaufbrummt. Dort steht auch das WOMO ganz ordentlich!

(16) WOMO-Picknickplatz: Ermita de Santa Maria de Chalamera
Position: N 41° 40' 43.2" E0° 08' 59.5"; 238 m. **Max. WOMOs:** 2-3.
Ausstattung/Lage: Tische & Bänke, Aussicht/außerorts. **Zufahrt:** s. Text.

Ab FRAGA nehmen wir ein Stück die vierspurige A 2, verlassen sie an der Ausfahrt 446 Alcarras, die N IIa trägt uns Richtung "LLEIDA/Ciutat".

Und jetzt aufgepasst: Wir bleiben immer direkt links des breiten **Rio Segre**, bis wir die neue, weiße Stahlstrebenbrücke und die Eisenbahnbrücke unterquert haben. Hinter dem futuristischen, braunen Kongresspalast nehmen wir die nächste Brücke über den Fluss und fahren auf der anderen Seite **sofort** nach rechts zurück, bis wir geradeaus den Kreisel der neuen Brücke passiert haben. Dahinter ist unser Parkplatz.

(17) WOMO-Stellplatz: Lleida / Cami de Grenyana/Fira de Lleida
Position: N 41° 36' 59.5" E0° 38' 10.5" **Max. WOMOs:** > 5.
Ausstattung/Lage: keine, Park zum Rasten nebenan/im Ort. **Zufahrt:** s. Text.
Hinweis: Weitere Parkplätze in den angrenzenden Straßen beim Messegelände.

Wenige Schritte flussabwärts führt beim Park "Campos Elíseos" eine Fußgängerbrücke hinüber in die Altstadt. Beim

Betrachten der Festungsanlage jenseits des Flusses sieht man innerhalb der Mauern von links nach rechts zunächst den 60 m hohen, achteckigen Glockenturm, dann fünf riesige, gotische Maßwerkfenster des Kreuzganges und schließlich das Kirchenschiff mit dem fast gleich großen Querschiff, darüber die mächtige romanische Vierungskuppel.

Wir überqueren die Brücke, schwenken links, erreichen bald das alte **Stadttor** von LLEIDA (Arc del Pont), durchqueren es und folgen dem Wegweiser "Seu Vella/Ascensor" zu einem bequemen Fahrstuhl, der uns zum Burgberg mit der Kathedrale hinaufträgt.

Wir schlendern durch den **Kreuzgang**, den wir durch das gotische **Apostelportal** betreten haben, bestaunen die hohen Maßwerkfenster. Auch die beiden anderen Portale der Kirche sind sehenswert. Durch einen kleinen Park gelangen wir in die **Altstadt**, in deren schmalen Gässchen uns eine geradezu ungewöhnliche Reinlichkeit auffällt. Am Ufer des **Rio Segre** entlang kehren wir zum WOMO zurück, nicht ohne uns vorher im **Campos Elíseos** unter hohen, schattigen Platanen abgekühlt zu haben.

Von den Pyrenäentälern nach Lleida

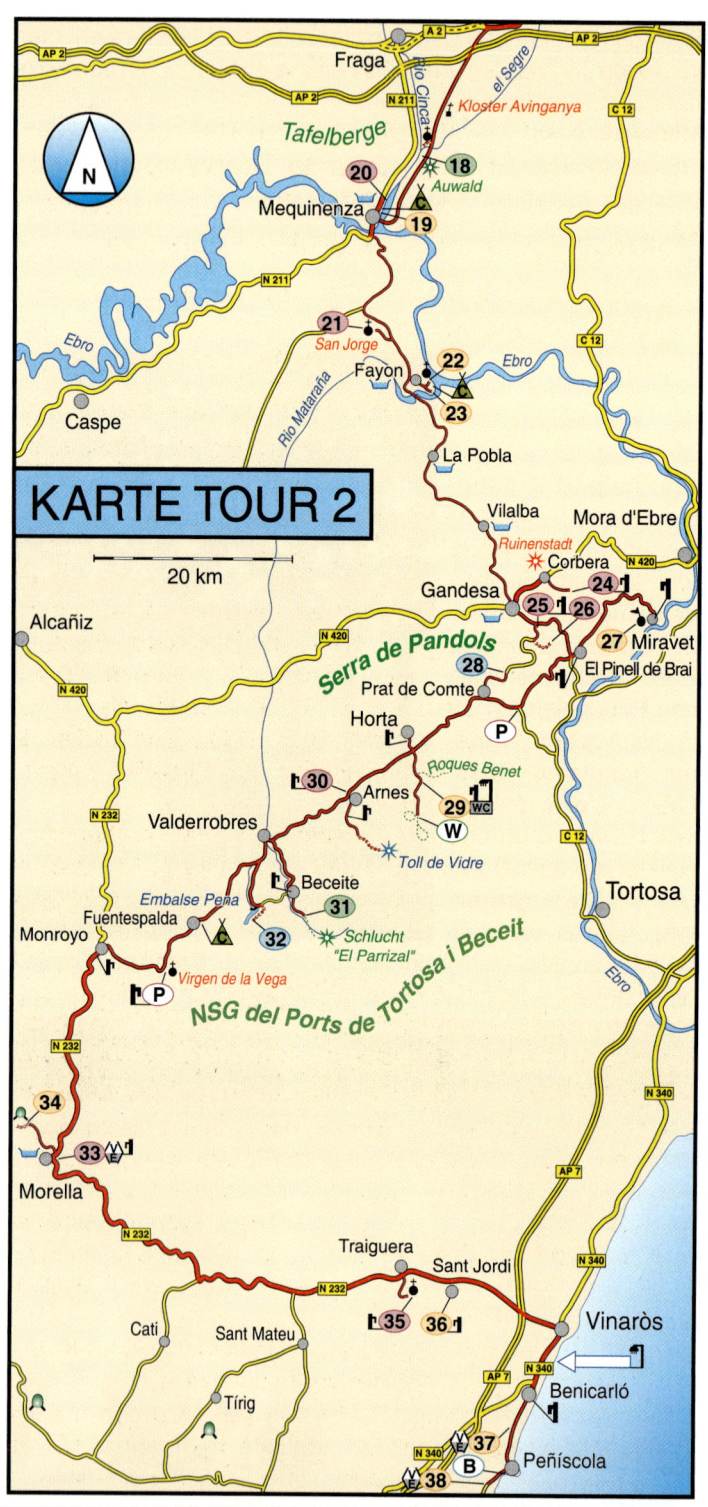

TOUR 2 (ca. 410 km / 4-6 Tage)

Lleida – Fraga – Mequinenza – Gandesa – Corbera – El Pinell de Brai – Prat de Comte – Fontcalda – Horta de Sant Joan – Beceite – Valderrobres – Monroyo – Morella – Vinaròs – Peñiscola

Freie Übernachtung:	San Jorge, östl. Gandesa, Miravet, Fontcalda, Roques Benet, Beceite, Morella, Traiguera.
Trinkwasserstellen:	u.a. Mequinenza, Santa Madrona, Miravet, Horta, Arnes.
Campingplätze:	u.a. Mequinenza, Fuentespalda, Peñiscola, Benicarló.
Baden:	Fontcalda, Roques benet, Beceite, Embalse de Pena, Vinaròs.
Besichtigungen:	Gandesa, Corbera, Miravet, Valderrobres, Morella
Wandern:	u.a. Roques Benet, El Parrizal

Wir verlassen LLEIDA wie wir es betreten haben - nach Südwesten Richtung ZARAGOZA auf der N IIa Richtung FRAGA, schwenken indes 500 m vor der Schnellstraße A 2, am letzten Kreisel, links nach SOSES. Die Landschaft, die wir nun durcheilen, ist im oberen Bereich der Hügel sommertrocken, in den Tälern jedoch ein Obstparadies aus Pfirsich-, Feigen-, Nektarinen- und Birnenplantagen.

Auf SOSES folgt AITONA, wieder führt und die bequeme Straße am Steilabhang der **Tafelberge** entlang, Reste einer

ehemals höher gelegenen Ebene, die in den meisten Bereichen durch Niederschläge abgetragen und weggewaschen wurde. Da und dort blieb auch nur ein einzelner Kegel übrig, wenn seine Kuppe von einer besonders harten Gesteinsschicht geschützt ist. Solche Bergkegel waren natürlich ideal für die Errichtung einer Ritterburg, wie oberhalb von TORRENTE oder MEQUINENZA. .

Nach 12 km sind wir in SEROS, wo die (sehenswerte) Kirche ebenfalls mit Strorchennestern vollgepflastert ist.

Weiter geht es Richtung LA GRANJA, geradewegs auf die monumentalen Ruinen des **Monestir de Avinganya** (13.-19. Jh.) zu, die Restaurationsarbeiten sind in vollem Gange.

Wilde Serras mit schönen Badeplätzen

Für die Ruinen des Convents 3 km weiter hat sich noch kein Restaurator interessiert. Wir kurven links an ihm vorbei, unterqueren eine Brücke und holpern bis zu der Stelle, wo **Rio Cinca** und **Rio Segre** zusammenströmen. Ihnen traut man schon zu, dass sie im Laufe der Jahre Tafelberge abtragen!

Wir genießen das idyllische Auwaldplätzchen, kehren zur Hauptstraße zurück, überqueren den Segre und passen auf, dass wir 500 m hinter LA GRANJA, bei >km 1,2<, nicht das winzige, grüne Schildchen "Initerary del Sol de l'Horta" übersehen. Es markiert die Zufahrt zu einem schönen Wanderparkplätzchen direkt am **Rio Cinca** (in die man am besten rückwärts hineinstößt). Aber das Angebot erschöpft sich nicht in Ufernähe und Nachtigallenschlag! Ein liebevoll angelegter Holzbohlenweg erschließt dem interessierten Besucher die Vegetation des Auswaldes, bietet Ausblicke auf den Fluss und die Vielfalt des naturgeschützten Bewuchses (Schilf & Brombeerbusch, Pappeln, Erlen, Eschen und Ulmen).

(18) WOMO-Wanderparkplatz: Rio Cinca
GPS: N41° 24' 52.4" E0° 20' 38.3"; 82 m.   **Max. WOMOs:** 2.
Ausstattung/Lage: Holzbohlenweg, Baumschatten/außerorts.   **Zufahrt:** siehe Text.

Eine lange Brücke mit Betonfüßen bringt uns über den **Rio Cinca**, wir schwenken dahinter rechts nach MEQUINENZA mit Blick auf die schöne Burg auf dem Berggipfel.

Bereits 250 m nach der Brücke kann man rechts hinab zum Fluss fahren und steht dort recht ordentlich direkt am Ufer auf Schotter am Wiesenstreifen mit jungen Weiden.

(19) WOMO-Stellplatz: Mequinenza (Ruderclub)
GPS: N41° 22' 11.1" E0° 18' 06.7"; 64 m.   **Max. WOMOs:** 3-4.
Ausstattung/Lage: Gaststätten, Uferpromenade, Schwimmbad in der Nähe/Ortsrand.
Zufahrt: siehe Text.

Mequinenza, Stellplatz beim Ruderclub

Im Ort selbst findet man einen **Campingplatz** (schön gelegen am Fluss mit Schwimmbad).

Was macht eine rührige Gemeinde, wenn ihr Ort am breiten **Rio Segre** liegt und sonst nichts zu bieten hat?

Richtig – sie richtet ein internationales **Fischercamp** ein!

Folglich können wir bereits 500 m nach dem Ortsschild, bei »km 315,2« nach rechts zum Flussufer abbiegen zum "Coto deportivo de pesca". Dort führt ein Schotterweg parallel zur Straße entlang, vorbei an Bänken, Tischen und Schattenbäumen, besonders gut hat uns das Plätzchen auf der Landzunge gefallen.

---

(20) WOMO-Picknickplatz: Mequinenza (Fischercamp)
GPS: N41° 23' 10.3" E0° 18' 41.6"; 73 m.   **Max. WOMOs:** 2-3.
Ausstattung/Lage: Tisch & Bank, Baumschatten/außerorts.   **Zufahrt:** siehe Text.

Am südlichen Ortsende von MEQUINENZA mündet der breite Strom des **Rio Cinca** in den genauso mächtigen **Rio Ebro**.

Einen Kilometer nach dem Ort überqueren wir mit der N 211 den **Rio Ebro** auf einer vierbogigen Betonbrücke, deren Bögen halb unter Wasser stehen. Offensichtlich ist die Staustufe **Pantà de Riba roja** des Ebro gut gefüllt.

Unmittelbar hinter der Brücke verlassen wir die N 211 nach links Richtung GANDESA. Lange genug haben wir uns die Tafelberge von unten angeschaut, jetzt turnen wir zu ihnen empor. Auf der Höhe angekommen ist die üppige Pracht der Obstplantagen verschwunden. Nur ein Obstbaum scheint ohne Bewässerung auszukommen und bedeckt die Hochebene in riesigen Plantagen. An seinen Früchten hätten Sie allerdings schwer zu kauen, wenn Sie die Mandeln nicht vorher mit einem Nussknacker aufgebrochen hätten.

Nach etwa 10 km kommen wir an eine Straßengabelung, hier

Wilde Serras mit schönen Badeplätzen

Mandeln im Juli und im Oktober (zur Erntezeit)

biegen wir links Richtung FAYÓN und 3800 m später schwenken wir nach rechts zur **Ermita de San Jorge**. Nach 1400 m stehen wir unter der mächtigen, schiefen Pinie vor dem einsamen, kleinen Kirchlein, wo wir in absoluter Ruhe bei einer kühlenden Brise den Abend und die Nachtruhe genießen.

(21) WOMO-Picknickplatz: Ermita San Jorge
GPS: N41° 16' 50.4" E0° 18' 02.0"; 280 m. **Max. WOMOs:** 2-3.
Ausstattung/Lage: Tische & Bänke, Grillhütte (mit Waschbecken?), Spazierwege, Teich, Baumschatten/außerorts. **Zufahrt:** siehe Text.

Am nächsten Morgen rollen wir weiter durch endlose Oliven- und Mandelbaumplantagen. Dann ist mit einem Schlag unsere Tafelbergebene zu Ende, schraubenförmig geht's hinab zum

Ebro. Noch auf halber Höhe liegt FAYÓN, ein modernes Örtchen, so ganz ohne alte Häuser !?
Einen Verdacht hätte ich schon ...
Wir fogen nach links durch den aufgeräumten Ort hindurch den Wegweisern "Mirador del Ebro" und "Notra de Señora del Pilar" 2,4 km hinauf zu einer neu erbauten Kapelle mit Traumblick auf die Einmündung des **Rio Matarraña** in den **Rio Ebro**. Da beide weit zurückgestaut sind, glaubt man, eine skandinavische Seenlandschaft zu überblicken.

(22) WOMO-Stellplatz: Fayón (Mirador del Ebro)
GPS: N41° 14' 30.6" E0° 21' 12.3"; 260 m. **Max. WOMOs:** 2-3.
Ausstattung/Lage: Beleuchteter Parkplatz, Wasserhahn (?)/außerorts.

Zurück an der letzten Gabelung schwenken wir jetzt links zum Camping "Welscamp", der fest in deutscher Hand ist (WOMO + 2 Personen ca. 21 EUR); ein idealer Platz für Petrijünger. Nimmt man 200 m vor dem Campingplatz die Stichstraße nach rechts, so kommt man zur "Embarcadero la Reixaga". Das ist nicht nur ein "Paraiso de la Pesca", also ein Fischerparadies, sondern auch ein herrliches, ruhiges Plätzchen direkt am Fluss, am dem man 500 m lang nicht weiß, welches das schönste Plätzchen für uns uns das WOMO ist.

(23) WOMO-Stellplatz: Fayón (Paraiso de la Pesca)
GPS: N41° 13' 42.7" E0° 21' 04.1"; 68 m.
Max. WOMOs: > 5.
Ausstattung/Lage: keine/außerorts.
Zufahrt: siehe Text.

Natürlich sind wir auch noch das schmale, kurvige Wegle zum "Parque antiguo Cementerio de Fayón" gefahren. Dort bekommt auch derjenige, der vom Mirador aus den halb versunkenen Kirchturm übersehen hatte, die Frage beantwortet, warum Fayón so "jung" aussieht: Es musste wie so viele Ortschaften dem Staussebau weichen und wurde weit oberhalb neu gegründet. Nur der Friedhof wird weiter unterhalten ...
An FAYÓN vorbei und hinab erreichen wir den **Rio Matarraña**, kurz bevor er in der dramatischen Felskulisse in den Ebro mündet. Unmittelbar hinter der Straßenbrücke entsteht ein weiterer Angler-Campingplatz.
Unser Flussaufenthalt ist nur ein kurzes Intermezzo. Kaum unten angekommen, turnen wir an der anderen Flussseite wieder zur Tafelbergebene hinauf. Außer Oliven- und Mandelbäumen sowie einigen Weinbergen bleiben von dieser Strecke in unserer Erinnerung nur die Ortschaften LA POBLA DE MASSA LUCA und VILALBA DELS ARCS, beide mit schönen Schwimmbädern.
Dann nehmen wir Abschied von unseren Tafelbergen, aber hinter GANDESA wartet schon die **Serra de Pandols** mit recht beachtlichen Gebirgszacken auf uns.
Am Ortsbeginn von GANDESA, am Kreisverkehr, lockt linkerhand das Schwimmbad. Wir wenden uns ebenfalls nach links, an der nächsten Stopp-Straße aber wieder nach rechts.

300 m später sollten Sie unbedingt einen Fotografierstopp einlegen. GANDESA ist ein wichtiges Weinbauzentrum. So konnte man sich bereits Anfang dieses Jahrhunderts vom Star-Architekten **Cèsar Martinell** einen Weinkeller im modernistischen Stil erbauen lassen. Das Gebäude besticht nicht nur durch eine grandiose Außenfassade, es hat auch eine geniale Dachkonstruktion auf parabolischen Bögen; ein Besuch lohnt sich unbedingt [N 41° 3' 17.7" E 0° 26' 24.1"].

GANDESA, modernistisches Gebäude der Winzerei von außen ...

... und von innen.

> Wer die **Pfarrkirche** des Ortes mit ihrem fünffach gestuften, romanischen Portal besichtigen möchte, lässt am besten das WOMO stehen, und geht die paar Schritte geradeaus weiter bis zur Ortsmitte (rechts der Kirche gusseiserne Brunnensäule).

Wir wenden das WOMO, fahren ein Stück auf der gleichen Straße zurück und dann geradeaus weiter in Richtung TARRAGONA. Am Ortsende steht rechterhand das Hotel Piqué mit einem empfehlenswerten Restaurant.

Nur etwa 4 km entfernt liegt CORBERA, ein Örtchen, das im spanischen Bürgerkrieg völlig zerstört wurde. Als ergreifendes Mahnmal ließ man die Ruinen rings um die Kirche auf dem Hügel stehen und baute die Stadt im Tal neu auf; mehrfach weisen Zufahrtschilder nach links.

Bleibt man auf der Durchgangsstraße, so passiert man den Platz "Dr. Ferran" mit dessen Denkmal und erreicht zwei Querstraßen später bei einem zierlichen Springbrunnen die Abzweigung nach rechts zum Picknickgelände bei der **Ermita Santa Madrona.** Ein schmales Teersträßchen führt uns 2000 m genau nach

Wilde Serras mit schönen Badeplätzen

Süden, zuletzt hügelan, zur "Area forestal recreativa" neben der Ermita.

Dieser Platz hat viel zu bieten: Tische und Bänke unter Pinien und riesengroßen Zypressen, viele gemauerte Grillstellen, einen Kinderspielplatz und viel Parkraum für Ihr WOMO (100 m vor der Kirche links).

Die größte Attraktion des Platzes ist die **Quelle** rechts unterhalb der Kirche, die reichlich bestes Wasser in Mineralwasserqualität liefert.

(24) WOMO-Picknickplatz: Ermita Santa Madrona
GPS: N41° 03' 45.2" E0° 29' 24.4"; 377 m.   **Max. WOMOs:** 3-4.
Ausstattung/Lage: Tische & Bänke, Brunnen, Grillstellen, Baumschatten/außerorts.
Zufahrt: siehe Text.

Zurückgekehrt nach GANDESA folgen wir am Kreisverkehr in der Ortsmitte dem Wegweiser nach TORTOSA/EL PINELL DE BRAI, verlassen den Ort.

Knapp 3000 m nach dem Kreisverkehr entdecken Sie nach rechts das Hinweisschild **"Fontcalda"** (und eine Übersichtsskizze der Picknickplätze). Wenn Sie diesem Wegweiser folgen, können Sie mancherlei erleben! Bereits nach 100 m finden Sie linkerhand den Picknickplatz **"La Fonteta"** mit Grillstellen, Tischen und Bänken und einer ganzen Reihe von Wasserhähnen.

(25) WOMO-Picknickplatz: La Fonteta
GPS: N 41° 02' 19.6" E0° 27' 41.2"; 380 m.
Max. WOMOs: 2-3.
Ausstattung/Lage: Tische & Bänke, WC, Brunnen, Grillstellen, Baumschatten/außerorts.

Das Teersträßchen führt, an dem Picknickplatz vorbei, in eine Schlucht der **Serra de Pandols** hinein. Nach 2000 m zweigt nach links ein Schotterweg ab (an Steilstellen betoniert) zur **Ermita Santa Maria Magdalena**. Wer falsch fährt, landet nach 2200 steilen (**?**) Metern auf der Bergkuppe mit einem Gefallenendenkmal zum Gedenken an die Schlacht am Ebro. Belohnt wird man mit einer geradezu atemberaubenden Sicht über die umliegende Sierra-Landschaft.

Wer aufpasst, biegt bereits nach 1700 m nach links zur **Ermita** ab und findet dort ebenfalls einen reichlich ausgestatteten Picknickplatz, herrliche Bergsicht und einsamste Übernachtungsplätze.

> **(26) WOMO-Picknickplatz: Ermita Santa Maria Magdalena**
> **Position:** N 41° 01' 34.3" E0° 28' 03.3"; 610 m.　　　　　**Max. WOMOs:** 2-3.
> **Ausstattung/Lage:** Tische & Bänke, Brunnen, Grillstellen, Baumschatten/außerorts.

Das Teersträßchen unten in der Schlucht führt weiter nach **Fontcalda**, einem einsamen Heilbad in einer tiefen Schlucht des **Riu Canaleta.** Dummerweise liegt zwischen beiden Schluchten ein Kamm der Serra, den das Sträßchen nun mit geradezu verzückten Schleifen und Kurven erklimmt, um anschließend in schier aberwitzigen Serpentinen (**?**) nach **Fontcalda** hinabzustürzen. Lasst es bleiben, liebe Freunde, wir haben Euch gewarnt – und werden Euch gleich einen sicheren Weg nach **Fontcalda** zeigen (und wer fährt sicherer als die Bahn?)!

Insgesamt 9 km sind es von GANDESA nach EL PINELL DE BRAI auf der neuen Straße, die sich weiter elegant durch die dramatische Felsenkulisse der **Serra de Pandols** schwingt. Am Kreisel vor dem Ort biegen wir links und entdecken bald rechts der Straße das Gebäude der Winzergenossenschaft [N 41° 0' 59.2"; E 0° 30' 44.9"]. Sofort erkennt man:

Auch hier war **Cèsar Martinell** am Werk, als das modernistische Gebäude 1917 errichtet wurde. Zusätzlich zur außergewöhnlichen Fassadenkonstruktion genießt das erstaunte Auge

einen herrlichen Fliesenfries, auf dem der Maler Xavier Nogués mit einem Zwinkern im Auge Szenen aus der Traubenlese und der Weinproduktion festhielt.

Die Durchgangsstraße führt weiter Richtung MIRAVET. Ein paar Schritte später entdecken Sie rechts einen Brunnen, dann das Hinweisschild zur empfehlenswerten Gaststätte "Angel" und am Ortsende links nochmals einen bequem anzufahrenden Wasserhahn (mit Gewinde) unter einem steinernen Büble, der einen ebensolchen Fisch gefangen hat.

Die Straße nach MIRAVET führt östlich der **Serra de Caballs** mit ihren mächtigen Felsstöcken vorbei und landet nach 13 km in MIRAVET. Dieses Städtchen am Ebro hatte früher so große strategische Bedeutung, dass bereits die Mauren auf einem 220 m hohen Gipfel über dem Ebro eine gewaltige **Festung**

errichteten. Nach der Rückeroberung übernahmen die Templer die Anlage und bauten die **Kirche St. Marti** hinein.

Eigentlich glaubt man, auf die Wegweiser "Castell" verzichten zu können, so gewaltig thront die Burg vor uns. Mitten in der Unterstadt beginnt nach rechts die sehr steile (**?**) Auffahrt zur Burg . Oben erwartet uns vor der enorm dicken Schildmauer der Burgruine ein großer, ebener Parkplatz mit Ebroblick.

---

(27) WOMO-Stellplatz: Miravet (Kastell)
Position: N 41° 02' 09.3" E0° 35' 35.7"; 210 m. **Max. WOMOs:** 3-4.
Ausstattung/Lage: Mülleimer, herrliche Aussicht/außerorts. **Zufahrt:** siehe Text.
Hinweis: Burgbesichtigung von 10-13.30 / 15-17.30 Uhr bzw. im Sommer 16-19.30 Uhr.

Beim beschaulichen Schlendern durch die Anlage, die sorgfältig restauriert wird, fällt der Blick immer wieder hinab zur **Altstadt**, die den steilen Hang zur Burg hinaufzuklettern scheint. Weiter im Hintergrund pendelt ein winziges Schiffchen zwischen beiden Ufern des Ebro – es ist eine **Autofähre**, die zur Straße Richtung Küste hinüberführt (nur 40 km ist die Costa Dorada von hier entfernt).

Wir dirigieren unser WOMO in der Unterstadt geradeaus (**?**) zur Fährstation "Pas de Barca". Nach 300 m passiert man einen schönen, großen Platanenplatz [N41° 02' 14.8" E0° 35' 54.4"] mit **Brunnen**, Kinderspielplatz und schattigen Restaurantstühlen.

Von hier aus sollten Sie einen Bummel durch die Altstadt unterhalb der Burg starten. Nach weiteren 1000 m landet man am Ebro [N41° 01' 59.9" E0° 36' 29.3"], wo man für ca. 5 € sein WOMO dem Fährschiffer anvertrauen könnte. Elegant und

absolut ökologisch ist die Technik, mit der die Fähre, nur getrieben von der Strömung des Flusses, lautlos ihre Tätigkeit verrichtet. Wesentlich mehr Lärm werden Sie bei Ihrem Wendemanöver machen, denn es gibt keinerlei Parkplätze und die Straße ist kaum 7 m breit ...

Wir kehren zurück zum Kreisel vor PINELL DE BRAI, halten geradeaus weiter Richtung PRAT DE COMTE. Weit, weit über uns entdecken wir das keine Plateau mit dem Gefallenendenkmal. Nach 8,5 km durch eine rostrote Felsenlandschaft, deren Farbtöne mit dem Grün der Pinien konkurrieren, zweigen wir bei einem neuen **Picknickplatz** rechts nach PRAT DE COMTE ab [N40° 58' 26.0" E0° 26' 44.8"].

Eine bizarre Schlucht nimmt uns nun auf, deren Felsen wieder die gewohnten grauweißen, manchmal auch ins ocker gehenden Farbtöne des Kalksteins aufweisen.

Nach 4700 m passieren wir die erste Abzweigung (Kreisel)

Wilde Serras mit schönen Badeplätzen

nach PRAT DE COMTE, benutzen jedoch die zweite nach weiteren 400 m. Jetzt können wir geradeaus durch das Örtchen (Wegweiser: **Fontcalda**) auf bequemer Bahn zum stillgelegten Bahnhof von PRAT DE COMTE kurven [N 41° 0' 13.0"; E 0° 25' 8.0"; übernachtungsgeeignet] und dahinter Bähnle fahren. Da jedoch kein Zug mehr kommt, schwingen Sie sich mit Ihren Fahrrädern (oder per pedes) auf das eingeebnete, ehemalige Schotterbett der Bahnstrecke und rollen fröhlich nach links durch zwei Eisenbahntunnels, um nach 1000 m zum Heilbad von **Fontcalda** abzuzweigen.

Hinweis: Wir haben die Strecke mehrmals per WOMO zurückgelegt, sie ist nicht ausdrücklich für den Autoverkehr gesperrt. Man sollte jedoch wegen vieler Radfahrer größte Vorsicht walten lassen!

In **Fontcalda** findet man nicht nur ein kleines Kirchlein und ein preiswertes Restaurant (Parkerlaubnis beim Wirt einholen!), sondern auch eine kräftig sprudelnde, warme Heilquelle, deren Nass in eine prächtige Badegumpe des **Riu Canaleta** strömt. Besonders empfehlenswert für eine Kurzwanderung ist der sorgsam angelegte Treppensteg, der rechts des Baches schluchtaufwärts führt.

(28) WOMO-Wander- und Badeplatz: Fontcalda

GPS: N41° 00' 05.3" E0° 25' 43.0"; 156 m.   **Max. WOMOs:** 3-4.
Ausstattung/Lage: Tische & Bänke, Toiletten, Wanderweg, Brunnen, Badegumpe, Gaststätte/außerorts.   **Zufahrt:** siehe Text, möglichst als Wanderung!

Zurück in PRAT DE COMTE (Brunnen links) biegen wir an der Vorfahrtsstraße rechts, rollen durch ein breiter werdendes Tal mit Mandelbäumen und Oliven Richtung VALDERROBRES. Ein Sattel wird überquert, die nächste Felsenschlucht nimmt uns auf, während sich am Horizont gewaltige Felstürme ins Bild schieben: **Les Roques de Benet**. Kein Parkplatz findet sich, um die Felsszenerie in Ruhe ablichten zu können. Aber nur keine Angst! Sie bekommen noch reichlich Gelegenheit, das Naturschauspiel aus der Nähe zu begucken.

Kaum ist die Straße nach HORTA DE SANT JOAN abgezweigt, biegen wir links (Wegweiser: Els Ports).

Das bequeme Teersträßchen führt uns direkt auf die **Roques de Benet** zu, die mit einem gigantischen Felsabbruch samt dem Wasserfall "Salt de Sotorres" beginnen [N 40° 55' 4.7" E 0° 18' 48.5"; 525 m] und dann mitten durch die Welt der dicken Felsklöße, bis wir nach 8,6 km links die kostenlose "Zona acampada Els Ateus" erreicht haben.

(29) WOMO-Stellplatz: Els Ateus

GPS: N40° 52' 23.6" E0° 18' 12.0"; 537 m.
Max. WOMOs: > 5.
Ausstattung/Lage: Tische & Bänke, Brunnen, Toiletten, Duschen, Grillstellen, Baumschatten, Mülleimer/außerorts.

Wilde Serras mit schönen Badeplätzen

1200 m sind's noch bis zum Picknickgelände "**Area de la Franqueta**" [N40° 52' 4.0" E0° 18' 33.4"].

Zusätzlich zu den üblichen Bequemlichkeiten eines Picknickplatzes gibt es hier eine ganze Reihe von bestens ausgeschilderten Wanderwegen, auch Rundwanderwegen; wie wäre es z.B. mit einem Marsch zur Cova de Picasso?
Alternativ kann man weiter in die Schlucht hineinspazieren, immer links des Baches und dabei die Unterschiede zwischen den Säulenzypressen mit senkrechten Ästen und den Schirmzypressen mit waagerechten Ästen studieren.
Zur tollsten Tour sollten Sie jedoch 5 km Richtung HORTA zurückfahren, dort zweigt nach rechts eine bescheidene (**?**) Schotterpiste ab. Sie hat nach 1000 m eine erste und nach

48 Tour 2

1700 m eine zweite Abzweigung nach links. Diese zweite Abzweigung führt unmittelbar zu Füßen der **Roques de Benet** entlang.

Eine dieser Steilwände wurde bereits von einem waghalsigen Kletterer bezwungen. Oder sollte er oben geblieben sein? Das Kletterseil hängt noch an der Wand!

Auf der Rückseite der Roques liegt der Eingang zu einer wunderbaren **Tropfsteinhöhle** (Cova de Domingo Grau; Auskunft und Führung durch die Gruppe "Esgambi" in HORTA). Eine geschlagene Stunde krochen wir in der kratzigen Macchie des Steilhanges umher, konnten jedoch den Eingang zur Unterwelt nicht entdecken. Vielleicht haben Sie mehr Glück?

Auch ein Abstecher nach HORTA DE SANT JOAN lohnt sich! Bereits am Ortsbeginn, kurz nach dem Schwimmbad, sollte man das WOMO am Straßenrand abstellen. Geradeaus weiter marschiert man zum unteren Stadtplatz mit einem sehenswerten Brünnlein (Junge mit gefangenem Fisch) in einer Grünanlage; dort auch Stadtplan. Dann geht's rechts recht schmal hinauf zum oberen **Stadtplatz** (Plaça de l'Eglésia). Sehen Sie den weißen Lack von unserem WOMO an der Einbiegung zum Platz, oder ist schon ein weiterer "Anstrich" darüber?

HORTA DE SANT JOAN, Stadtplatz (Plaça de l'Eglésia)

Das Platzensemble ist eine Komposition aus der **Barockkirche** Sant Joan Baptista und herrlichen **Arkadenbögen**, die die restlichen Seiten des Gevierts umgeben. Selten haben wir eine solch intime Atmosphäre erlebt.

Nahe Ihres Wohnmobilparkplatzes zweigt eine kurze Fahrstraße zum "**Centre Picasso**" ab (gegenüber ein Wasserhahn). Der Künstler verbrachte mehrere Schaffenszeiten in HORTA und einige seiner Werke sind hier zu besichtigen (offen: 11.00 - 13.30 / 18.00 - 20.00 Uhr, Sa. nachm. und So. geschl.).

Wilde Serras mit schönen Badeplätzen

Weiter geht's Richtung VALDERROBRES. Durch Haselnussplantagen gelangen wir nach ARNES. Fährt man an der ersten Abzweigung nach ARNES vorbei, so kann man wenige 100 m später einen neuen Picknickplatz unterhalb der Straße sehen. Die Zufahrt beginnt 900 m nach der ersten ARNES-Abzweigung und führt nach rechts zu einem hübschen Kirchlein (Ermita de Sta. Madrona) mit Wiesenstellplatz.
Die letzten 100 m zum umfangreichen Freizeitgelände sind eher etwas für schmalere WOMOs bis 2,20 m.

> **(30) WOMO-Picknickplatz:**
> **Arnes (Ermita de Sta. Madrona)**
> **GPS:** N40° 54' 38.4" E0° 15' 05.9";
> 457 m.
> **Max. WOMOs:** 2-3.
> **Ausstattung/Lage:** Wasserhahn bei der Kirche; Toiletten, Grillstellen, Tische & Bänke, Kinderspielplatz, Mülleimer bei der Freizeitanlage 100 m/außerorts.

100 m später kommt die zweite Abzweigung nach ARNES. Biegt man dort links und nimmt im Ort die erste Teerstraße rechts, so kommt man nach 800 m zu einer großen, gemauerten **Brunnenwand** mit besonders reich schüttenden Mäulern. Und dann lassen wir uns von dem Wegweiser "Toll de Vidre" dazu verführen, immer weiter zu rollen, immerhin ist es Asphalt! Aber nach 2,8 km hört dieser auf und wir holpern noch 3,1 km süchtig weiter bis zu dem wirklich reizenden, kleinen Wasserfall mit türkisblauer Badegumpe. Bitte machen Sie es nicht nach, denn es gibt dort keine WOMO-Parkplätze, ja noch nicht einmal eine bequeme Wendemöglichkeit!

Die Hauptstraße überquert nun den **Rio Algas** und die Grenze nach **Arragon**. Unmittelbar vor den Toren von VALDERROBRES schwenken wir links ab in die Stichstraße nach BECEITE.

Dieses Dörfchen liegt zu Füßen des Nationalparks "**Los Puertos de Beceite**", aus denen der **Riu Matarraña** herausschäumt (an seiner Mündung in den **Ebro** hatten wir ihn schon einmal als dicken, trägen Strom überquert).

Hinter einem Naturtunnel überqueren wir den **Riu Matarraña**, schlängeln uns durch BECEITE (am Ortsbeginn großer Parkplatz mit i-Stelle und Wasserhahn) auf der einzigen Straße, die breit genug ist für ein WOMO, die Wegweiser "**El Parrizal**" weisen uns zusätzlich den Weg. Am Ortsende passieren wir das Naturschwimmbad des Ortes, erspähen wenig später weitere Badegumpen des Flusses (mit Parkmöglichkeiten).

Nach 5 km in der Abenteuerschlucht versperrt uns eine Kette bei zwei Wanderparkplätzen die Weiterfahrt (früher konnten wir auf den letzten 800 m der Straße noch einen Felsendurchbruch, eine überhängende Felsennase und zwei schmale Naturtunnel "genießen").

> **(31) WOMO-Wanderparkplatz: Beceite / El Parrizal**
> **GPS:** N 40° 47' 50.9" E0° 12' 12.2"; 650 m. **Max. WOMOs:** > 5.
> **Ausstattung/Lage:** Wanderweg, Baumschatten/außerorts.
> **Zufahrt:** siehe Text.
> **Hinweis:** Die Straße ist schmal, aber es gibt Ausweichstellen. Trotzdem nicht gerade am Wochenende anfahren!

Jetzt heißt es Vesperrucksack gepackt und Bergstiefel geschnürt – und ab geht es in die Schlucht des **Riu Matarraña**!

Einen schnellen Blick werfen wir auf die "Pintures rupestres la Fenellassa", marschieren auf bequemer Bahn zum Picknickplatz. Dann werden wir auf mühsam montierten Laufbohlen über die Engstellen des Flusses geführt, später müssen wir auf Baumstämmen übers Wasser balancieren oder Felsnasen auf dem rot markierten Pfad überklettern. Dies zwingt uns, ab

Wilde Serras mit schönen Badeplätzen

und zu den Blick zu wenden von den hoch aufragenden Felswänden mit den aberwitzig steilen und schroffen Felsfingern.

Aber die Schlucht hat noch einen ungeahnten, ja dramatischen Höhepunkt für uns parat. Nach knapp 1 1/2 Stunden verengt sie sich plötzlich, kaum gelangt noch Sonnenlicht in die schmale Klamm. Mit seitlich ausgestreckten Armen käme man nicht mehr voran: **El Parrizal**, der ultimative Engpass des **Rio Matarraña** ist erreicht!

Wir tappen wie durch eine Wunderwelt auf dem glattgeschliffenen Boden des Bachbettes entlang, das jetzt, zur Sommerzeit, völlig trocken gefallen ist. Welche Wasserströme müssen sich im Winter hier entlangpressen, um solche Schluchtwände abzuschleifen?

Mutiger als wir klettern kleine, grüne Pflanzenquirle an der nährstoffarmen Wand. Es ist das Fettkraut *(Pinguícula vulgáris)*, dessen klebrige Blätter von den eingefangenen Fliegen zehren.

Wie verzaubert verlassen wir die Wunderwelt, kehren auf dem gleichen Weg, der jedoch stets neue Ausblicke bietet, zum WOMO zurück.

Am nächsten Morgen steht unser WOMO schon direkt neben der **Burg** von VALDERROBRES (Wegweiser: Castillo). Es ist ein gewaltiges Bauwerk, das aus der Mitte der Altstadt herausragt. Burg und Burgmuseum kann man von 11.00 - 14.30 und 16.00 - 18.30 Uhr besichtigen [N 40° 52' 34.1" E 0° 9' 20.0"].

Vorbei am gotischen Kirchenportal marschieren wir durch malerische, sorgfältig gepflasterte Altstadtgässchen mit mehreren Brunnen hinab bis zum **Riu Matarraña**, der hier bereits eine beachtliche Breite hat. Am großen Waschhaus vorbei gelangen wir zum

herrlichen **Stadttor**. Von außerhalb der Stadt blicken wir über ein Mosaik aus alten, verfallenden, aber auch liebevoll restaurierten Häusern bis hinauf zu Kirche und Burg.

Möchten Sie mal wieder in einem Stausee baden? Dann fahren Sie mit uns nun an der Altstadt von VALDERROBRES vorbei, überqueren den Fluss und schwenken 400 m später nach links Richtung FUENTESPALDA/MONROYO.

Nach genau 2000 m folgen wir nach links einem braunen

Hinweisschild "**Embalse de Pena**", neben ihm fließt uns ein kräftiger Wasserstrom entgegen; ob das ein gutes Zeichen ist? Zwei große Naturtunnel führen uns nach 5500 m links an der hohen Staumauer vorbei, dann umrunden wir den Pena-Stausee im Uhrzeigersinn. Nach weiteren 1500 m erreichen wir ein schönes, schattiges Picknickgelände rechts der Straße.

> **(32) WOMO-Badeplatz: Embalse de Pena**
> **GPS:** N 40° 49' 01.0" E0° 08' 25.1"; 631 m.
> **Max. WOMOs:** 2.
> **Ausstattung/Lage:** Tische & Bänke, Baumschatten, Mülleimer, Bademöglichkeit/außerorts.
> **Zufahrt:** siehe Text; direkte Zufahrt ab Beceite für WOMOs bis 2,20 m Breite.

Dies ist die einzige Stelle, wo man sein WOMO vernünftig abstellen kann. Weit muss man allerdings zum tief abgesunkenen Wasserspiegel hinabmarschieren, wenngleich das Wasser selbst einen sehr sauberen Eindruck macht und herrlich erfrischend ist. Wer am Hang oberhalb des Picknickplatzes herumkraxelt, findet vielleicht einen Schatz!

> **WOMO-Cache Nr. 6**
> **GPS:** N 40° 48.975' E 0° 8.408'; 651 m.   **Schwierigkeitsgrad:** mittel
> **Tipp:** Suche den Felsklotz mit dem kleinen Kugelwacholderbusch.

Heute wollen wir noch hoch hinaus!
Auf unserem Weg Richtung MONROYO durchqueren wir FUENTESPALDA, wo sich am Ortsbeginn links die Jugend im Schwimmbad neben dem **Campingplatz** vergnügt und sich rechts der Straße in einem tollen **Marmorbrunnen** ein (leider ebenfalls marmorner) nackter Mann vom Wasser überrieseln lässt. War es der harzige Duft der Pinien, der uns bisher begleitete, verfolgt uns nun bis MONROYO der süßliche Duft von Schweinejauche aus den vielen Mastanlagen rechts und links der Straße.

MONROYO selbst ist zunächst der Höhepunkt unserer Bergstrecke, überragt wird es nur noch von einem Felsstock mit einem quadratischen **Uhrturm**. Wir umrunden den Ortskern, stoßen auf die Vorfahrtsstraße N 232, biegen links Richtung MORELLA/VINARÒS (nach 50 m **Brunnen** links).

Ist Ihnen der Appetit auf Schweineschinken vergangen? Wenn nicht, dann können Sie hier, im Zentrum der Schinkenproduktion, günstig zuschlagen.

Die Bergfahrt hat noch keineswegs ihr Ende. Nach einer kleinen Senke schwingt sich die Straße hinauf zum **Puerto de**

Wilde Serras mit schönen Badeplätzen

Torre Miró, wo wir mit 1204 m Höhe den höchsten Punkt seit unserer Pyrenäenüberquerung erreicht haben. Touristenfreundlich ist der Pass nicht gerade: keine Gaststätte, kein Parkplatz, kein Aussichtsplateau....

In schönen Schwüngen sausen wir wieder hinab, biegen nach 5 km zum malerischen Bergstädtchen MORELLA, das links der Schnellstraße einen WOMO-Stellplatz eingerichtet hat.

---

(33) WOMO-Picknickplatz: Morella
GPS: N 40° 37' 25.9" W0° 05' 29.6"; 944 m.   **Max. WOMOs:** > 5.
Ausstattung/Lage: Ver-/Entsorgung, Tische & Bänke, Wasserhahn/außerorts.
Hinweis: Für einen Stadtbummel fährt man vor dem Ort rechts auf den städt. Parkplatz.

Erstaunliches hat sich hier, in 1000 m Höhe, seit dem XIV. Jh. erhalten: Ein über 2 km langer, von zahlreichen Wachtürmen überragter **Mauergürtel** umgibt die Stadt am Hang eines Felskegels, auf dem eine **mittelalterliche Burg** thront. Wir durchqueren zunächst ein altes, dann ein wohlrestauriertes Stück des mittelalterlichen **Aquäduktes**, parken dann rechts des Stadttores Sant Miquel mit den beiden zinnengekrönten Wachtürmen.

In MORELLA lässt's sich fein schlendern. Außer alten, ehrwürdigen, wappengeschmückten Häusern mit Andenkenläden kann man viele Beine begucken: Braungebrannte und luftgetrocknete!

Während erstere von den Badetouristen stammen, die einen kurzen Ausflug ins Landesinnere gemacht haben, hängen die anderen in den Schaufenstern und stammen vom Schwein (cerdo), vom Lamm (cordero), vom Rind (vaca) oder gar vom Pferd (caballo).

Direkt hinter dem Sant Miquel-Tor haben wir im Tourismusbüro einen Stadtplan erhalten, der uns zur **Basilika** de Santa María la Mayor führt. Sie ist wohl die schönste gotische Kirche der ganzen Region. Zwei Portale führen ins Innere, links das Jungfrauentor und rechts das Aposteltor. Der Drachen des Heiligen Georg hat besonders zu leiden, denn ihm tropft schon seit 600 Jahren der Rost des Speeres auf den Kopf. Im Inneren bestaunen wir eine geschnitzte Wendeltreppe, die prachtvoll bemalte Altarfront und den reich verzierten Orgelprospekt.

Links neben der Kirche beginnt beim Kloster San Francisco der Aufstieg zur Burg (15 min.). Belohnt wird man durch einen berauschenden **Rundumblick** auf die Stadt und die Gipfel der Serras. Natürlich sieht man auch das Schwimmbad der Stadt und den Campingplatz.

MORELLA ist alt, MORELLA LA VELLA ist viel älter. Bereits vor 10.000 Jahren haben dort Menschen gehaust und sich künstlerisch betätigt. Wir verlassen MORELLA durch den restaurierten Teil des Aquäduktes und folgen dem Wegweiser: CHIVA DE MORELLA.

Nach 3,5 km schwenken wir nach links in einen Schotterweg (grüner Wegweiser: **Pintures Rupestres** MORELLA LA VELLA 2,8 km). Die Felszeichnungen sind eingezäunt und können nur mit Führer besichtigt werden (dem Sohn des Bauernhofes; offen: 11.00 - 13.00/16.00 - 18.00 Uhr; [N 40° 38' 32.7" W 0° 8' 25.6"]).

Falls Sie also zur Unzeit kommen, finden Sie nach 1400 m rechts des Schotterweges ein ebenes Plätzchen, auf dem auch wir ruhig übernachtet haben [**34:** N 40° 38' 16.8" W 0° 7' 37.1"]. Erstaunt waren wir schon, als unser Führer mit spitzer Stricknadel auf die winzigen Darstellungen von Jägern und Beute zeigte, kaum größer als unsere Briefmarken. Aber die **steinzeitliche Kunst** beeindruckt auch in dieser Miniaturform. Dankbar tragen wir uns ins Gästebuch ein und überreichen dem Burschen einen verdienten Obolus.

Nach dem mittelalterlichen Höhepunkt MORELLA ist nun Meeresstrand angesagt. Wie von selbst rollt das WOMO die letzten 62 km zur Küste hinab, durch eine karge Landschaft, wo aus dem dürren Gras nur Steineichen und Wacholderbüsche emporragen.

Wir machen noch zwei Abstecher! Bei >km 16,6< biegen wir rechts (Wegweiser zunächst: SAN RAFAEL DEL RIO, am Kreisverkehr dann **Fuente de la Salut**). Nach 2700 m sind wir an der Andachtsstätte, im XVI. Jh. im Renaissancestil errichtet. Rechts der **Kirche**, vor einer kleinen Gaststätte, sprudelt ein Quell aus zwei Hähnen.

(35) WOMO-Picknickplatz: Fuente de la Salut
GPS: N 40° 30' 11.3" E0° 18' 04.5"; 266 m.
Max. WOMOs: 3-4.
Ausstattung/Lage: Tische & Bänke, Grillstellen, Wasserhahn, Gaststätte/Ortsrand.

Bei >km 12,3< kann man rechts nach SANT JORGE einschwenken und findet auf dem Weg zum Schwimmbadparkplatz [**36:** N 40° 30' 02.7" E0° 19' 33.3"] noch einen **Brunnen**. Solchermaßen ausgerüstet, können wir uns nun in den Trubel der Küste stürzen, die wir bei VINARÒS erreichen.

Wilde Serras mit schönen Badeplätzen

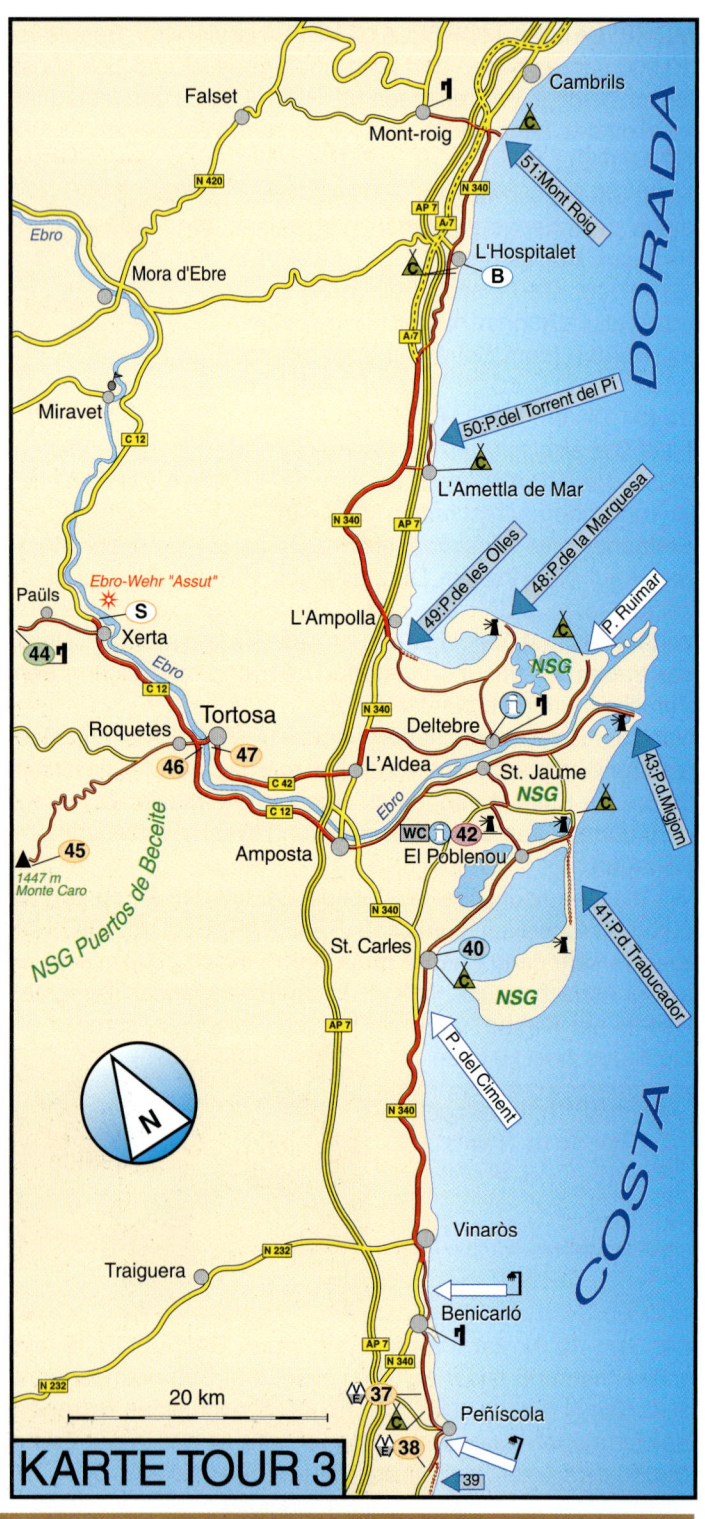

TOUR 3 (ca. 300 km / 4 Tage)

Vinaròs – Benicarló – Peñíscola – NP Ebrodelta – Xerta – Monte Caro – Tortosa – Deltebre la Cava – l'Ampolla – l'Amettla de Mar – Mont-roig

Freie Übernachtung:	P. del Ciment, El Poblenou, P. d. Trabucador, P. de Migjorn, P. de la Marquesa, P. de les Olles, P. del Torrent del Pi.
Trinkwasserstellen:	El Poblenou, Deltebre, Mont-roig.
Campingplätze:	u. a. Peñíscola, St. Carles, P. Ruimar, L'Amettla de Mar.
Baden:	Peñíscola, Benicarló, P. del Ciment, P. d. Trabucador, P. de Migjorn, P. Ruimar, P. de la Marquesa, P. de les Olles, P. del Torrent del Pi, Zementstrand.
Besichtigungen:	Peñíscola, Ebrodelta, Tortosa, L'Amettla de Mar.
Wandern:	u.a. Ebro-Delta, NSG Tortosa i Beceit.

Hilfe! Wohin sind wir geraten? Vor VINARÒS hatten wir die Autobahn, die Bahnlinie und die >N 340< überquert, waren dann den Wegweisern zur **Costa Sud** gefolgt. Aber wir sind nicht die ersten. Die gesamte Küstenlinie ist im Stadtbereich zugebaut mit Hotels und Ferienwohnungen, weiter nach Süden reihen sich kilometerweit Ferienhäuser aneinander und hintereinander.

Erst kurz vor BENICARLÓ, am Südende der Badebucht **El Puntal**, finden wir ein Plätzchen [N 40° 26' 44.2" E0° 27' 20.8"] ohne WOMO-Verbotsschild, wo man das WOMO abstellen und vom felsgerahmten Kiesstrand (mit Duschen) aus ins Wasser hüpfen könnte; am Südende der Parallelstraße Av. Francisco Baila **Brunnen** [N40° 26' 41.3" E0° 27' 11.1"].

Für die Weiterfahrt nach Süden über BENICARLÓ nach PEÑISCOLA braucht man starke Nerven. Zwar ist die Altstadt auf einer Halbinsel äußerst malerisch gelegen, aber für den Autoverkehr gesperrt. Der WOMO-Tourist quält sich durch total verstopfte Zufahrtsstraßen entlang einer endlos scheinenden Reihe von Hotels, Bars und Buden. Schließlich wird das Parkplatzangebot etwas größer, weil Gebühren zu entrichten sind. Nur wer tollen Trubel sucht, wird sich hier wohl fühlen!
Aber es gibt zwei offizielle WOMO-Stellpätze. Der eine liegt auf halbem Wege zwischen BENICARLO und PEÑISCOLA an der Calle de Proyecto N 13, nur 200 m vom Strand entfernt [37: N40° 23' 23.9" E0° 24' 37.5"]; der zweite 2,5 km südlich der Altstadt an der Carrer d'Irta abseits der Küste [38: N40° 20' 36.7" E0° 23' 00.3"], sie verlangen incl. Ver-/Entsorgung 6-8 €/Tag und sind für einen Stadtbummel zu weit entfernt.
Wie schön, dass es den großen Parkplatz [N40° 21' 27.1" E0° 24' 13.9"] an der Calle de Levante direkt vor dem Hafen gibt. Dort darf man zwar nur tags parken, aber sowohl das Altstadtzentrum mit dem unbedingt sehenswerten Burgberg als auch der Südstrand sind nur wenige Schritte entfernt.

Peñiscola, Aufgang zur Altstadt

Südlich von PEÑISCOLA ist eigentlich nur Steilküste - und zudem Naturschutzgebiet, in dem nicht gebaut werden darf. Dort haben wir ein paar schöne Plätzchen am Meer entdeckt! Man rollt vom Hafenparkplatz nach links und hält sich immer in Küstennähe (so als wolle man den 2. WOMO-Stellplatz an der Carrer d'Irta aufsuchen). Nach 2 km verlässt die Asphaltstraße das Meer, eine Naturbahn folgt ihm und wir ihr. Direkt an ihrem Beginn und an weiteren Stellen der 2-km-Piste entdecken wir Stellpätze, auch an kleinen Kiesbuchten, den schönsten (natürlich) an ihrem Ende.

(39) WOMO-Badeplatz: Peñiscola (Südküste)

GPS: N 40° 20' 02.1" E0° 22' 35.8" **Max. WOMOs:** 2-3
Ausstattung/Lage: Fels- und Kiesküste/außerorts. **Zufahrt:** siehe Text.

Dann rollen wir nach Norden, wo hinter VINARÒS die **Costa Dorada** beginnt.

Wir haben uns wirklich große Mühe gegeben, haben das WOMO durch "residencias" und "urbanizaciones" gequält, um ein schönes Badeplätzchen für Sie zu finden, die Mühe war völlig vergeblich. Hatte man wirklich einmal einen Strand erreicht, dann waren die Wohnmobile gleichgestellt mit Wohnanhängern, Zelten und Hunden – für alle war der Aufenthalt verboten.

Erst nördlich von ALCANAR, ausgerechnet dort, wo eine große Zementfabrik die Landschaft optisch verschandelt, wollte niemand seine spanische Datsche errichten. Bei »km 1065« verlassen wir die >N 340< Richtung SANT CARLES DE LA RAPITA und turnen hinab zur **Platja del ciment** [N40° 34' 25.7" E0° 32' 46.0"]. Der Strand ist feinsandig, breit und kaum besucht, nicht einmal Duschen fehlen. Die nahe, stark befahrene Schnellstraße (und ein WOMO-Verbotsschild) werden Sie allerdings davon abhalten, sich hier für länger einzurichten.

Auch SANT CARLES DE LA RAPITA ist eigentlich eine Enttäuschung. Nur am Jachthafen scheint ein regelrechter WOMO-Treff zu sein (es geht das Gerücht um, im Ort entstehe ein offizieller WOMO-Stellplatz).

(40) WOMO-Badeplatz: Sant Carles de la Rapita (Jachthafen)

GPS: N 40° 36' 56.6" E0° 35' 35.5" **Max. WOMOs:** > 5.
Ausstattung/Lage: Sandstrand, Kinderspielplatz, Vita Parcour, Schwimmbad, Gaststätten/außerorts. **Zufahrt:** siehe Text.

Knapp 1000 m später biegen wir rechts zum **Delta de l'Ebre**, dem kilometerbreiten Schwemmlandfächer, den der Ebro, der wasserreichste Fluss Spaniens, mit seiner Schlammfracht im Laufe der Jahrhunderte ins Meer vorgeschoben hat.

Früher, als es noch keine Staudämme gab, war die Sedimentlast des Flusses noch größer, wuchs das Delta noch schneller. Es ist durchzogen von Kanälen, viele Lagunen verschaffen ihm den Charakter einer Seenlandschaft. Dieses Gebiet ist ideal für den Anbau von Reis – gleichzeitig aber auch Heimat oder **Durchzugsgebiet zigtausender von Wasservögeln**. In diesem Spannungsfeld aus Landwirtschaft und Naturschutz leisten die Naturschützer eine wichtige Arbeit.

Erster Ort im Ebrodelta, südlich der großen **Lagune l'Encanyissada**, ist EL POBLENOU DEL DELTA. Hier verzweigt sich die Straße – und wir merken uns die Stelle, während wir nach halbrechts zwischen den endlosen Reisfeldern weiterdüsen.

Südlich der Lagune **la Tancada** endet die Teerstraße. Hier kann man nach links zum Vogelbeobachtungsturm "**Mirador de la Tancada**" [N 40° 38' 46.3" E 0° 45' 25.0"] abbiegen oder wenig später rechts auf einen meist (**?**) festen Sandweg zur schmalen Landzunge mit der **Platja del Trabucador**.

---

(41) WOMO-Badeplatz:
Platja del Trabucador
GPS: N 40° 37' 50.0" E 0° 44' 31.5"
Max. WOMOs: > 5
Ausstattung/Lage: Langer, flacher Sandstrand, Tische & Bänke, Schattendächer, Vogelturm/außerorts.
Hinweis: Camping verboten.

Bis zum nächsten Vogelschutzgebiet, der **Punta de la Banya**, findet der WOMO-Urlauber eine Unzahl von Parkmöglichkeiten hinter dem leicht gewellten, feinen Dünensandstrand. Die **Punta de la Banya** selbst darf außer zu einem Vogelturm nicht betreten werden.

Wir kehren nach EL POBLENOU zurück, biegen hier rechts zum Informationscenter des Naturparks **Casa de Fusta**. Wir überqueren die **Lagune l'Encanyissada** an ihrer engsten Stelle, parken vor der **Casa de Fusta** neben dem großen Vogelbeobachtungsturm.

In diesem Informationsamt erfährt man täglich von 10.00 bis 14.00/ 15.00 - 19.00 Uhr alles Wissenswerte über die Arbeit der Naturschützer, über die Tier- und Pflanzenwelt des Deltas und die eigenen Aktivitätsmöglichkeiten, denn es gibt eine ganze Reihe von Wanderwegen, Fahrräder können ausgeliehen werden und auch eine Flussexkursion auf dem Ebro ist möglich; kostenloses Kartenmaterial liegt aus. Nebenan findet man einen **Picknickplatz** sowie Park- und Übernachtungsmöglichkeiten für das WOMO. Das benachbarte Restaurant L'Estany ist bekannt für seine Spezialitäten aus dem Delta.

(42) WOMO-Picknickplatz: Casa de Fusta

GPS: N 40° 39' 31.5" E0° 40' 31.4"
Max. WOMOs: > 5.
Ausstattung/Lage: i-Stelle, Vogelturm, Picknickplatz, WC, Wasserhahn, Kinderspielplatz, Liegewiese, Baumschatten, Gaststätte, Mülleimer/Ortsrand.

Natürlich hat das Ebrodelta noch viele weitere Sandstrände. Einen der einsamsten findet man, wenn man von der **Casa de Fusta** zunächst nach Norden bis SANT JAUME D'ENVEJA kurvt und sich dort am Kreisverkehr hinter dem Kanal rechts hält. Südlich des Vogelschutzgebietes **Illa de Buda** liegt die einsame **Platja de Migjorn** mit Picknicktischen unter Schattendächern und einem kleinen Kinderspielplatz.

(43) WOMO-Badeplatz: Platja de Migjorn

GPS: N 40° 41' 02.8" E0° 51' 11.4"   **Max. WOMOs:** 3-4
Ausstattung/Lage: Tische & Bänke, Grillstellen, Kinderspielplatz, Vogelturm 300 m, Gaststätte "Al Facada" 500 m/außerorts.

Links des Picknickplatzes beginnt die **Illa de Buda**, und der Naturschützer in seinem Holzhäuschen achtet darauf, dass niemand die Vogelwelt stört.

Blick vom Vogelturm bei der Illa de Buda übers Ebrodelta

Über SANT JAUME und AMPOSTA verlassen wir den Südteil des Ebrodeltas für einen Abstecher ins Landesinnere. Wer ihn auslassen möchte, kann von SANT JAUME nach DELTEBRE eine der drei Fähren (Transbordador) besteigen und sich über den **Ebro** schippern lassen.

Geradewegs rollen wir durch AMPOSTA hindurch nach Westen. Sie sollten jedoch keineswegs versäumen, dort einen Blick auf die elegante **Hängebrücke** über den Ebro zu werfen. 1905 wurde sie erbaut und war damals kurze Zeit die längste der Welt; heute ist sie nur noch eine der schönsten.

Wir rollen nun links des Ebro entlang. Von ihm selbst bekommen wir aber kaum etwas zu sehen, dafür um so mehr von seinem rechten Seitenkanal, dem **Canal de la dreta**, der die Wasserfracht des Flusses auf die landwirtschaftlichen Flächen verteilen hilft. Sehenswert ist auch der **Torre de la Carroba** links der Straße mit bemerkenswertem Zinnenkranz.

TORTOSA begrüßt uns mit drei Kreisverkehren, wenn wir (geradeaus, links des Ebros) auf der C12 Richtung LLEIDA / GANDESA bleiben. Den dritten, in dessen Mitte gerade ein Tanzpaar in Bronze erstarrt ist, sollten Sie sich besonders gut merken.

Zu unserem ersten Abstecher fahren wir geradeaus auf der C12 weiter (nach 500 m rechts Supermarkt mit preiswerter Tankstelle), an XERTA vorbei. Bei »km 31,8« parken wir rechts und steigen hinauf zu einer Aussichtsplattform [N 40° 55' 13.9" E0° 29' 31.0"], um den **Assut** zu bestaunen, ein riesiges **Ebrowehr**, das auf arabische Arbeit zurückgeht. Die heutige Anlage stammt aus dem Mittelalter, staut den Ebro diagonal auf einer Länge von 310 m und leitet einen Teil der Wassermassen in Seitenkanäle, die 1860 bzw. 1912 angelegt wurden.

Ebrostauwehr "Assud" bei XERTA

Ein idyllisches Picknickplätzchen mit Wanderwegen gesucht? Dann schwenken Sie bei der Rückfahrt auf der Höhe von XERTA rechts nach PAÜLS und bleiben dort am Ortsbeginn links, folgen dem Wegweiser zur "Area recreativa de Sant Roc" 2,5 km auf schmaler Asphaltbahn, hinein in die bizarre Bergwelt des **NSG Puertos de Beceite**.

Die letzten Meter sind steil. In der riesigen Anlage im schattigen Eichenwald findet man eine Unzahl von steinernen Tischen und Bänken, einen üppigen Brunnen - und ebene Parkplätze.

(44) WOMO-Wanderparkplatz: Paüls (Sant Roc)

GPS: N 40° 54' 37.4" E0° 22' 59.9"; 450 m.
Max. WOMOs: 2.
Ausstattung/Lage: Wanderwege, Tisch & Bank, Grillstellen, Baumschatten, Brunnen, WC/außerorts.
Hinweis: Die Straße ist schmal, aber es gibt Ausweichstellen. Trotzdem nicht gerade am Wochenende anfahren!

Haben Sie schon einmal ein Denkmal für eine Ziege gesehen? Natürlich nicht für eine gewöhnliche Ziege, sondern für die wildlebende Spanische Bergziege *(Cabra hispánica)*?
Wir kehren zum Kreisverkehr mit dem Tanzpaar zurück, biegen dort rechts Richtung ROQUETES, folgen dann dem Wegweiser "ALFARA". Nach 4700 m seit dem Kreisverkehr verlassen wir die Hauptstraße nach links und halten geradewegs auf den **NP Puertos de Beceite** zu. Von Westen hatten wir dieses Gebiet durch eine Schlucht erobert, heute werden wir den **Monte Caro**, seinen höchsten Gipfel, erklimmen. Allerdings brauchen Sie dafür nicht Ihre Bergstiefel zu schnüren, sondern lediglich Gas zu geben. Nach einer weiten Olivenbaumebene macht sich unser Diesel mit bösem Brummen ans Werk, bezwingt Serpentine um Serpentine.

Nach 10,5 km seit der Abzweigung wartet die Bergziege auf uns. Stolz steht sie auf einem hoch aufragenden Felsfinger rechts der Straße.
Nun legt unsere Serpentinenstraße eine Ruhepause ein und pirscht sich auf ebener Strecke an die Rückseite des Gipfels heran. Hier liegen eine ganze Menge von Ferienhäusern im Gelände verstreut – auch Spanier scheinen die Sommerfrische zu schätzen. Jetzt setzt die Straße zum Endspurt an, erreicht nach 3800 m in 1447 m Höhe den Gipfel des **Monte Caro**. So klein die Parkfläche [**45:** N40° 48' 12.9" E 0° 20' 36.6"] da oben auch ist (zwei WOMOs hätten gerade nebeneinander Platz), so großartig ist die **Aussicht** bis über das Ebrodelta und das offene Meer.

Über ROQUETES kehren wir zurück zum Tanzpaar-Kreisverkehr, halten nun geradeaus auf den Ebro zu und die jenseits des Flusses liegende Altstadt von TORTOSA.
Unmittelbar vor der Brücke schwenken wir nach rechts ab und suchen uns am diesseitigen Flussufer einen bequemen Parkplatz [**46:** N 40° 48' 48.4" E0° 31' 07.2"]. Von hier aus starten wir unseren Stadtrundgang über die **Pont de l' Estad**, eine eiserne Dreibogenbrücke, nicht ohne nach

links einen Blick auf das **Bürgerkriegsdenkmal** geworfen zu haben, das auf dem verbliebenen Pfeiler einer zerschossenen Ebrobrücke steht.

Hinter der Brücke folgen wir nach links den Wegweisern zur **Kathedrale** (8.00 - 13.00/ 17.00 - 20.00 Uhr), betreten sie durch einen gotischen Kreuzgang. Im Kircheninneren beeindrucken uns die drei hohen Kirchenschiffe, das völlig vergoldete Retabel des Hauptaltares und im Chorumgang dahinter das Retabel "Verklärung Christi".

Der elegante Bau der Kirche ist ringsum zugebaut. Steigt man jedoch rechts der Kirche zum alten **Castell de la Suda** hinauf, so hat man einen prächtigen Blick auf die elegante Architektur des Gotteshauses, die Altstadt, den **Ebro** und die Bergketten am Horizont. In dem Castell ist ein staatlicher Parador untergebracht, entsprechend wohlrestauriert präsentiert sich das Innere der maurischen Burg.

Wir verlassen **La Suda** auf der Fahrstraße, folgen ihr nach links und entdecken dann rechterhand die großen Eisengitter der **Jardins del Príncep** (Gärten des Prinzen). In ihnen kann man eine Sammlung von ganz außergewöhnlichen Skulpturen besichtigen, die der Bildhauer Santiago de Santiago geschaffen hat. Sie erinnern uns stark an die Werke des norwegischen Bildhauers Adolf Gustav Viegeland. Durch kleine Altstadtgässchen und schließlich am Ufer des **Ebro** entlang kehren wir zurück zur Dreibogenbrücke und unserem WOMO. Wenig später rollen wir über die gleiche Brücke, wenden uns dahinter rechts und fahren am Ufer flussabwärts. Linkerhand kommt nun der **Stadtpark**, wo man schattig parken [**47:** N 40° 48' 31.7" E0° 31' 06.5"] und unter prächtigen Palmen stilvoll lustwandeln kann. Dabei entdeckt man auch die alte gotische **Llotja** (Warenhandelsbörse).

Costa Dorada mit Ebro-Delta

TORTOSA, Llotja (ehemalige Warenhandelsbörse)

Kurz darauf ereilt uns ein Schicksal, das wohl jedem WOMO-Urlauber in Spanien droht. Ein buntes Markttreiben lockte uns zwischen Buden und Verkaufsstände, und als wir eine halbe Stunde später zum WOMO zurückkehren, finden wir die Tür des Wohnaufbaues unverschlossen vor, Videokamera und Fotoausrüstung sind verschwunden!
Nach kurzen Momenten voller Schreck und Wut sind wir den Tresoren dankbar, die unsere sonstigen Wertgegenstände bewahrt hatten und machen uns auf, einen neuen Fotoapparat zu kaufen. Dabei schwören wir uns, unsere Wertgegenstände in Zukunft stets mit uns zu schleppen.
Wir beschließen, das Geschehnis als das zu werten, was es war: Die gemeine Tat einzelner – und sie nicht auf unser schönes Urlaubsland und seine Bevölkerung zu verallgemeinern.

Wir folgen nun flussabwärts den Wegweisern "L'ALDEA" auf der C 42 und schwenken dort nach links in die N 340 ein. Kaum haben wir den höchsten Gang erreicht, verlassen wir sie schon wieder Richtung DELTEBRE LA CAVA, statten der Nordhälfte des Ebrodeltas unseren Besuch ab.
Hochinformativ ist in DELTEBRE der Besuch des **Centre d'Información i Ecomuseu** (am Ortsbeginn am Kreisverkehr rechts halten) [N 40° 43' 21.3" E 0° 43' 18.9"].
Hier gibt's Natur zum Anfassen: Außer den Informationen, die Sie auch in der **Casa de Fusta** (Südhälfte des Ebro-Deltas) bekommen können, wartet ein kunstvoller, naturnaher Nachbau des Ebro-Deltas im kleinen auf Sie. Kanäle durchziehen den Informationspark, riesige Welse schnappen in einem Tümpel nach Beute, ein Reisfeld ist angelegt, die gesamte Vegetation ist exemplarisch dargestellt. Ein kleines Museum präsentiert das Handwerk der Reisbauern und der Ebrofischer. In dem großen Aquarium fehlt wohl kaum eine Tierart aus den Lagunen und dem Ebro (offen werktags 10-14, 15-18 Uhr, am Wochenende 10-13 Uhr).

Reisfeld im Ecomuseu

Aber wir haben auch etwas für die Badelustigen getan! Umgeht man DELTEBRE (am Kreisverkehr links halten), so findet man vor der Feriensiedlung RIUMAR (mit zwei Campings) den Ihnen bereits bekannten Dünenstrand des Ebrodeltas [N 40° 43' 38.0" E0° 50' 33.6"], der auf kleine und große Wasserratten wartet (Foto).

Uns war der Rummel dort zu groß, deshalb machten wir einen zweiten Abstecher von DELTEBRE (im Ortsbereich schwarze, gusseiserne Brunnen) nach Norden zur **Platja de la Marquesa**. Dort, am Rande des Vogelschutzgebietes **Punta del Fangar**, gibt es den gleichen Strand, außer einer einsamen Gaststätte jedoch keinerlei Einrichtungen und weniger Badegäste. Rechts und links der Gaststätte kann man am Strand entlangfahren und unter vielen Parkplätzen wählen.

---

(48) WOMO-Badeplatz: Platja de la Marquesa
GPS: N 40° 45' 44.5" E0° 47' 53.1" **Max. WOMOs:** 3-4
Ausstattung/Lage: Sandstrand, Mülleimer, Gaststätte/außerorts. **Zufahrt:** s. Text.
Hinweis: Camping verboten.

Platja de la Marquesa

Wir verlassen das Ebrodelta, indem wir zunächst geradeaus nach Westen rollen und dann den Wegweisern L'AMPOLLA folgen. AMPOLLA empfängt uns mit dem Strand **Bassa de les Olles**, ein fester Sandweg führt nach rechts bis zum Beginn des **Vogelschutzgebietes les Olles** am Nordrande des Ebrodeltas. Der Strand ist sandig, teils mit Kies vermischt; ein feines Plätzchen weitab vom Ort.

(49) WOMO-Badeplatz: Bassa de les Olles
GPS: N 40° 47' 31.3" E0° 42' 15.0"   **Max. WOMOs:** >5
Ausstattung/Lage: Duschen, Sandstrand, Mülleimer, Gaststätten/außerorts.
Hinweis: Camping-verboten-Schild fehlte bei unserem letzten Besuch.

Dann kommt bereits der dichtbebaute Stadtbereich mit dem Jachthafen – und nördlich des Ortes hört mit der Bebauung auch die Strandstraße auf. Zwar muss man nicht auf die >N 340< fahren, aber die verschlungenen, schmalen Teerwege führen nur dann zum Küstenbereich, wenn ihn ausgedehnte Feriensiedlungen bereits besetzt haben.

L'AMETTLA DE MAR muss man besucht haben – und sei es nur, um am Nachmittag in der großen **Fischhalle** am Hafen [N 40° 52' 48.3" E 0° 48' 4.8"] bei der Versteigerung der angelandeten Meeresschätze zuzuschauen und zuzuhören (Wegweiser: Llotja Peix). Was man da nicht alles bestaunen kann: Plastikkisten mit vielen kleinen Fischen oder wenigen großen, die Kopf und Schwanz über die Ränder hängen. Tintenfische und Krebse, ganze Säcke voller zackiger Schnecken; alles, was der Großhändler braucht. Neben den großen Fischkuttern werden bereits die Netze für die nächste Fahrt gereinigt und gerichtet. Nach Norden schließt sich an den Ort zunächst ein Campingplatz an mit Tennisplätzen und Schwimmbad.

3 km weiter haben wir wirklich ein schönes Plätzchen entdeckt: Die Zufahrt zur **Platja del Torrent del Pi** führt recht schmal (**?**) durch Pinienwald (mit Parkbuchten) zum Feinkiesstrand, der flankiert ist von Schnorchelfelsen.

Am Ende des Weges steht man direkt hinter dem Strand unter einer Felswand mit tief ausgewaschenen Höhlen. Das Wasser ist glasklar und nicht so feinsandtrüb wie am Ebrodelta. Hoffen Sie mit uns, dass dieses Plätzchen erhalten bleibt!?

---

(50) WOMO-Badeplatz: Platja del Torrent del Pi
GPS: N 40° 54' 01.0" E0° 49' 20.2"   **Max. WOMOs:** 2
Ausstattung/Lage: Kiesstrand, Schattenplätze in der Pineta/außerorts.
Zufahrt: siehe Text.

Platja del Torrent del Pi

Die **Cala Forn** hinter der nächsten "urbanización" bietet oberhalb des Strandes ein Parkrund unter Pinien und unten eine feine, jedoch gut besuchte Sandbucht.

Die beiden nächsten Plätze heißen **Cala Vidre** und **Cala de Sant Jordi**. Sie ähneln der vorgenannten sowohl in der Sandqualität und der Besucherdichte; alles nur etwas für einen Badestopp.

Weiter rollen wir auf der N 340 nach Norden; in Strandnähe wird gebaut, gebaut, gebaut ...

Ein weiteres Mal taucht die Silhouette einer großen Zementfabrik vor uns auf. Bei »km 1126« heißt es aufpassen, denn die Hauptstraße nennt sich jetzt plötzlich A 7 und bleibt links der Autobahn. Wir wollen aber auf der N 340 zum Strand und nach L'HOSPITALET, schlagen also schnell einen Haken nach rechts, unterqueren die Autobahn AP 7.

Nach dem Überqueren der Bahnlinie liegen rechterhand zwei Campingplätze, die wir hervorheben wollen!

Der erste ist **"El Templo del Sol"**. Er liegt schattig oberhalb eines feinen Sandstrandes und ist den Anhängern der Freikörperkultur vorbehalten [N40° 58' 37.5" E0° 54' 04.4"]; sein Prospekt empfiehlt ihn als den schönsten FKK-Strand des Mittelmeeres (WOMO + 2 Personen + Strom 19-43 €)!

Nur 200 m später darf man auf dem Campingplatz **"Cala d' Oques"**, was so viel wie Gänsebucht heißt, beim Baden das Höschen anlassen. Der Preisspiegel (WOMO + 2 Personen + Strom 24 - 41 €) ist nahezu identisch. Uns hat der Platz deshalb so gut gefallen, weil er nur durch ein paar Drähte vom feinen Sandstrand getrennt ist.

Campingplatz "Cala d' Oques

Verschmäht man auch diesen Platz und biegt 300 m später rechts steil hinab (Arc del Sol), so erreicht man den Strand an einer Stelle, wo die (asphaltierte) Strandstraße in eine Sandpiste übergeht, die am Strand zum letzten Camping zurückführt. Dort kann man eine schöne Badepause einlegen.

Sie möchten am Strand übernachten?

Dann folgen Sie uns auf der N 340 durch L'HOSPITALET hindurch weiter nach Norden. Bei »km 1139« (Kreisverkehr mit Galp-Tankstelle) schwenken wir rechts und stoßen, am Camping "Oasis Mar" (WOMO + 2 Pers. + Strom 22 - 35 €) rechts vorbei, direkt auf einen Parkplatz am Strand. Einen weiteren, versteckt hinter Büschen, findet man nach 300 m rechts.

(51) WOMO-Badeplätze: Mont Roig (Platja Pixerota)
GPS: N41° 02' 36.2" E1° 00' 12.6"; N41° 02' 37.0" E1° 00' 00.6" **Max. WOMOs:** je 2
Ausstattung/Lage: Sandstrand, Wasserhahn, Gaststätte/Ortsrand. **Zufahrt:** s. Text.

TOUR 4 (ca. 250 km / 4-5 Tage)

Mont-roig – Escornalbou – Falset – Scala Dei – Schlucht von Montsant – Prades – Kloster Poblet – Kloster Santes Creus – Vistabella – Centcelles – Tarragona

Freie Übernachtung:	Ermita Mare de Déu, Pantà Riudecanyes, Escornalbou, Scala Dei, Siurana, Ermita Sant Antoni, Ermita de la Abeillera, Kloster Poblet, Kloster Santes Creus, Constanti.
Trinkwasserstellen:	Mont-roig, Ermita Mare de Déu, Scala Dei, Barberà, Cabra.
Baden:	Stausee von Siurana, Riu Montsant.
Besichtigungen:	u.a. Falset, Prades, Poblet, Santes Creus, Constanti.
Wandern:	Serra de Montsant, Siurana.

KARTE TOUR 4

Auszug aus Wikipedia u.a.: Joan Miró i Ferrà (* 20. April 1893 in Barcelona; † 25. Dezember 1983 in Palma de Mallorca) war ein katalanischer Maler, Grafiker, Bildhauer und Keramiker. Seine frühen Werke weisen, aufbauend auf der katalanischen Volkskunst, Einflüsse des Kubismus und des Fauvismus auf. Von Anfang bis Mitte der 1920er Jahre vollzog der Künstler in Paris, beeinflusst von den dort herrschenden Kunstströmungen des Dadaismus und Surrealismus, den grundlegenden Stilwechsel, der ihn von der Gegenständlichkeit wegführte. Miró gehört als Vertreter der Klassischen Moderne mit seinen fantasievollen Bildmotiven zu den populärsten Künstlern des 20. Jahrhunderts. Seine magischen Symbole für Mond, Sterne, Vogel, Auge und Frau zählen zu den bekanntesten Elementen seiner Kunst.

Im Jahre 1910 kauften Mirós Eltern einen Bauernhof bei Mont-Roig. Joan Miró verbrachte viele Jahre hier, Motive der Umgebung wurden zum zentralen Thema seiner ersten, figurativen Phase.

Bevor wir die die Costa Dorada verlassen, stellen wir mit Freude fest, dass Miró schon vor uns hier war!

Strand von Mont-Roig, 1916, Stiftung Joan Miró, Barcelona

Joan Miró, 1916, Kouros Gallery

Bei der Fahrt Richtung MONT-ROIG entdecken wir rechterhand "Das Haus mit der Palme" und in MONT-ROIG selbst natürlich "Dorf und Kirche von Mont-Roig".

Zwei Kreisel überquerend halten wir geradeaus weiter Richtung FALSET, folgen nach 2,7 km dem Wegweiser zur **Ermita Mare de Déu de la Roca**. Auf hohen, roten, bizarr verwitterten Buntsandsteinfelsen, die einen herrlichen Kontrast zu den darauf balancierenden grünen Pinien bilden, thront die kleine Einsiedelei.

Zu ihren Füßen, 300 m nach der Abzweigung, liegt links ein

romantischer Picknickplatz unter wilden Ölbäumen mit Blick auf die Kapelle. Noch schöner ist natürlich die Aussicht vom Mirador vor dem Kirchlein über die von hier aus so still wirkende Küstenebene und das weite Meer; auch die Kirche der Einsiedelei ist einen Besuch wert. Unmittelbar vor dem Eingang zur Ermita kann man an der **Font d'Alzina** Wasser fassen oder den ausgeschilderten Wanderweg in Angriff nehmen.

> **(52) WOMO-Picknickplatz:**
> **Ermita Mare de Déu del a Roca**
> **GPS:** N 41° 05' 36.2" E0° 56' 00.6"; 208 m.
> **Max. WOMOs:** 3-4
> **Ausstattung/Lage:** Tisch & Bank, Wasserhahn, Baumschatten/außerorts.

Wir kehren zum Kreisel vor MONT-ROIG zurück, biegen dort links Richtung MONTBRIÓ. Hundert Meter später passieren wir einen Kinderspielplatz mit einem großen, gusseisernen **Wasserspender** und nur 500 m nach dem Ortsende schwenken wir wieder nach links Richtung VILANOVA D'ESCORNALBOU, denn unser nächstes Ziel soll eigentlich das gleichnamige Schloss weit oben über dem Ort sein. Wir nehmen jedoch in VILANOVA nicht die direkte Straße, sondern machen einen Umweg über RIUDECANYES. Auch hier ist der Weg zum Castell gut ausgeschildert. Gleichzeitig entdecken wir jedoch ein anderes Schild "Pantà" (das dem Kundigen den katalanischen **Stausee von Riudecanyes** ankündigt).

Schnell entschlossen schlagen wir einen Haken nach rechts und stehen wenig später am Rande einer Teerstraße, die uns links des Stausees zu diesem ruhigen Übernachtungsplatz geführt hat.

> **(53) WOMO-Stellplatz:**
> **Stausee von Riudecanyes**
> **GPS:** N 41° 08' 24.3" E0° 56' 40.4"
> **Max. WOMOs:** 3-4
> **Ausstattung/Lage:** keine/außerorts.
> **Zufahrt:** In Riudecanyes ausgeschildert: "Pantà".

Sie möchten in frischer Gebirgsluft nächtigen?

Schloss (ehemaliges Augustinerkloster) Escornalbou

Dann folgen Sie dem Wegweiser zum Schloss, kurven steil hinauf, genießen die Blicke über das Küstenvorland und das Meer, dröhnen mit 14% - 18% Steigung die letzten Meter bis zum großen, ebenen Parkplatz unterhalb der Burg hinauf. Selten haben Sie so aussichtsreich und trotzdem völlig ruhig übernachten können!

(54) WOMO-Stellplatz: Escornalbou

GPS: N 41° 07' 41.7" E0° 55' 01.8"; 554 m. **Max. WOMOs:** > 5
Ausstattung/Lage: Spazierweg/außerorts. **Zufahrt:** siehe Text.

Das Schloss von **Escornalbou**, ein ehemaliges Augustinerkloster aus dem XII. Jh., ist ein sehenswerter Bau aus dem roten Sandstein der Umgebung. Auf das Innere der romanischen Kapelle und eine Schlossführung müssen wir verzichten, weil wir Frühaufsteher nicht bis zum Öffnungsbeginn um 10.00 Uhr warten wollen. So begnügen wir uns mit einem Blick in die **anthropomorphen Grabstellen** rechts des Portals (sozusagen Särge nach Maß) und beginnen nach rechts einen beschaulichen, bequemen Rundgang um die Bergkuppe, den „Passeig dels Frares". Das Auge weiß nicht, wohin es als erstes den Blick wenden soll: Zu den bizarr ausgewaschenen, roten Felsblöcken oder hinaus über die Hügel der Serra, die Küstenebene und das Meer.

Am Ende des Rundweges stehen wir plötzlich vor verschlossenem Tor, können aber kurz vorher links über Stufen und einen kurzen Pfad den Zugang zur **Barbarakapelle** auf dem Gipfel des Berges erreichen. Dort haben Sie den ultimativen **Rundblick**. Sie können nicht nur dem Grafen aufs Dach gucken, sondern sich auch im Norden die schönsten Berge aussuchen. Es sind die Felsblöcke der **Serra de Montsant**, zwischen denen wir bald herumkurven werden.

Baden wollen Sie schon wieder? Gemach, gemach, jeder bekommt bei uns seinen Wusch erfüllt!

An der Straßengabelung unterhalb der Burg wenden wir uns rechts und an der nächsten Gabelung wieder rechts, durchqueren ARGENTERA talwärts und stoßen hinter DUESAIGÜES auf eine Vorfahrtsstraße, in die wir links nach FALSET einbiegen. Dies ist die tiefste Stelle der Strecke, denn unter einem riesigen, roten Sandstein-Eisenbahnviadukt hindurch streben wir nun wieder ins Gebirge hinauf.

Eigentümlich ist die Schichtungsfolge, in der sich die Gesteine im Laufe der Jahrmillionen ablagerten: Nach vielen Kurven durch grüngelblichen bis braunschwarzen Schiefer erreichen wir in 546 m Höhe zwischen lauter roten Sandsteinfelsen den **Col de Teixeta**. Auf den roten Hügelkuppen seitlich des Sattels ist wie ein Sahnehäubchen noch eine weiße Kalkschicht aufgeschichtet.

Wir sind nun auf der N 420, die rechts von REUS heraufkommt und uns in bequemen Schwüngen in das Hochtal von FALSET hinabführt. Haselnussplantagen und Weinfelder bedecken die Fläche, die an das berühmte Weinanbaugebiet **Priorat** angrenzt. Am Kreisverkehr vor FALSET müssten wir rechts nach GRATALLÓPS weiterfahren. Halten Sie aber geradeaus ins Städtchen hinein, so entdecken Sie nach 400 m links das Schwimmbad und nach 500 m links, hinter einem Neubau, einen älteren **Weinkeller** im Stil des Modernisme [N 41° 8' 36.0" E 0° 49' 5.2"], dessen Außenfassade Ihnen den Erkennungsruf entlocken wird: „Aha, Cèsar Martinell!" Natürlich kann man auch dort Wein probieren und kaufen.

Wir verlassen das Hochtal von FALSET talwärts, an einer Felswand rechts der Straße sind Hunderte Feigenkakteen hinaufgeklettert.

Auch GRATALLÓPS besitzt eine ganze Reihe von Weinkellern und die zentrale Weinabfüllanlage des Priorats. Die Straße führt uns links um den Ort herum, direkt an der "Vinicola del Priorat" mit praktischem **Stellplatz** [**55:** N41° 11' 31.9" E0° 46' 32.3"] vorbei, von dem aus man nur wenige Schritte zur Kellereibesichtigung hat.

Unsere Route hält auf eine steile, schier uneinnehmbare Felswand zu, nur vergleichbar einer Riesenausgabe der Chinesischen Mauer, es ist der Südabhang der **Serra de Montsant**. Zu ihren Füßen kauern sich eng zusammengedrückt wie Schutz suchende Küken die Häuser von LA VILELLA BAIXA (Foto).

Südabhang der Serra de Montsant

Wir biegen links hinab zu dem Dörfchen und parken am Beginn bei der kleinen Anlage [N41° 13' 06.6" E0° 45' 47.9"] mit Spielturm und Brunnen. Von dort sind es nur ein paar Schritte bis zu der schönen **Römerbrücke** im Tal mit Rundwanderweg. Weiter geht's Richtung LA VILELLA ALTA, das auf einem Felsvorsprung thront. Nur VW-Bus-Piloten können wir die bequeme Stichstraße empfehlen, breitere würden bei der Fahrt zum ruhigen Dorfplatz (dicker **Messingwasserhahn** gegenüber der Kirche) mit Sicherheit stecken bleiben.

Eine bequemere Tankmöglichkeit und noch weitere Genüsse bietet SCALA DEI, was nicht ohne Grund sinngemäß „Weg ins Himmelreich" bedeutet. Die wenigen Häuser von SCALA DEI gruppieren sich malerisch um einen kleinen Platz. Links der Zufahrt entdeckt man einen neuen **Brunnen**, wo das Wasser aus den Holmen der Himmelsleiter schießt, wenn man den Messingknebel aufdreht. In der alten Ölmühle kann man Reiseandenken kaufen, unter anderem handgemalte Kacheln mit Sonnenuhr, und an der Theke des Weinkellers steht eine ganze Batterie von Schnabelflaschen, wo man lustvoll diverse Weine verkosten oder sich sein frisches, weißes T-Shirt einsauen kann. Mehrere Gaststätten laden zur Einkehr ein. Der wahre Weg zur Seligkeit liegt in der Stille!

Cartoixa de Scala Dei

Biegt man vor den Häusern von SCALA DEI nach rechts, so kommt man nach 1000 m zu den sehenswerten Ruinen der **Cartoixa de Scala Dei**, einem ehemaligen Kartäuserkloster aus dem XII. Jh.. Die Ruinen, restaurierte Klosterzellen und eine gelungene Multivisionsshow geben einen guten Eindruck über das Leben der schweigenden Mönche. Als 1835 der Klosterbesitz verstaatlicht wurde, zerstörten sie das Kloster selbst, manches wurde wohl auch für andere Bauzwecke weggeschleppt. Der große Parkplatz wird außerhalb der Öffnungszeiten (10.00 - 13.30/16.00 - 19.30 Uhr, Mo. geschl.) völlig ruhig liegen.

---
(56) WOMO-Stellplatz: Cartoixa de Scala Dei
GPS: N 41° 15' 18.5" E0° 48' 39.4"   **Max. WOMOs:** > 5
Ausstattung/Lage: keine, Wasserhahn und Gaststätten 1000 m/außerorts.

Weiter ziehen wir unterhalb des Gebirgsstockes der **Serra de Montsant** durch die beeindruckende Landschaft des Priorats, bewundern die Mühe, mit der die kleinen Weinberge angelegt wurden.

In LA MORERA DE MONTSANT sind wir direkt am Fuße der Felsgiganten: Fährt man am Ende des Ortes links herum und wieder in den Ort hinein, so findet man einen kräftigen **Brunnen** in der Steinwand.

Blick auf La Morera vor der Serra de Montsant

An der Serra entlang rollen wir nach CORNUDELLA hinab. Sehen Sie auf dem gewaltigen Felsklotz hinter dem Dorf die paar Häuschen von SIURANA? Auf eine wilde Geschichte blickt dieses kleine Dörfchen auf dem unerreichbar scheinen-

Stausee von SIURANA, das auf dem Felsklotz im Hintergrund thront

den Felsen zurück, den wir bald mit dem WOMO bezwingen werden. Zunächst aber kommt die wohlverdiente Erfrischung für Fahrer und Besatzung!

In CORNUDELLA stoßen wir auf die Vorfahrtsstraße, schwenken nach links Richtung PRADES und zweigen nur 100 m nach dem Ortsendeschild wieder nach rechts ab zur **Pantà de Siurana**.

Ist das ein schöner Stausee, was für ein tolles Wasser!
Unmittelbar vor der Staumauer warten rechts geteerte Parkplätze direkt oberhalb des Wassers. Leider fehlt ein Sandstrand; vom schotterigen Ufer geht es schnell steil ins klare Wasser hinein.

> **(57) WOMO-Badeplatz: Pantà de Siurana**
> **GPS:** N 41° 15' 02.2" E0° 54' 45.7" **Max. WOMOs:** 2-3
> **Ausstattung/Lage:** Bademöglichkeit, Mülleimer, Kanustation 300 m/außerorts.

Von den frischen Badefreuden wissen auch andere. Kaum haben wir uns gemütlich in den Schatten gesetzt, kommt eine Karawane von Jeeps angetutet, speit 50 Küstenurlauber eines „Safariausfluges" aus, die kreischend ins Wasser hüpfen. Nach 30 min. verschwindet der Spuk hupend über die Dammkrone. Wir sind erfrischt, kehren zur Hauptstraße zurück, halten uns rechts und biegen bereits 400 m später wiederum nach rechts zum Dörfchen SIURANA mit der alten Ruine einer **Maurenburg**.

Vorsichtig pirscht sich das Sträßchen bis an den Fuß des Felsstockes heran, schwingt sich dann mit ein paar eleganten Serpentinen die Steilwand hinauf. Die christlichen Ritterscharen waren sicher wesentlich erschöpfter, bis sie die Maurenfeste erstürmt hatten.

Schon damals hatten Soldaten einen schlechten Ruf (auch wenn sie Ritter hießen). Die Maurenkönigin jedenfalls soll samt Pferd den Sprung in die Tiefe vorgezogen haben, statt sich von den Christen bekehren zu lassen.

Wir haben die Auffahrt durch das rote Felsenchaos (in dem Gruppen von Freeclimbers ihren Mut beweisen) genossen, parken auf der großen, ebenen Fläche vor den Ruinen der Maurenburg.

> **(58) WOMO-Wanderparkplatz: Siurana**
> **GPS:** N 41° 15' 30.3" E0° 56' 10.8" **Max. WOMOs:** 3-4
> **Ausstattung/Lage:** Spazier- und Wanderwege, Mülleimer Gaststätten/Ortsrand.
> **Hinweis:** Kleiner Campingplatz 500 m vorher.

SIURANA, Ortsbeginn

Rechts vorbei geht's zu dem wohlrestaurierten Bergdörfchen, wo man in den Fels geschlagene **Wasserzisternen** mit eingeritzten Zulaufrinnen (Foto), ein Kirchlein mit schönem **romanischen Portal** und gegenüber ein munter plätscherndes Brünnlein begucken kann. Ganz vorn, vorbei an der gemauerten Säule

mit dem Kreuz, erreicht man den **Mirador**, einen wahrhaft königlichen Aussichtspunkt. Weit unter uns locken die blauen Fluten des Stausees.

Beim Verlassen des Dorfes wenden wir uns rechts bis zum Beginn der Maurenburg, stehen plötzlich vor einem schwindelnden Abgrund: „**Salt de la reina mora**" heißt dieser Platz, „der Sprung der Maurenkönigin".

Durch die Ruinen der alten Maurenburg klettern wir zurück zu unserem WOMO und finden noch viele schöne Plätzchen, wo man sich mit oder ohne Pferd zu Tode stürzen oder zumindest in eines der großen Zisternenlöcher fallen könnte.

Zurück an der Hauptstraße, schrauben wir uns weiter hinauf, klettern über die letzten Ausläufer der **Serra de Montsant**. Sind Sie schon wieder reif für eine Schlucht?

Dann schwenken Sie auf dem Kamm bei ALBARCA nicht rechts Richtung PRADES, sondern zunächst geradeaus nach ULLDEMOLINS. Entlang des Nordhanges der **Serra de Montsant**, die im Gegensatz zu ihrer südlichen Schwester flacher und stark bewaldet ist, rollen wir hinab zum **Riu Montsant**, der eine

ganz erstaunliche Schlucht durch die Serra fressen musste, bevor er sich mit dem Ebro gemeinsam ins Meer wälzen konnte. Unmittelbar vor ULLDEMOLINS, aber noch hinter dem schön angelegten Campingplatz „Montsant Park", biegen wir links in einen Fahrweg (Wegweiser: Ermites).
Nach 4100 m über bald bequeme Asphaltbahn parken wir auf der großen Fläche oberhalb der **Ermita Sant Antoni**. Dies ist ein günstiges Plätzchen für Ihre weiteren Unternehmungen. Neben der sehenswerten Ermita warten ein Kinderspielplatz, ein äußerst schattiger Picknickplatz mit Grillstellen, vielen Brunnen – und idyllischer Ruhe.

> **(59) WOMO-Picknick- und Wanderparkplatz: Ermita Sant Antoni**
> **GPS:** N 41° 18' 39.5" E0° 51' 27.8"
> **Max. WOMOs:** 2-3
> **Ausstattung/Lage:** Tisch & Bank, Brunnen, Toiletten, Tauchbecken, Grillstellen, Kinderspielplatz, Wanderweg/außerorts.
> **Zufahrt:** Am Ortsbeginn von Ulldemolins links (Ermites) 4 km.

Die Wander- und Badefreunde finden entlang des weiteren Fahrweges (den Sie Ihrem WOMO nicht zumuten sollten) nach 30 min. einen einmaligen Badeplatz (Foto) zwischen Felsklößen unterhalb der **Font de la Gleva** (den einzigen Abstieg zum Badeplatz entdeckt man 170 Schritte flussaufwärts vom Aussichtsbalkon).

Wer sich den Badespaß erst richtig verdienen möchte, marschiert oberhalb des Badeplatzes auf schmalem Pfad in die **Congost de Fraguerau** hinein, wankt nach weiteren 30 min.

zitternd über ein Lügenhängebrückchen und erreicht nach insgesamt 70 min. im Talschluss die **Ermita Sant Bartolmeu**, bestehend aus einem kleinen Kirchlein und der Eremitenwohnung: Eine überstehende Felswand, davor eine Natursteinmauer – und fertig war die wahrlich asketische Behausung (die immerhin den Komfort einer eigenen Quelle besaß).

Hier genießt man die Ruhe und den Blick in die bizarre Mondlandschaft, die der **Riu Montsant** in die Ausläufer der Serra hineingefressen hat.

Serra de Montsant, Wanderung in der Congost de Fraguerau

Wir kehren über ULLDEMOLINS zurück zum **Coll d'Albarca**, wenden uns links nach PRADES. Die Landschaft ist in dieser Höhe kaum noch landwirtschaftlich genutzt. Die Flächen sind von einer dürftigen Macchie bedeckt, in der die Steineiche buschartig dominiert. Um so überraschter sind wir von dem fröhlichen Trubel, der in PRADES herrscht. An der Abzweigung nach LA FEBRÓ vorbei hatten wir das WOMO rechts in der Seitenstraße abgestellt (folgt man der Hauptstraße 400 m weiter, so findet man rechts bequemere Parkplätze beim

Schwimmbad und der Font d'En Grau in der kleinen Parkanlage) und waren nach links zum zentralen Platz des Örtchens marschiert. Dieser ist besucherfreundlich von schattenspendenden Arkaden umgeben. Sehenswert sind auch die hübsche Kirche aus rotem Sandstein und der ebensolche, originelle **Brunnen** in Form einer Weltkugel, dessen Nachbildung wir im Museumsdorf Pueblo Español von BARCELONA wiederbegegnen werden.

Spanier scheinen in PRADES die Minderheit zu sein. Überall, an fast allen Tischen, ertönen holländische Laute.

Wir fahren in die Seitenstraße nach LA FEBRÓ hinein. 500 m später folgen wir nach links dem Wegweiser zur **Ermita de la Abeillera** („zum Bienenkorb") auf neuem Asphaltband den Berg hinauf. 2 km kurven wir bis zu einem großen Parkplatz, rechts unterhalb liegt ein gut ausgestatteter Picknickplatz in frischer Gebirgsluft.

---

(60) WOMO-Picknickplatz: Ermita de la Abeillera
GPS: N 41° 18' 16.9" E1° 00' 14.7"   **Max. WOMOs:** 3-4
Ausstattung/Lage: Tisch & Bank, Brunnen, Toilette, Grillstellen, Baumschatten, Spazierweg/außerorts. **Hinweis:** In der Regel verschlossen, Schlüssel und freundliche Begleitung in Prades am Marktplatz in der Bar "Tomaset".

Marschiert man in Verlängerung des Fahrweges geradeaus weiter, so entdeckt man die wohl originellste Ermita Spaniens: Unter einem vorhängenden, glattgewaschenen Buntsandsteinfelsen hat sich das kleine Kirchlein hineingezwängt, bietet aber allen Komfort, den sich ein Eremit nur wünschen kann: Vor dem Kirchlein sprudelt die **Font d' Angel** und hinter dem Kirchlein wartet ein

aus dem Stein gemei-
ßelter **Ruhesitz**, den
ein König nicht ver-
schmähen würde we-
gen seines Idylls und
seiner prächtigen Aus-
sicht.
Was mag den Eremi-
ten, den Benediktiner-
mönch Bernat Boil,
wohl dazu getrieben
haben, dieses Paradies zu verlassen?
Die Aussicht, Karriere zu machen, hat schon ganz andere
Menschen verleitet! Unser Bruder Bernat begleitete Kolumbus
auf seiner zweiten Reise in die Neue Welt, wo er der erste
Bischof Amerikas wurde.
Zurück in PRADES wenden wir uns rechts, folgen den Wegwei-
sern zu einem der schönsten Klöster Spaniens: **Monestir de
Poblet**.
Zunächst zieht die Straße noch recht gemächlich dahin (nach
3,5 km rechts der Straße ein kleiner Parkplatz, gegenüber die
Font Blanca mit einem Picknicktisch), dann stürzt sie sich,
flankiert von Pinien, Eichen und vielen Edelkastanien, in schier
endlosen Schleifen und Serpentinen zu Tale. Belohnt wird der
Kurvenakrobat bei »km 10,6« durch einen Picknickplatz mit
Brunnenwand, Grillstellen und schattigen Ruhebänken in der
Talsohle [**61: N 41° 21' 02.9" E1° 01' 19.7"**].
Dann stehen wir vor den Toren des mächtigen **Klosterkom-
plexes**, können nach rechts auf den großen, fast schattenlo-
sen Parkplatz fahren oder uns links, entlang der Klostermauer,
ein Plätzchen unter Platanen suchen; geradeaus, auf den
Klostervorplatz, dürfen nur Einheimische.

(62) WOMO-Stellplatz: Kloster Poblet
GPS: N 41° 22' 47.3" E1° 04' 48.5" **Max. WOMOs:** >5
Ausstattung/Lage: kleine Bäume, Mülleimer/Ortsrand. **Zufahrt:** vor dem Kloster rechts.

Wir schreiten ehrfürchtig über die Plaça Mayor, bewundern die
Barockfassade der Kirche und betreten durch die Puerta Real
den Bereich des Zisterzienserklosters (offen: 10.00 - 12.30/
15.00 - 18.00 Uhr), dessen Mönche 1150 das Land rodeten und
mit der Errichtung der Gebäude begannen. Die Könige von
Aragón richteten hier ihren Altersruhesitz ein und fanden in der
Kirche (zu beiden Seiten der Vierung) ihre letzte Ruhestätte. So
konzentrieren wir unsere Aufmerksamkeit nach dem **Kreuzgang** und dem monumentalen **Retablo** (Altaraufsatz) auf die
beiden flachen Bögen, die die Alabaster**grabmäler** der Könige

Aragóns tragen. Die Kirche selbst ist schlicht und hell, geschaffen in den klaren Linien der Zisterzienser.

Lassen Sie sich einfangen von der har-

Zisterzienserkloster Poblet, Vierungsturm

Kloster Poblet, Kreuzgangbrunnen

monischen Ruhe, die dieses eindrucksvolle Bauwerk ausstrahlt. Nach **Poblet** kommt nichts größeres mehr, kaum vergleichbares!

Wenige Kilometer entfernt liegt mit **Santes Creus** (Heilige Kreuze) ein weiteres, herrliches Zisterzienserkloster. Wir verlassen den Klosterbereich von Poblet Richtung ESPLUGA/MONTBLANC. In ESPLUGA sichten wir zunächst linkerhand den (empfehlenswerten) Hostal del Senglar (Herberge zum wilden Eber), kurz darauf eine Tankstelle mit freiem Platz samt Brun-

Wein, Serras und die schönsten Klöster

nen. Dem Wegweiser TARRAGONA folgend entern wir die Schnellstraße N 240, auch **Santes Creus** ist bereits ausgeschildert. An der Ausfahrt MONTBLANC-Centre müssen Sie sich für oder gegen den Klosterbesuch von **Santes Creus** entscheiden.

Kein weiteres Kloster? Dann folgen Sie weiter der N 240, bis Sie ca. 10 km südlich von VALLS die Wegweiser nach PERAFORT/VISTABELLA entdecken. Vor VISTABELLAs erstaunlicher Kirche treffen wir uns in Kürze wieder.

Die Klosterfans verlassen die N 240, folgen uns Richtung TÀRREGA auf der C 14, überqueren die Autobahn, halten sich nach 800 m rechts. Im Verlauf der weiteren Strecke ist stets **Santes Creus** ausgeschildert, die zu durchquerenden Ortschaften heißen: BARBERÀ DE LA CONCA (Brunnen links), CABRA DEL CAMP (Brunnen rechts), EL PLA und EL PONT D'ARMENTERA (falls Ihnen die Strecke zu umständlich ist, dann nehmen Sie die Autobahn AP 2 von AS 9 (MONTBLANC) bis AS 11 (VALLS), von dort sind es nur 7 km bis Santes Creus). Wir können direkt vor dem Klosterbereich parken; 400 m vorher zeigt jedoch ein Wegweiser zum Großparkplatz, den man vor allem als Übernachtungsplatz nutzen kann.

---

(63) WOMO-Stellplatz: Kloster Santes Creus
GPS: N 41° 21' 02.3" E1° 21' 46.8"   **Max. WOMOs:** >5
Ausstattung/Lage: keine/Ortsrand.   **Zufahrt:** 400 m vor dem Kloster links.

Im **Kloster Santes Creus** selbst werden wir zunächst durch eine Multivisionsshow über das Wirken der Zisterzienser informiert. Sie wird in mehreren Sprachen ausgestrahlt; Sie müssen lediglich Ihren Wunsch anmelden und auf die nächste Vorstellung warten (offen: 10 - 13.30/15 - 19.00 Uhr, Mo. geschl.).

Im Kloster fühlen wir uns vertraut, denn der Zisterzienserbaustil, in der Übergangszeit von der Romanik zur Gotik, ist überall ähnlich.

Besonders sehenswert fanden wir wieder den **Kreuzgang** (Foto) und die **Königsgräber** links und rechts der Vierung. Links ruht Peter III. von Aragón in einem Sarkophag, rechts sein Sohn, Jaime II. und dessen Gemahlin Blanca von Anjou. Beide tragen Mönchskleid und Königskrone. Während zu Blancas Füßen zwei kleine Hündchen kauern, wird Jaimes ewiger Schlaf von einem steinernen Löwen bewacht.

Wir fahren weiter Richtung TARRAGONA, passieren BRÀFIM, NULLES und L'ARGILAGA. Hier schwenken wir rechts nach LA SECUITA; dort biegen wir an der Vorfahrtsstraße ebenfalls rechts und nach 500 m wieder links nach VISTABELLA. Schon von weitem ragt ein Bauwerk aus den niedrigen Häusern des Dorfes heraus, das eigentlich die Kirche sein müsste. Wir schlängeln uns zu dem spitzen Turm hindurch, es ist wirklich die **Kirche** – aber was für eine [N 41° 12' 31.4" E1° 15' 53.6"]!

Ein begabter Schüler des begnadeten Architekten Antonio Gaudi schuf dieses Bauwerk (Foto), das von dem dörflichen Mittelmaß absticht wie eine Perle unter Erbsen. Wir verzichten auf eine Beschreibung, setzen uns auf eines der schattigen Bänkchen gegenüber dem Portal (nebenan Brunnen) und genießen einfach. Keinesfalls sollte man eine Besichtigung des Kircheninneren versäumen!

Falls die Tür verschlossen ist, marschieren Sie rechts des Brunnens durch die Gasse hindurch, schwenken rechts und klingeln am Haus Nr. 3 bei Señora Dolores Solana. Die kleine, freundliche Frau schließt Ihnen auf, knipst alle Lampen des farbenfrohen Innenraumes an und freut sich über einen kleinen Obolus für die Kirche.

Wie wäre es mit einem Sprung ins 4. Jh.?

An der Kirche vorbei, an der Hauptstraße links und über PERAFORT erreichen wir die N 240 und entern sie Richtung TARRAGONA. Nur 600 m braust ein gewaltiger Verkehrsstrom an uns vorbei, dann dürfen wir schon wieder nach rechts Richtung LA POBLA DE MAFUMET/ EL MORELL flüchten. Wir durchqueren quasi das gewaltige Raffineriegelände der Fa.

Repsol, biegen dahinter links nach CONSTANTÍ. Jetzt sollten Sie scharf nach den Wegweisern "**Centcelles**" Ausschau halten! Am Ortsbeginn geht es zunächst links, am Ende der Straße wieder links und dann, am Ortsausgang, bei Schwimmbad und Bolzplatz, wieder rechts. Jeder Anwohner aber kann Ihnen den Weg zu diesem berühmten Bauwerk zeigen, einem frühchristlichen Mausoleum aus dem IV. Jahrhundert.

Wir parken in einem schattigen Pappelhain vor dem eingezäunten Gelände, für eine Besichtigung ist es zu spät. Sollen wir hier übernachten?

---

(64) WOMO-Stellplatz: Mausoleum Centcelles
GPS: N 41° 09' 19.1" E1° 13' 29.0" **Max. WOMOs:** > 5.
Ausstattung/Lage: Baumschatten; beim Mausoleum WC und Wasserhahn/Ortsrand.

Da kommt Pepe samt Frau und Sohn aus dem Maisfeld, bietet uns wie selbstverständlich einen Übernachtungsplatz vor seinem Bauernhäuschen an. Es wird ein unvergesslicher, fröhlicher Abend, dem Verständigungsprobleme fremd waren....

Ab 10.00 Uhr (offen: 10.00 - 13.30/ 16.00 - 19.30 Uhr, Mo. geschl.) darf man unter die über 10 m breite **Kuppel des Mausoleums** treten, die über und über mit Mosaiken belegt

war. In drei Reihen übereinander sind Jagdszenen, Darstellungen aus der Bibel und, ganz oben, die 4 Jahreszeiten dargestellt. Die aufwändige Ausstattung des Grabmales und der Name des benachbarten Ortes lassen den Schluss zu, dass hier der weströmische Kaiser Constans (einer der Söhne Konstantins des Großen) bestattet gewesen sein könnte. Belegt ist seine Ermordung im Jahre 350 im südlichen Gallien.
TARRAGONA, das römische Tarraco, wirft weitere Schatten voraus. Durch CONSTANTÍ schlängeln wir uns zurück zur N 240, biegen jedoch nicht Richtung TARRAGONA ein, sondern Richtung VALLS/LLEIDA. Wir unterqueren die Autobahn und schwenken sofort dahinter rechts in einen Parkplatz [N41° 08' 49.2" E1° 14' 24.1"] ein (Wegweiser: Aqüeducte romà).
Auf sandigem Weg spazieren wir durchs Gelände bis zum gewaltigen römischen Aquädukt, dem "**Pont del Diable**".

Das imposante, zweistöckige Bauwerk ist 270 m lang und 26 m hoch. Während die untere Reihe 11 Bogen zählt, tragen oben 25 Bögen die noch gut erhaltene Wasserrinne. Bedenken Sie bitte, dass alle Steinquader, ohne Mörtel, maßgenau zusammengefügt werden mussten. Deshalb war beim Bau jedes Bogens ein Holzgerüst notwendig, das etwa 20 Steinblöcke – und damit das Gewicht von genau so vielen Mittelklassewagen – ertragen musste. Erst nach dem Einsetzen des Schlusssteines trug sich der Bogen selbst, und das Gerüst konnte entfernt und weiterverwendet werden.
800 m nördlich unseres Parkplatzes erreichen wir einen Kreisverkehr. Hier können wir wenden und brausen auf der N 240, wieder unter der Autobahn hindurch, auf TARRAGONA zu.

TOUR 5 (ca. 200 km / 3-4 Tage)

Tarragona – Altafulla – Creixell – Cunit – Olérdola – Villafranca del Penedès – Sant Sadurní d'Anoia – Martorell – Kloster Montserrat – Collbató – Barcelona

Freie Übernachtung:	P. Arrabassada, P. Llarga, P. Creixell, Olérdola, Montserrat.
Trinkwasserstellen:	St. Sadurni d'Anoia, Gelida, Collbáto.
Campingplätze:	u. a. Tarragona, Torredembarra, Calafell, Cubelles
Baden:	u.a. Platja de l'Arrabassada, P. Llarga, P. Creixell.
Besichtigungen:	Tarragona, Olérdola, St. Sadurni d'Anoia, Martorell (Brücke), Kloster Montserrat, Salpeterhöhle.
Wandern:	u.a. Serra de Montserrat

Wir nähern uns TARRAGONA von Norden auf der >N 240<, folgen zunächst den Wegweisern TARRAGONA-Centre. An dem riesigen Kreisverkehr, der Plaça Imperial Tarraco (mit einem Teich mit Brückchen in der Mitte), kann man sich erstmals scharf links wenden, wenn man den Wegweiser zur Altstadt (**Centre historic**) entdeckt. Fährt man geradeaus weiter, so ist man bereits auf der Rambla Nova, der Prachtstraße TARRAGONAs. Auch hier hat man noch mehrfach die Möglichkeit, nach links den Wegweisern zur Altstadt und speziell dem **Passeig Arqueològic** zu folgen. Tut man das nicht, so bleibt man am Ende der Rambla Nova entweder im Verkehr stecken, oder man wird auf der anderen Straßenseite zurückgeleitet, denn die **Rambla Nova** ist eine Sackgasse und endet am **Balcó del Mediterrani**, einem Aussichtsbalkon über den Hafen und die Strände TARRAGONAs. Wir ergattern einen Parkplatz in der Nähe des Eingangs zum archäologischen Spazierweg [N41° 7' 10.4" E1° 15' 14.4"; Avinguda Reina Maria Cristina] und bestaunen bereits wenig später die iberisch-römische **Stadtmauer**. Ihr unterer Teil besteht aus riesigen, nahezu unbearbeiteten Steinblöcken, deren größte es locker auf 25 t bringen dürften. Auf diesem, etwa 6 m dicken und bis zu 7 m hohem Unterbau, erhebt sich

TARRAGONA, Passeig Arqueològic (Archäologischer Spazierweg)

die typisch römische, regelmäßig behauene Mauer bis zu 15 m hoch. Aber nicht nur römisch-iberisches ist zu besichtigen! Auch alte Kanonen, Festungsbauwerke im Stil Vaubans (18. Jh.), und eine Statue Cäsars sowie Remus und Romulus an den Wolfszitzen; an einem plätschernden Brünnlein kann man sich laben.

Wir verlassen den **Passeig Arqueològic** am anderen Ausgang, marschieren entlang der Stadtmauer weiter bis zum Portal de Sant Antoni. Jetzt sind es nur noch ein paar Schritte bis zur **romanisch-gotischen Kathedrale**. Wir bewundern das **Hauptportal** mit den Figuren der Apostel und Propheten,

TARRAGONA, Hauptportal der Kathedrale

darüber die gotische Fensterrose. Unter den vielen Kunstwerken der Kirche ist das **Retabel** der Heiligen Thekla das wertvollste. Pere Johan, der Schöpfer des Kunstwerkes, hatte Freude am Detail. Frösche, Schlangen und Eidechsen kringeln sich ekelhaft um die geplagte Heilige herum. Bei der Ochsenfolter (die Heilige sollte zerrissen werden), sind sogar die Fliegen in den Wunden der Ochsen dargestellt.

Weniger beeindruckend war für uns der Kreuzgang; bei einer Seitenlänge von 45 m lässt er jede Intimität vermissen. Vom Hauptportal der Kathedrale führen Treppen hinab, linkerhand liegt ein Informationsamt (kostenloser Stadtplan!) und weiter

geht's geradewegs über die **Rambla Vella** zur **Rambla Nova**. Beachten Sie in einer Seitenstraße rechts die Hausfassade, deren Bemalung nicht nur Fenster und Türen, sondern sogar den sonstigen Zierrat vortäuscht.

Auf der **Rambla Nova** marschieren wir zunächst nach links bis zum bereits vorhin angesprochenen **Mittelmeerbalkon**, werfen einen Blick auf das römische **Amphitheater** und die goldgelben Sandstrände der Stadt, die uns baldige Badefreuden versprechen.

Dann spazieren wir die Rambla Nova zurück, bis wir nach links zur **Plaça Corsini** mit einer riesigen **Markthalle** abzweigen. Dort können wir so richtig in Farben, Formen und Gerüchen schwelgen und frisches jeglicher Art günstig einkaufen. Ein Abstecher noch zum **Forum Romanum** zwischen Markt und Postsparkasse (Caja postal) hindurch, dann spazieren wir zurück zum WOMO, umrunden die Altstadt im Uhrzeigersinn und kurven hinab Richtung **Amphitheater**.

TARRAGONA, römisches Amphitheater

TARRAGONA, Platja de l'Arrabassada

Am Kreisverkehr oberhalb schwenken wir links in die **Via Augusta**, überqueren nach rechts die Bahnlinie und rollen links am **Forti de Sant Jori** vorbei zur **Platja de L'Arrabassada**. Nur die Nähe der Bahnstrecke VALENCIA/BARCELONA wird Sie davon abhalten, hier außer einem erfrischenden Bad auch eine angenehme Nacht zu verbringen.

> **(65) WOMO-Badeplatz: Platja de l'Arrabassada**
> **GPS:** N41° 07' 15.6" E1° 16' 43.2"   **Max. WOMOs:** > 5
> **Ausstattung/Lage:** Sandstrand, Wasserhähne, Toiletten, Duschen; Bahnlinie 30 m entfernt/Ortsrand.

Wir unterqueren die Bahnlinie, passieren Gaststätten und einen Camping, schwenken nach rechts und sind wieder auf der **Via Augusta**, die in die N 340 übergeht (selten ist es so leicht, eine Großstadt zu verlassen). Einen netten Badeplatz haben wir an ihrem Rande noch entdeckt – und drei sehenswerte römische Überbleibsel:

Zur Platja Llarga (nach 2,5 km, bei »km 1167,5«) überqueren wir die Bahnlinie und sind im Nu am Sandstrand, das Wasser hat die Qualität "Molt bé"!

> **(66) WOMO-Badeplatz: Platja Llarga**
> **GPS:** N41° 07' 45.7" E1° 18' 18.2"
> **Max. WOMOs:** 3-4
> **Ausstattung/Lage:** Sandstrand, Toiletten, Duschen, Gaststätte, Bahnlinie leider auch nur 100 m entfernt/Ortsrand.

Platja Llarga

Torre de los Escipiones

Nach 4 km, bei »km 1169«, kann man rechts der Straße neben Zypressen parken [N 41° 07' 54.0" E1° 19' 09.2"] und in einem kurzen Sprint zum **Torre de los Escipiones** hinübereilen. Der quadratische Turm aus dem 1. Jh. ist vermutlich eine Grabstätte, denn in römischer Zeit lagen die Friedhöfe außerhalb der Stadt an den Ausfallstraßen.

Wo hatten die Römer bloß die vielen schönen Steine her für die Stadtmauer TARRAGONAs und ihre Prachtbauten? Die Antwort bekommen Sie 1700 m später, wenn Sie bei »km 1170,7« links in einen Feldweg einbiegen, die Schnellstraße A 7 unterqueren, dahinter rechts fahren und am Waldrand neben einer

Steinbruch "El Medol", Zeugenstein

Fußgängerbrücke über die Autobahn AP 7 parken [N 41° 08' 13.3" E1° 20' 18.4"].
Wir überqueren (zu Fuß) die Autobahn und schwenken dahinter rechts zum römischen Steinbruch **El Médol**. Über 50000 qbm Korallenkalkstein aus dem Miozän (20 Mio Jahre alt) wurden hier abgebaut, indem man, von oben nach unten vorgehend, mit Hammer und Meißel knietiefe Rillen in den Stein schlug, trockene Rundhölzer hineintrieb und diese kräftig begoss. Das aufquellende Holz sprengte den Steinblock ab. Wie um späteren Betrachtern zu beweisen, dass hier keine natürliche Schlucht vorliegt, ließen die Arbeiter im Mittelpunkt des Steinbruches die 17 m hohe **Angulló del Médol** stehen, eine Steinnadel als Zeugenstein.
Selbst hartleibige Besucher werden von der zauberhaften Atmosphäre beeindruckt sein, die diese von Zypressen und Pinien beschattete Schlucht erzeugt.
Zu den Stränden brauchen Sie sich auf den nächsten Kilometern nicht zu bemühen. Es ist nicht nur alles zugebaut, auch WOMO-Barrieren in 1,50 m Höhe versperren die Zufahrt; lassen Sie sich deshalb auf der neuen N 240 ruhig ums Zentrum von TORREDEMBARRA herumführen.
Erst die **Platja de Creixel** bietet rechts des Ortes noch ein paar hundert unbebaute Meter (bei »km 1180,6«, vor dem Campingplatz "Sirena Dorada" abbiegen, geradewegs die Bahnlinie überqueren). Man kann direkt bis an den Sandstrand heranfahren, ein Barackenrestaurant und Duschen fehlen ebensowenig wie ein Streifenwagen der örtlichen Polizei, der Sie spätestens nach der ersten Nacht zum Parkplatz neben der Eisenbahnbrücke verweisen wird.

---

(67) WOMO-Badeplatz: Platja de Creixel
GPS: N 41° 09' 37.6" E1° 26' 56.4"   **Max. WOMOs:** 3-4
Ausstattung/Lage: Sandstrand, Gaststätte, Duschen, Übernachtungsplatz hinter der Eisenbahnbrücke vom Strand und der Bahnlinie je 100 m entfernt; Brunnen vor der Bahnlinie 800 m rechts beim Kinderspielplatz/Ortsrand.   **Zufahrt:** siehe Text.

Campingplätze braucht man an dieser Strecke nicht zu beschreiben. Sie folgen einander wie Perlen an einer Schnur.
Bei »km 1183« passieren wir den Triumphbogen **Arc de Barà** [N41° 10' 23.4" E1° 28' 09.7"], der seit dem 1. Jh. die Via Augusta schmückte. Die modernen Transportmittel unserer Zeit werden respektvoll rechts und links um ihn herum umgeleitet. Gepflegte Grünanlagen erhöhen die Pracht des Bauwerkes.
Acht angedeutete, kannelierte Pfeiler (Pilaster) mit korinthischen Kapitellen sind der einzige Schmuck des einbogigen Bauwerkes. Kurz darauf verlässt die N 340 die Küste, zieht durchs Landesinnere nach BARCELONA.

Arc de Barà

Wir folgen ihr noch bis EL VENDRELL, biegen dort nach rechts auf die C 31 und erreichen die Küste wieder bei CALAFELL. Zunächst ist auch hier alles zugebaut, aber zwischen CUNIT und CUBELLES haben wir Glück. Dort, wo die hohen Schornsteine eines Kraftwerkes in den Himmel ragen, sind noch ein paar Meter Strand frei. Hinter »km 146« folgen wir nach rechts dem Wegweiser **Les Salines**, umrunden hinter Carrefour das Kraftwerksgelände **Termica** halb gegen den Uhrzeigersinn und haben davor so viel freien Strand wie wir möchten. Allerdings kann man nur am Straßenrand oder links der Straße parken.

(68) WOMO-Badeplatz: Termica
GPS: N 41° 11' 48.6" E 1° 39' 26.5" **Max. WOMOs:** 3-4
Ausstattung/Lage: Sandstrand, Gaststätten in der Nähe/Ortsrand.
Zufahrt: Hinter dem Ortsende von Cunit hinter LIDL und Carrefour rechts.

Die Küstenstraße führt nun in weitem Bogen um VILANOVA I LA GELTRÚ herum, eine Doppelstadt. Der Graf von Geltrú, der in mittelalterlicher Zeit hartnäckig auf dem „Derecho de la Pernada" bestand, d. h. die erste Nacht mit jeder Neuvermählten zu verbringen, hatte bald unter Nachwuchsmangel zu leiden, denn die jungen Leute zogen einfach auf benachbartes Gebiet und gründeten dort die VILANOVA.

Wir nehmen die zweite Abfahrt von der Ortsumgehung ins Landesinnere Richtung VILAFRANCA DEL PENEDÈS. Die Straße ist bestens ausgebaut, an den Aufstiegen teilweise dreispurig. 1000 m nach dem einzigen Tunnel biegen wir links ab (Wegweiser: **Castell d'Olérdola**). Nach 2 km stehen wir auf dem großen Parkplatz vor der römischen Sperrmauer mit vier Türmen aus dem 2. Jh. v. Chr. (offen: 10.00 - 14.00/15.00 - 20.00 Uhr).

---

(69) WOMO-Picknickplatz: Castell d'Olérdola
GPS: N 41° 18' 13.9" E1° 42' 36.4"   **Max. WOMOs:** 3-4
Ausstattung/Lage: Tisch & Bank, Baumschatten, beim Kinderspielplatz Brunnensäule/außerorts.

Olérdola, Parkplatz vor der Sperrmauer von Olérdola

Wir schauen uns die Funde im kleinen Museum an, steigen hinauf zur kleinen Kirche aus präromanischer Zeit, neben der eine ganze Reihe von **anthropomorphen Grabstätten** in den Stein gehauen sind.

Die Reste der iberischen Siedlung, aber auch die mittelalterlichen Bereiche kann man sehr schnell interpretieren, wenn man das kleine Faltblatt aus dem Museum zu Rate zieht, das auch in deutsch erhältlich ist.

Wenig später stecken wir im Verkehrsgewühle von VILAFRANCA. Eigentlich wollten wir in der Hauptstadt des **Penedès,** einer weinreichen Landschaft und Heimat der spanischen Sektherstellung, das Weinmuseum (**Museu Comarcal**) im ehemaligen **Königspalast** besuchen. Vor allem auf die Probierstube hatten wir es abgesehen. Es gelang uns beim besten Willen nicht, einen Parkplatz zu ergattern; vielleicht haben Sie mehr Glück. Wesentlich einfacher hatten wir es in SANT SADURNÍ D'ANOIA, der Hauptstadt des **Cava-Sektes**.

Hinweis: Cava (= Keller) ist ja nicht gerade eine typische Bezeichnung für Sekt. "Xampany", wie die Katalanen ihren Sekt nennen, war den Franzosen aber ein Grund genug, den EG-Beitritt Spaniens zu torpedieren. Folglich nahm man den spanischen Namen für die Lagerstollen = Cava als EG-genehme Bezeichnung für den spanischen Sekt.

In SANT SADURNÍ ist jede der vielen Sektkellereien bestens ausgeschildert und in den meisten von Ihnen werden Führungen und Sektproben veranstaltet. Da wir jedoch weder im Straßengraben noch hinter spanischen Gardinen landen wollten, hielten wir tapfer durch, bis wir am Ortsende nach links zu "**Codorniu**" gewiesen wurden (großer schattiger Parkplatz, offen: 9.00 - 17.00 Uhr, Sa./So. 9.00 - 13.00 Uhr, Eintritt).

(70) WOMO-Stellplatz: Codorniu

GPS: N41° 26' 06.6" E1° 47' 47.6"
Max. WOMOs: > 5
Ausstattung/Lage: Baumschatten, Brünnlein, Sekt-Führung/Ortsrand.
Hinweise: Übernachtung auf dem Busparkplatz offiziell erlaubt, ruhig von 22 - 6 Uhr. In Verlängerung der Straße schöne Walking-Strecke ins Nachtigallental bis zur Furt.

Diese Sektkellerei hatten wir aus dreierlei Gründen ausgewählt: Viele der Gebäude sind von dem Architekten Josep Puig i Cadafalch im modernistischen Stil errichtet worden, in 25 km unterirdischer Stollen in 5 Stockwerken lagern Hundert Millionen Flaschen 3/4 bis 3 Jahre und – große und vor allem kleine Besucher freuen sich

Modernistisches Gebäude der Sektkellerei Codorniu von außen und innen

auf die Fahrt mit einem elektrischen Bähnle, das in präzisen Kurven die endlosen Lagergestelle der Sektflaschen umrundet.
Natürlich probieren auch wir ein paar Schlückchen Codorniu, kaufen ein paar Flaschen für die nächsten Abende (obwohl man sie im nächsten Supermarkt eventuell preiswerter bekommt) und kurven beschwingt weiter Richtung MARTORELL. Nach 10 km lockt rechts unter schattigen Riesenplatanen die **Font de Can Torrents** [N41° 25' 58.5" E1° 51' 56.0"] mit Tisch & Bank, Grillstellen, Imbissbude und natürlich Brunnen; 400 m später, am Ortsbeginn von GELIDA, eine weitere Quelle.

MARTORELL, Pont del Diable

Wir durchqueren MARTORELL nach Osten, als wollten wir auf der C 243 nach TERRASSA, unterqueren die Autobahn AP 7 und biegen unmittelbar dahinter links zur **Pont del Diable,** der römischen Brücke über den **Riu Llobregat**. Vor der Brücke gibt es eine kleine Grünanlage [N41° 28' 31.3" E1° 56' 12.3"] mit Kinderspielplatz und **Brunnen**, direkt dahinter ragen die hässlichen Betonstreben der Autobahn A 2 in den Himmel; es ist ein Wunder, dass man den Triumphbogen aus dem 3. Jh. v. Chr. stehengelassen hat. Das einbogige Brückchen, das eher dem Sattel eines Maulesels ähnelt, hielt von 218 v. Chr. bis 14 n. Chr. einen Rekord mit 37 Metern Spannweite.

Natürlich ist das Ganze mehrfach erneuert worden, der jetzige gotische Bogen stammt aus dem Mittelalter.

Zurück an der Hauptstraße biegen wir links, fahren weiter Richtung TERRASSA, überqueren den Llobregat und schwenken 1000 m später in die A 2 Richtung LLEIDA ein.

Es ist eine Freude, die Reifen mal wieder so richtig über den Asphalt sausen zu lassen. Vierspurig geht es auf der autobahn-

MARTORELL, Pont del Diable

gleichen Schnellstraße nach Nordwesten, die Ausfahrten sind zusätzlich zu den anliegenden Ortschaften mit dem jeweiligen Straßenkilometer gekennzeichnet. Vor uns liegt eine komplette Umrundung des wohl schönsten Gebirgsstockes Spaniens, der **Serra de Montserrat**. Ihre eigenwillig geformten Säulen und Finger steigen vor uns immer weiter empor, kaum können wir es erwarten, ihnen noch näher zu kommen.

Erster Blick auf die Serra de Montserrat

Wir nehmen die Ausfahrt »km 570« Montserrat, nähern uns nach und nach dem Naturschauspiel und würden gern an jeder Ecke stehen bleiben, um ein Foto zu schießen. Viele Spitzen sind so eigentümlich zerklüftet, dass Engel mit goldenen Sägen herhalten mussten, um ihre Entstehung zu erklären. Hinter jeder Straßenbiegung hat sich das Panorama verändert, es ist ein unglaublich schöner Anblick. Inmitten dieser Pracht schwenken wir nach rechts in die Stichstraße zum Kloster **Montserrat**.

Für die Katalanen ist der **Montserrat** ein heiliger Berg. Kostbarstes Heiligtum des **Benediktinerkloster**s ist die **Moreneta**, eine rußgeschwärzte Marienstatue aus dem XII. Jh. (für fromme Katalanen ein Werk des Apostels Lukas).

Kloster und heiliger Berg werden perfekt vermarktet: Am Eingang zieht man eine Parkkarte und darf nun nach Wunsch einen Tag (5 €) oder auch 3 Tage und Nächte (8 €) im Bereich des Klosters parken und nächtigen (ständige Preiserhöhungen).

> **(71) WOMO-Wanderparkplatz: Kloster Montserrat**
> **GPS:** N 41° 36' 03.6" E 1° 50' 02.5"   **Max. WOMOs:** >5
> **Ausstattung/Lage:** Gebühr, Wanderwege, Klosterbesichtigung/außerorts.

Kloster Montserrat, Kathedrale

Selbstverständlich werfen auch wir einen Blick auf die große, neuzeitliche Kirche, reihen uns in die Schlange ein, um einen Blick auf "La Moreneta" zu werfen. Dann jedoch ziehen wir die Wanderschuhe an und fahren mit der **Standseilbahn** hinauf zur Station **Sant Joan**.

Die meisten Fahrgäste latschen geradeaus weiter zur Ermita

Serra de Montserrat; auf dem Wanderweg zum Sant Jeróni

Sant Joan, um in der dahinter gelegenen Gaststätte eine Erfrischung einzunehmen. Der Weg dorthin ist schlecht und optisch uninteressant.
Viel schöner ist der gepflegte **Wanderweg** nach rechts zum höchsten Berg des Massivs, dem **Sant Jeróni** (1238 m, 1 Std.). Bald sind wir mitten in der Wunderwelt der Hefeklöße und Wurstfinger, an deren zusammengebackenem Konglomeratgestein Sie sich jedoch die Zähne ausbeißen würden. Der Weg ist bequem zu gehen, er führt durch die schönsten Teile des **Montserrat** und ist in weiten Passagen durch niedrigen Wald schön schattig und kühl. Nachmittags führt er zudem an den schattenspendenden Bergkegeln vorbei. Nach 20 min. erreichen wir eine schöne Aussichtsplattform (Miranda) in 1025 m Höhe, die für uns der End- und Höhepunkt dieses genussreichen Spazierganges ist.
In steilen Serpentinen geht es hinab nach MONISTROL. Dort biegen wir rechts und rollen am Ufer des **Llobregat** Richtung MARTORELL/BARCELONA. Nach 2,5 km entlang des Flusses biegen wir rechts ab nach COLLBATÓ/Coves de Salnitre, steigen am Hang des **Montserrat** wieder empor.
Kurz vor COLLBATÓ zweigt ein Stichsträßchen nach rechts ab, führt uns nach 400 m zu einem großen Parkplatz oberhalb eines Picknickplatzes mit Gaststätte und Brunnen.

(72) WOMO-Picknickplatz: Collbató
GPS: N 41° 34' 21.7" E1° 49' 45.0" **Max. WOMOs:** 2-3
Ausstattung/Lage: Tisch & Bank, Brunnen, Baumschatten, Gaststätte/Ortsrand.
Hinweis: Die Zufahrt zum oberen Parkplatz wird von 22-8 Uhr (meist) per Schranke geschlossen, die Zufahrt zum Picknickplatz selten, das Übernachten ist aber nicht verboten.
Wenige Schritte vor dem Eingang der Salpeterhöhle aus führt nach rechts ein 95-min.-Wanderweg direkt zum Montserratkloster (ausgeschildert).

Blick von der Salpeterhöhle zum oberen Parkplatz

300 weitere, sehr steile Meter – und Sie stehen auf einem Superaussichtsplateau [N41° 34' 24.0" E1° 49' 59.0"] am Ende der Teerstraße. Jetzt müssten Sie nur noch ein paar Treppenstufen den Hang hinaufsteigen, um in die Unterwelt der **Salpeterhöhle** eintauchen zu können (offen: August tägl., sonst nur Sa/So 10-13 Uhr/16.30-18.30 Uhr).

In der Salpeterhöhle gibt es keinen Salpeter mehr - aber viele Tropfsteine!

Wir beenden dort oben aussichtsreich den Tag, haben aber keine ruhige Nacht, weil heutzutage Liebespaare sogar beim Knutschen Techno hören müssen (wären wir nur unten am Picknickplatz geblieben!).

Nur wenige hundert Meter sind es von COLLBATÓ hinab zur A 2, wo wir unsere **Montserrat**-Umrundung beenden.

Dann geht es auf der Schnellstraße zurück nach Südosten – BARCELONA wartet auf uns!

TOUR 6 (ca. 250 km / 5-6 Tage)

Barcelona - Caldes de Montbui - Sant Miguel del Fay - Vic - Serra de Montseny - Breda - Blanes

Freie Übernachtung: Barcelona, Vic, Pantà de Sau, Serra de Montseny, Hostalric.
Trinkwasserstellen: Caldes de Montbui, St. Feliu, Serra de Montseny.
Campingplätze: u. a. Serra de Montseny
Baden: Barcelona, Pantà de Sau, Blanes.
Besichtigungen: Barcelona, Caldes de Montbui, St. Miguel, Vic, Hostalric.
Wandern: u.a. Pantà de Sau, Serra de Montseny.

Vorbemerkung: Die Hälfte unserer Ostspanientouren ist nun bald herum und der Gasvorrat ist geschrumpft!? Deutsche Gasflaschen kann man in Spanien nicht tauschen, aber für Tank- und Tankflaschenbesitzer haben wir am Flughafen von Barcelona eine Gastankstelle ausfindig gemacht!
Zufahrt: An der **Plaça de España** (siehe unten) rechts in die **Gran Via de les Corts Catalanes** abschwenken. Diese geht in die **C 31** über und führt Sie direkt zum Flughafen (Richtung Cargo Park). Dort wendet man am Kreisverkehr und fährt zur GALP-Tankstelle [N41° 18' 51.0" E2° 04' 09.0"] auf der anderen Seite der **C 31** zurück.

Wir rauschen auf der A II nach Südosten, über MARTORELL auf BARCELONA zu. Bei SANT FELIU DE ILOBREGAT geht die A II in die B 23 über, immer geradeaus rollen wir nach BARCELONA hinein; wir lesen **Avinguda Diagonal** auf den Straßenschildern, sehen links das große Hochhaus der **Universidad Politécnica**. 2,5 km später schwenken wir rechts in die **Carrer de Numancia**, die in die **Carrer de Tarragona** übergeht und an der riesigen **Plaça de España** endet. Diesen Platz werden Sie schon deshalb nicht übersehen können, weil ein Kreisverkehr in drei Spuren einen monumentalen **Brunnen** mit Wasserspeiern, Laternen und Marmorfiguren umringt.

Hier biegen wir halbrechts ab in die Straße, die von zwei großen, quadratischen Ziegelsteintürmen flankiert wird. Diese Straße führt direkt auf einen pompösen Palast zu, den **Palau de Congressos**. Vor ihm macht die Straße einen Knick nach rechts und schwingt sich einen Hügel hinauf, den jeder Katalane unter dem Namen **Montjuïc** (Judenberg) kennt. Die meisten Einrichtungen auf diesem Spaziergelände BARCELONAS wurden entweder zur Weltausstellung 1929 oder für die Olympischen Spiele 1992 errichtet.

Wir passieren das **Poble Español** (Spanisches Dorf), für das typische Beispiele spanischer Bauwerke aus allen Provinzen kopiert wurden.

BARCELONA, Olympiaschwimmstaion (Piscines Bernat Picornell)

Dann erreichen wir das **Olympiagelände** und parken vor dem Zaun des **Olympiaschwimmstadions** (Piscines Bernat Picornell). Hier – und auf beiden Seiten der weiter zum **Olympiastadion** führenden Straße – findet man jederzeit einen Parkplatz und ist nur wenige Meter entfernt von einer Haltestelle der **Barcelona Bus Turístic** (Symbol: gelbes Auge mit fünf roten Wimpern).

> **(73) WOMO-Stellplatz: Olympiaschwimmstadion**
> **GPS:** N41° 21' 59.0" E2° 09' 07.9" **Max. WOMOs:** > 5
> **Ausstattung/Lage:** Liegewiese, Stadtrundfahrt, Olympiastadion, usw./Ortsrand.

Die Busse dieser praktischen Einrichtung werden in den nächsten zwei Tagen unsere Fahrer und Führer durch BARCELONA sein. Für 22 €/Tag (Kinder 4 - 12 J. 14 €) bzw. 29 € (18 €)/ 2 Tage wird man von den Bussen an allen wichtigen Sehenswürdigkeiten BARCELONAS vorbeigefahren, bekommt diese beschrieben, kann aussteigen und zusteigen wann man will, denn die Busse folgen aufeinander im Viertelstundentakt. Im Preis inbegriffen sind Rabatte auf die Eintrittspreise der meisten Sehenswürdigkeiten und einiger Gaststätten.
Hinweis: Im gesamten Stadtbereich von BARCELONA gibt es Trinkwasserbrunnen; Trinkflasche nicht vergessen!
Um 9.49 Uhr stoppt der erste Touristenbus neben der **Schwimmhalle**, und wir starten unsere Rundfahrt durch die sehenswerteste Stadt Kataloniens: **Kolumbusdenkmal, Alter Hafen, Olympisches Dorf, Zoo, Plaça de Catalunya**.....
Wir sitzen und staunen, machen erst einmal eine komplette Rundfahrt, bevor wir ganz gezielt einige „Sehenswürdigkeiten" angehen. Einer der erstaunlichsten Höhepunkte unseres ersten Tages war der Besuch der **Sagrada Família**, der noch

Sagrada Familia

immer unvollendeten Kathedrale des unübertrefflichen Antonio Gaudí. Dieses Genie sah in der Arbeit an diesem Gotteshaus sein Lebenswerk – und starb als armer Mann auf seiner Baustelle. Man kann den Einfallsreichtum Gaudís, der sich in einer ganzen Reihe von weiteren Häusern (**Casa Battlo, Casa Milá** usw.) und dem **Park Güell** widerspiegelt, nur schwer beschreiben – im Vergleich zu den Nachbargebäuden wirken sie wie aus einer anderen Welt.

Sie haben sich angesichts der Fülle des zu Beschauenden für die Zweitageskarte entschieden und brauchen nun einen Übernachtungsplatz? Dann fahren Sie am besten am **Olympiasta-**

Sagrada Familia, Hauptportal

dion vorbei und hinter der **Seilbahnstation** (Teleféric de Montjuïc) rechts hinauf Richtung Castell zu den vielen Parkplatzstraßen, die wie die Ränge eines Amphitheaters angelegt wurden.

Beschaulich ist die abendliche Fahrt mit dieser **Seilbahn** hinauf zum **Castell de Montjuïc**. Man hat dabei nicht nur einen umwerfenden Blick über ganz BARCELONA, sondern kann sich auch aus der Vogelperspektive seinen Übernachtungsplatz aussuchen.

(74) WOMO-Stellplatz: Montjuïc
GPS: N 41° 21 55.7 E2° 09' 53.7"
Max. WOMOs: >5
Ausstattung/Lage: keine/ außerorts.
Zufahrt: siehe Text.

Blick vom Castell Montjuïc auf BARCELONA

Maler in der Rambla

Casa Battlo

Arc de Triomf

Barcelona, Wasserfälle und Montseny

Casa Milá

Kolumbusdenkmal

Am zweiten Tag steigen wir bereits am **Kolumbusdenkmal** aus, besichtigen das **Marinemuseum**, schlendern "**La Rambla**", die Bummelmeile BARCELONAS hinauf, um dann in den Gassen des **Barri Gòtic**, der Altstadt, die **Kathedrale** zu suchen. Versäumen Sie nicht, in der ersten Seitenkapelle rechts den "Christus von Lepanto" zu besichtigen. Man glaubt, Ruß- und Pulvergestank zu verspüren, denn das Kruzifix diente als Galionsfigur bei der Seeschlacht von Lepanto (1571) gegen die Türken. Ob man als aufmerksame Wächter wohl auch die Gänseherde dabei hatte, die ein vielbestauntes Leben im Kreuzgang der Kathedrale führt?

Weiter geht's zum **Arc del Triomf**, der zur Weltausstellung 1888 errichtet wurde, einem maurisch angehauchten Ziegelbau, und durchs zoologische Museum zum sehenswerten **Zoo**. Davor kann man in einem liebevoll angelegten Park lustwandeln und in Düften und Farben schwelgen.

Am Zooeingang lassen wir uns wieder von unserer Buslinie auffischen und zum **Olympiaschwimmbad** hinauffahren. Nebenan ist eine schöne, grüne Wiese mit Schattenbäumen am Rande eines Parks. Wir stellen die Campingliegen auf, der Rucksack mit unseren Wertgegenständen, den wir nun immer bei uns haben, liegt zwischen uns.
Plötzlich schrecke ich von einem Schrei auf, Waltraud steht mit entsetztem Gesicht in der WOMO-Tür, von rechts eilt jemand auf mich zu, nach links entfernt sich eine Gestalt mit unserm Rucksack, lässt ihn jetzt angesichts des Lärmes fallen und schlendert gemächlich weiter.....

Dies setzt der Unverfrorenheit nun doch die Krone auf! Wir beschließen, uns von Günter, unserem Kunstschmied, endlich eine stabile, mittelalterliche Eisenkiste bauen zu lassen, während wir geradezu fassungslos das Geschehene diskutieren.

Falls Sie – das gerade geschilderte Vorkommnis legt es nahe – jetzt nach einem bewachten Parkplatz verlangen sollten, dann brauchen Sie uns nur vom **Montjuïc** wieder zurück zur **Plaça de Catalunya** zu folgen, dort rechts in die **Gran Via de les Corts Catalanes** abzubiegen und ihr bis zum großen Kreisel **Plaça de les Glòries Catalanes** zufolgen. Dann geht es halbrechts in die **Avinguda Diagonal** und an der **Plaça de Llevant** halbrechts in die **Carrer del Taulat**. Nach 600 m liegt rechts der Eingang zu einem tophässlichen, verkehrsumfluteten Gelände, für dessen Betreten Sie auch noch 25 €/Tag bezahlen dürfen. Immerhin finden Sie direkt vor dem Gelände eine Haltestelle der **Barcelona Bus Turístic**.

(75) WOMO-Stellplatz: Carrer del Taulat
GPS:
N41° 24' 56.2" E2° 13' 25.7"
Max. WOMOs: > 5
Ausstattung: Bewachung, hohe Gebühr: ca. 25 € incl. Ver-/Entsorgung/24 Std.

© Google Maps

Bei der Fahrt zum Platz 75 haben wir Ihnen auch den besten Weg beschrieben, um unsere Tour fortzusetzen! Direkt nebenan entern wir die Ronda del Litoral (B 10), dort, wo sie vor einem Kraftwerk mit hohen Schornsteinen die Küste verlässt, schwenken nach rechts auf die C17 Richtung VIC/GRANOLLERS/PUIGCERDÀ. Nicht lange rollen wir auf dieser Schnellstraße. Bei »km 10,0« verlassen wir sie auf die C 59 Richtung CALDES DE MONTBUI, dem wichtigsten **Kurort** Kataloniens.

Bereits die Römer badeten hier im heißen Wasser, folglich zwängen wir uns durch die schmalen Gassen des kleinen Städtchens bis zum Hauptplatz mit den Ruinen der **Römischen Thermen** (**Banys romans**, rechts) und der

heißen Quelle, die aus einem Löwenrachen schießt (**Font de Lléo**, links). Sie wollen nicht glauben, dass die Wassertemperatur 72° C beträgt? Dann halten Sie mal die Finger darunter.

Fährt man geradewegs in das nächste Gässchen hinein, so landet man direkt vor dem Barockportal der **Kirche Santa Maria**. Weinlaub und Trauben betrachte ich an den verzierten Säulen, während Waltraud sich am **heißen Brunnen** gegenüber als Wasserträgerin verdient macht (ein Opa beteuert: „Bon agua!" und klopft auf seinen Bauch).

Tipp: Quälen Sie sich nicht durch die engen Gassen, sondern parken Sie am Ortsbeginn beim Supermarkt [N41° 37' 31.1" E2° 10' 13.5"] und schlendern Sie gemütlich durchs Städtchen oder rollen Sie auf der Hauptstraße bis zum Stadion (Parc de Can Rius) mit vielen freien Parkplätzen in Altstadtnähe!

---

(76) WOMO-Stellplatz: Caldes de Montbui
GPS: N41° 38' 15.0" E2° 09' 26.1"   **Max. WOMOs:** > 5
Ausstattung: Eintritt 8€/4€, Mülleimer/außerorts, nachts einsam.

Blick auf St. Miquel del Fai

Die C 59 führt rechts an CALDES DE MONTBUI vorbei, der nächst Ort heißt ST. FELIU DE CODINES. Die Vegetation hat stark zugenommen, die Bäume des Waldes bilden ein Blätterdach über der Straße.

Noch vor dem Ortsende von ST. FELIU zweigen wir rechts in eine schmale Straße nach ST. MIQUEL DEL FAI ab (nach 200 m links kleine Grünanlage mit Brunnen). Das Sträßchen führt in ein einsames Tal, schraubt sich an der linken Hangwand einer immer steiler werdenden Schlucht hinauf. Im hintersten Kessel der Schlucht hat sich ein Klösterchen auf einen Felsvorsprung der Steilwand gezwängt.

Wir biegen rechts hinab zu den großen Parkplätzen und werden recht saftig zur Kasse gebeten.

Durch eine Felsspalte, zu der eine romanische Brücke hinüberführt, betreten die Besucher die Anlage des ehemaligen **Benediktinerklosters**.

In der **Casa del Priorat** residiert heute ein Restaurant, dann folgt ein kleiner See vor dem Eingang zur romanischen Höhlenkirche. Nur das Portal musste vor die Felswand gesetzt werden, den Rest hatte die Natur schon geschaffen. Überhaupt ist der Talabschluss wieder ein Beispiel dafür, wohin sich ein-

St. Miquel del Fai, Höhlenkirche

samkeitssuchende Klosterbrüder zurückzogen: Sie fanden stets die schönsten Stellen in der Natur. Unser Spazierweg führt weiter am plätschernden Bächlein entlang, findet seinen Höhepunkt hinter einem **Wasserfall**, der sich in drei Kaskaden über die Felswand ergießt. Der Weg endet an einem **Picknickgelände** mit Kinderspielplatz. Vor dem Wasserfall führen Stufen hinab zu einer **Tropfsteinhöhle**, die wohl ebenfalls dadurch entstanden ist, dass herabtropfendes Wasser eine Höhlung in der Felswand nach vorne mit Stalaktiten und Stalagmiten abschloss.

Die Anlage ist von 10.00 - 20.00 Uhr geöffnet (außerhalb der Saison nur Sa/So). Falls Sie zur Unzeit kommen, dürfen Sie trotzdem auf dem Parkplatz absolut ruhig übernachten (evtl. die Kette aushängen).

> **(77) WOMO-Stellplatz: St. Miquel del Fai**
> **GPS:** N 41° 43' 01.4" E2° 11' 33.8"   **Max. WOMOs:** > 5.
> **Ausstattung/Lage:** keine/außerorts.   **Zufahrt:** siehe Text.

4 km Kurven führen weiter hinauf zur Hauptstraße. Diese führt uns unterhalb des Castells de St. Marti vorbei nach CENTELLES, wo wir wieder auf die vierspurige C17 stoßen. Im breiten Tal des **Riu Congost**, das von Tafelbergen flankiert ist, sausen wir bis zum römischen Ausa, dem heutigen VIC.

Der gut erhaltene, mittelalterliche Stadtkern mit der **Kathedrale St. Pere** und einem **römischen Tempel** aus dem 2. Jh. ist unser Ziel. Deshalb verlassen wir die C17 an der Ausfahrt "VIC - Sud", halten dann genau nach Norden (dabei rechts halten, wenn sich die Straße hinter dem Kreisverkehr gabelt; Wegweiser zum Zentrum ignorieren!). Nach 2 km überqueren wir angesichts der Altstadt den **Riu Mèder** und biegen unmittelbar dahinter links zum langen Parkstreifen am Fluss (größere

WOMOs schwenken halblinks auf den gebührenpflichtigen Parkplatz (1€/4 Std., nachts kostenlos). Geradeaus werden wir später unsere Fahrt fortsetzen.

(78) WOMO-Stellplatz: VIC/ Riu Mèder	
GPS: N 41° 55' 32.5" E2° 15' 12.2"	**WOMO-Zahl:** >5.
Ausstattung/Lage: keine/Ortsrand.	**Zufahrt:** siehe Text.

Flussabwärts schlendern wir zur Altstadt. Wir wenden uns links, besichtigen in der klassizistisch umgebauten **Kathedrale** die monumentalen Gemälde von Josep Maria Sert, die mit ihren düsteren Farben die Stimmung des großen Kirchenschiffes beeinflussen. Vom Seiteneingang der Kirche führen schmale Gässchen nach rechts zum **römischen Tempel** mit einer Vorhalle aus sechs Säulen. Die Carrer M. D. dels Àngels stößt auf die Rambla, die uns nach rechts zur römischen Brücke **Pont de Queralt** führt. Beachten Sie bitte die drei Entlastungsbögen über den Brückenpfeilern.

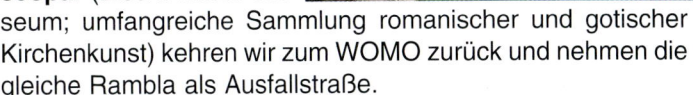

Unterhalb des **Museu Episcopal** (Bischöfliches Museum; umfangreiche Sammlung romanischer und gotischer Kirchenkunst) kehren wir zum WOMO zurück und nehmen die gleiche Rambla als Ausfallstraße.

An ihrem Ende geht's rechts Richtung OLOT/RODA DE TER. Diesem Wegweiser folgen wir nach weiteren 300 m nach links, verlassen den Ort, unterqueren die neue Schnellstraße >C 25< von MANRESA nach GIRONA und zweigen anschließend nach rechts zum **Parador de Turisme de Vic** ab.

Diese staatliche Luxusherberge liegt mit prächtiger Aussicht hoch über dem Wasserspiegel des Stausees **Pantà de Sau**. Auch wir genießen von einem großen, ebenen Parkplatz 500 m vor dem Parador den Blick über den See und die senkrechten Felswände, die an seinem Nordufer aufragen.

> **(79) WOMO-Stellplatz: Pantà de Sau (Parador de Turisme de Vic)**
> **GPS:** N 41° 58' 31.5" E2° 21' 42.9"   **WOMO-Zahl:** > 5.
> **Ausstattung/Lage:** Aussicht, Wanderwege, Mülleimer/außerorts.   **Zufahrt:** s. Text.

Dann rauschen wir den schmalen, asphaltierten Fahrweg rechts des Parkplatzes hinab (Wegweiser: Vila Nova de Sau/ Presa de Sau). Nach 2,6 km auf der Höhe des Wasserspiegels angekommen, zweigen wir zu einem Wiesenfleck ab, wo man neben Pappeln parken und dem Treiben zuschauen kann: Ein Wasserskifahrer plumpst gerade in die Fluten und ein kleiner Junge zieht mit einem Jubelschrei einen geangelten Fisch aus dem Wasser. Ob Ihnen die Wasserqualität für ein Bad ausreicht, müssen Sie wohl von Fall zu Fall selbst entscheiden.

> **(80) WOMO-Badeplatz: Pantà de Sau (Badeplatz)**
> **GPS:** N 41° 58' 08.8" E2° 23' 02.6"
> **Max. WOMOs:** 2-3.
> **Ausstattung/Lage:** Bademöglichkeit, Baumschatten, Liegewiese/außerorts.
> **Hinweis:** Gefährliche Abfahrkante von der Asphaltbahn.

Nach weiteren 2 km stoßen wir bei einem Jugendzeltplatz mit einer ganzen Zahl von ebenen Parkplätzen [**81: N41° 57' 50.4" E2° 23' 52.8"**] wieder auf die Asphaltstraße, biegen nach rechts ins Landesinnere. An der Vorfahrtsstraße kann man nach links nochmals einen Abstecher zum Stausee machen. Nach 3 km erreicht man die Staumauer mit vielen Parkplätzen.

> **(82) WOMO-Stellplatz: Pantà de Sau (Staumauer)**
> **GPS:** N 41° 58' 05.9" E2° 24' 39.3"   **Max. WOMOs:** 3-4.
> **Ausstattung/Lage:** WC (am Hang), Mülleimer/außerorts.   **Zufahrt:** siehe Text.

Noch idyllischer und aussichtsreicher steht man, wenn man 1000 m vor der Staumauer rechts hinauf zum verlassenen Weiler SANT ROMA DE SAU und dort zum Parador kurvt.

**(83) WOMO-Stellplatz:
Pantà de Sau
(Sant Roma de Sau)**
GPS: N 41° 58' 00.0" E2° 24' 38.4"
Max. WOMOs: 1-2.
Ausstattung/Lage: WC (am Hang), Mülleimer/außerorts.
Hinweis: Treppenweg hinab zur Staumauer, schöne Spazierwege in alle Richtungen.

Wendet man sich an der Vorfahrtsstraße nach rechts, so passiert man bald das neue VILA NOVA DE SAU (von den Resten des alten Dörfchens war stauseetypisch nur noch die Spitze des Kirchturmes zu sehen).

Auch hier, am Südrand des Stausees, gibt es steile Buntsandsteinfelsen. Zu ihren Füßen kurvt die Straße suchend entlang, findet einen Einschnitt, durchbricht sie schließlich mit einem Tunnel.

Die Wegweiser führen uns Richtung VIC zurück. Kurz vorher stoßen wir auf die bereits erwähnte Schnellstraße C 25 und bedienen uns ihrer (Richtung GIRONA) 7 km und 3 Tunnel lang bis zur nächsten Ausfahrt LA FULLACA/»km 194«.

Nach Verlassen der C 25 folgen wir den Wegweisern nach VILADRAU, das lieblichste Mittelgebirge Spaniens wartet auf uns.

In VILADRAU, wo bereits einige Ferienhäuser für die Sommerfrische die Straße flankieren, entdecken wir am Ortsende eine große Informationstafel, die uns über die vielen Wandermöglichkeiten in der **Serra de Montseny** informiert:

Das ausgedehnte Granitmassiv, dass nur 30 km vom Meer entfernt 1700 m hoch aufragt, ist für sein angenehmes, gemäßigtes Klima bekannt. Je nach Höhe ist es mit den unterschiedlichsten botanischen Raritäten gespickt, erfrischende Quellen warten auf durstige Wanderer und leere WOMO-Tanks.

Wir folgen zunächst dem Wegweiser ARBÚCIES, zweigen jedoch nach 2700 m Richtung SANTA FÉ DE MONTSENY ab, unsere Gebirgsfahrt beginnt. Nach 7,0 km erreichen wir einen ersten Wanderparkplatz am 1112 m hohen **Col Marçal** [N41° 48' 15.6" E2° 25' 05.2"] und nach 8,5 km kommen wir an dem Wanderparkplatz **Area de les Ferreres** vorbei (ein großer, ebener Platz links der Straße, auf dem man außerdem beschaulich rasten und sicher auch ruhig übernachten kann).

> **(84) WOMO-Wanderparkplatz: Area de les Ferreres**
> **GPS:** N 41° 48' 10.4" E2° 26' 05.4"; 1184 m. **Max. WOMOs:** 3-4.
> **Ausstattung/Lage:** Mülleimer, Wanderwege/außerorts. **Zufahrt:** siehe Text.

Wir haben hier bereits eine Höhe erreicht, wo uns ein dichter, für Spanien völlig untypischer Buchenwald umgibt. Folglich sitzt an jedem Plätzchen mit Parkmöglichkeit eine spanische Familie im Walde und freut sich der ungewohnten grünen Kühle.

Wenig später ist der höchste Punkt der Straße überschritten, sacht sinken wir hinab zu einem weiteren Parkplatz mit der Quelle "**Font de Passavets**" [N41° 46' 48.5" E2° 27' 07.2"]. Wir überzeugen uns davon, dass sie bestes, herrlich kaltes Quellwasser spendet und scheuen uns nicht, unsere Gießkanne ein paar mal hin und her zu tragen, um den Tank zu füllen. Ein paar hundert Meter später haben wir das Gebiet des ehemaligen **Klosters Santa Fé** erreicht. Als erstes parken wir vor dem Gebäude **Can Casades** auf dem großen, ebenen Busparkplatz.

> **(85) WOMO-Wanderparkplatz: Santa Fé (Can Casades)**
> **GPS:** N41° 46' 28.5" E2° 27' 40.0"; 1145 m. **Max. WOMOs:** > 5.
> **Ausstattung/Lage:** Infostelle, Brunnen, Wanderwege/außerorts. **Zufahrt:** s. Text.

Gleich nebenan erhält man sämtliche Informationen über den Montseny und kann sich eine Diashow über die vier Jahreszeiten dieses Mittelgebirges anschauen kann (offen: 10.30 - 15.00/15.30 - 17.00 Uhr). Hinter dem Gebäude links führt ein Weg zu einem weiteren Parkplatz, von dem aus man jederzeit zum **Brunnen** im Park neben **Can Casades** gelangen kann (neben den großen Mammutbäumen).

Unterhalb des Parkplatzes liegt das ehemalige **Kloster Santa Fé**, in dem nun ein Hotelrestaurant residiert. Vor der Gaststätte führt ein Waldweg in 10 min. hinab zum kleinen **Stausee von Santa Fé**, auch hier schwanken Wasserstand und -qualität je nach Jahreszeit und Regenhäufigkeit.

Wir fahren weiter bergab, passieren nach 600 m den **Picknickplatz Guardiola** [N41° 46' 07.5" E2° 27' 52.4"] mit **WC**, Grillstellen, Tischen und Bänken, wo wiederum frisches Wasser sprudelt, und biegen dahinter rechts zum **Turó de l'Home**, mit 1712 m der höchste Berg des **Montseny-Massivs.**

Die Fahrt zum Gipfel ist für Botaniker ein Ereignis, denn in der Nadelwaldzone hat man (offensichtlich erfolgreich) die unterschiedlichsten Koniferen der Welt kultiviert, besonders auffallend sind bereits recht mächtige Zedern.

Danach erreichen wir die Baumgrenze und können bei herrlicher Sicht zwischen drei Parkplätzen wählen.

Der erste bietet eine freie Sicht nach Süden, bei klarem Wetter kann man bis BARCELONA gucken; der zweite ist Ausgangspunkt für unsere Wanderung zum Nachbargipfel **Les Agudes** (1706 m); am dritten endet die Straße unterhalb des Gipfels.

> **(86) WOMO-Wanderparkplatz: Turó de l'Home**
> **GPS:** N 41° 46' 31.4" E2° 26' 10.9"; 1656 m. **Max. WOMOs:** 3-4.
> **Ausstattung/Lage:** Wanderwege/außerorts. **Zufahrt:** siehe Text.

Wer die paar Schritte noch hinaufsteigt, kann bei klarer Sicht bis zu den Pyrenäen schauen. Wir lassen das WOMO einige Meter zu unserem Wanderparkplatz hinabrollen, schnüren die Bergstiefel, packen ein Fläschchen kaltes Montsenywasser ein und machen uns auf den Weg.

Der blau markierte Bergpfad zum Gipfel **Les Agudes** gleicht einem botanischen Lehrpfad: Zwischen Heidekraut, Wacholder, niedrigen Weidenbüschen und Ginster setzen wilde Stiefmütterchen, Federnelken, 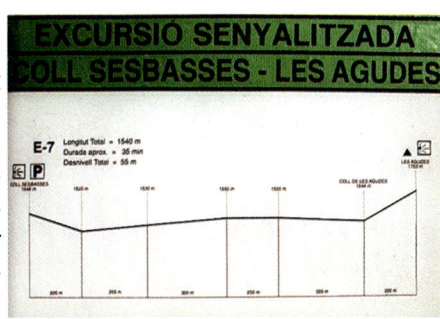 Felslauch, Glockenblumen, Habichtskraut und Schwalbenwurz die Farbkleckse. Aber auch die Rotbuche hat sich bis in einige geschützte Senken vorgewagt, bildet jedoch nur struppige Gebüsche. Die Tierwelt beschränkt sich auf Bienen, Schmetterlinge und davonflitzende Eidechsen.

Wir überqueren diagonal einen Kamm, steigen die Flanke zum

Gipfel "Les Agudes"; Blick zum Turó de l'Home

Gipfel **Les Agudes** hinauf, schlappe 35 min. hat diese aussichtsreiche Mini-Tour gedauert, die uns auf dem gleichen Rückweg völlig neue Ausblicke bietet.

Wir freuen uns auf geruhsamen Schlaf in frischer Höhenluft! Die Nacht fällt herab, unter uns strahlt ein Lichtermeer auf, für das allein sich die Fahrt auf den **Turó de l' Home** lohnen würde. Dieses nächtliche Panorama will jedoch eine ganze Reihe von weiteren Urlaubern bestaunen, und so brummt Fahrzeug auf Fahrzeug herauf, Türen schlagen, Musik dröhnt, Begeisterungsschreie werden laut – und ich krabble im Schlafanzug ans Steuer, rolle 1800 m die Straße hinab bis zum ersten Parkplatz [N41° 46' 17.0" E2° 26' 26.5"], wo wir doch noch eine ruhige Nacht verbringen – und am nächsten Morgen für Sie einen Schatz vergraben:

WOMO-Cache Nr. 5
GPS: N41° 46' 17.7" E2° 26' 28.5"; 1554 m.   **Schwierigkeitsgrad:** leicht
Tipp: Finde das Steinmännchen hinter dem Zaun.

Nach 6 km Talfahrt kehren wir an der Gabelung nicht nach links zum **Picknickplatz Guardiola** zurück, sondern folgen nach rechts dem Wegweiser FONTMARTINA/La Costa.

Auch diese Route führt durch dichten Mischwald steil zu Tale. Nach 4,8 km erreichen wir die **Area de Plana de Col** rechts der Straße mit großem Parkplatzareal samt kräftig sprudelnder **Quelle**, links geht's zu einer weiteren Info-Stelle des Nationalparks (offen: 10-17 Uhr, Sa/So 10-14 Uhr), wo man alle Infos und eine kostenlose Wanderkarte erhält.

---

(87) WOMO-Wanderparkplatz: Area de Plana de Col
GPS: N 41° 45' 25.6" E2° 25' 34.4"; 917 m.   **Max. WOMOs:** 3-4.
Ausstattung/Lage: Brünnlein, Info-Stelle, Rundwanderweg 1,5 h/außerorts.
Hinweise: 400 m weiter talwärts weiterer Wanderparkplatz, 700 m talwärts idyllischer, absolut preiswerter Campingplatz "Fontmartina", ideal für Wanderer.

Wir rollen weiter hinab bis ST. CELONI (vorher, in Mosqueroles, Parkplatzstreifenmit Sitzbänken, Fußballplatz und Brunnensäule [N41° 43' 39.0" E2° 26' 32.6"].

Die Südostflanke des **Montseny** ist wesentlich niedriger bewaldet. Folglich haben wir die Qual der Wahl zwischen schönen Ausblicken und der Aufmerksamkeit, die man der kurvigen Strecke widmen muss.

Nach 20 km Talfahrt (das Thermometer ist inzwischen um 6° C gestiegen), biegen wir in ST. CELONI links in die Vorfahrtsstraße >C 35< Richtung GIRONA. Knapp 8 km später lohnt sich nach links ein Abstecher in den Töpferort BREDA.

Zunächst schlängeln wir uns zur Kirche des ehemaligen **Benediktinerklosters Sant Salvador** (XI. Jh.) hindurch, die überragt wird von einem gewaltigen romanischen Glockenturm. Aufgrund ihrer Ausmaße wird sie auch als Kathedrale des Montseny bezeichnet. Wesentlich einfacher findet man zu den etwa 20 **Keramikmanufakturen**, die die Durchgangsstraße säumen. Hier können Sie zwischen wirklicher Kunst und absolutem Kitsch wählen für die zu Hause gebliebenen. Lassen Sie sich ihre Mitbringsel aber bruchsicher einpacken (wir haben noch die wilde **Costa Brava** vor uns!).

Die >C 25< führt uns weiter nach HOSTALRIC und dort direkt an der **Stadtmauer** mit ihren vielen Rundtürmen entlang. Aber wer braucht heutzutage noch eine Stadtmauer? Und so haben die einfallsreichen Bewohner von HOSTALRIC Fenster- und Türöffnungen durchgebrochen, Balkons angelegt, Garagen angebaut und auf der sicheren Innenseite Häuser angebaut. Hinter der Stadtmauer kommt rechts ein großer Parkplatz, so dass man sich die Stadtmauer-Reihenhäuser in Ruhe anschauen kann.

Für einen längeren und durchaus lukullischen Aufenthalt biegt man am Ortsbeginn, bei der Ampel, rechts und 1000 m hinauf bis ins Innere vom "Castell-Fortalesa". Dort findet man ein romantisches Restaurant (gehobene Preisklasse) – und nach Absprache und Verzehr die Genehmigung für eine ungestörte Nachtruhe (denn das Burgtor wird 23 Uhr geschlossen und erst um 9 Uhr wieder geöffnet!).

**(88) WOMO-Stellplatz:
Hostalric/Castell-Fortalesa**
GPS: N 41° 44' 37.4" E2° 38' 00.6";
162 m.
Max. WOMOs: 2-3.
Ausstattung/Lage: Gaststätte (13-16/ 20-22.30 Uhr)/Ortsrand.
Zufahrt: siehe Text.

TOUR 7 (ca. 210 km / 3-4 Tage)

Blanes – Lloret de Mar – Tossa de Mar – St. Feliu de Guíxols – Platjà d'Aro – Romanya – Quart d'Onyar – Girona – Pubol – La Bisbal – Vulpellac – Ullastret – Palafrugell – Llafranc

Freie Übernachtung:	Ermita St. Grau, St. Feliu, Pedralta, Romanya, Girona, Pubol, Vulpellac, Ullastret, Kap Roig.
Trinkwasserstellen:	Vulpellac, Ullastret.
Campingplätze:	u. . Blanes, Lloret de Mar, Tossa de Mar, St. Feliu, ...
Baden:	u.a. Blanes, Lloret de Mar, Rosamar, St. Feliu, Platja d'Aro, ...
Besichtigungen:	u.a. Costa Brava, Ermita St. Grau, Pedralta, Cova d'en Daina, Romanya, Girona, Pubol, La Bispal, Vulpellac, Ullastret.

KARTE TOUR 7

Weiter geht es hinter HOSTALRIC Richtung GIRONA/BLANES. Erst nachdem wir mehrere Pappelwäldchen passiert und den **La Tordera** überquert haben, halten wir uns rechts Richtung BLANES (die Straße nach GIRONA zweigt nach links ab).

Blick auf BLANES, Strand und Jachthafen

Nur noch 13 km, dann haben wir BLANES, den südlichsten Ferienort der **Costa Brava** erreicht.

Hallo, Costa Brava, wir kommen!

Wie oft haben wir deine wilde Küstenlinie schon auf den Glanzprospekten bestaunt, die neben Mallorca und den Kanarischen Inseln Abbild spanischer Urlaubsträume sind.

In BLANES brauchen wir nur den Hinweisschildern **Platja S'Abanell** zu folgen, um an den größten Sandstrand des Ortes zu kommen [N 41 39' 53.0" E 2 47' 5.0"]. Der Strand ist riesig – der Andrang jedoch ist gewaltig. Nach vielen weiteren Erfahrungen an der **Costa Brava** deshalb gleich unser Tipp vorweg:

> Fahren Sie den Strand Ihrer Wahl vor 9.00 Uhr morgens oder nach 18.00 Uhr abends an, und Sie werden immer ein freies Plätzchen für das WOMO und frischen Badespaß finden. Die Zeit von 10.00 - 14.00 Uhr ist ideal für Besichtigungen und die Siestazeit von 14.00 - 17.00 Uhr verbringt man am Besten im kühlenden Baumschatten. Dann ist wieder Zeit, zu einem neuen Badeplätzchen zu fahren (siehe oben). Ungestörte Nachtruhe werden Sie nicht an den Stränden der Costa Brava finden. Wir haben deshalb für Sie ruhige Plätze im Hinterland gesucht – und gefunden!

Am Nordende des Sandstrandes von BLANES führt ein schmales Sträßchen hinauf zum **botanischen Garten Mar i Murta**. Der hessische Kaufmann Karl Faust legte 1921 diese subtropische Pflanzenpracht an, die inzwischen mit einer Fülle von über 5000 Pflanzenarten den Besucher erfreuen kann. Am kleinen Parkplatz [N41° 40' 35.5" E2° 48' 06.4"] vorbei schrauben wir uns weiter den Hang hinauf, biegen oben rechts zum zweiten **botanischen Garten Pinya e Rosa**. Der nebenan liegende Parkplatz ist riesig und eben [N41° 40' 39.0" E2° 48' 17.5"]. Nun folgen zwei Stichstraßen hinab zu weiteren Sandstränden, der **Platja de Treumal** und der **Platja de Santa**

Cristina, beide mit bewachten, kostenpflichtigen Parkplätzen. Dann führt der Weg weiter hinauf zur Küstenstraße, die uns nun die landschaftlichen Schönheiten der **Costa Brava** erschließen soll!?

Hinter den Ferienhochhäusern von LLORET DE MAR führt die zunächst recht enttäuschende Strecke ohne Sicht der Küstenlinie nach TOSSA DE MAR. Auch hier werden wir hinter dem Ort vorbeigeführt (die Zufahrt ist für Fahrzeige über 2 m Breite gesperrt).

Dann jedoch zeigt sich die Küste wirklich von ihrer wilden Seite! 1 km hinter TOSSA kann man von einem ersten **Mirador** (»km 25«) rechts der Straße einerseits die wildromantische Klippenküste aber auch die so hirnlos mit Betonschachteln vollgepackten Badebuchten begucken.

Weit hinauf sind die Hänge gespickt mit Ferienhäusern. Wir notieren nach 4 km seit TOSSA den schön gelegenen **Cam-**

Erster Blick auf die wilde Küste (»km 25«)

pingplatz "Pola" und nach 5 km wieder eine Traumbucht, vollgestopft mit einer Urbanización. Dazwischen leuchten immer wieder rostrot die bizarren Felsklippen der **Costa Brava**; es blieben noch Stellen frei, die bisher keine Menschenhand zubauen konnte. Einsam ist die Küste aber auch an diesen Stellen nicht: Kleine und große Boote bis hin zu prächtigen Luxusjachten belagern die kleinen Sandbuchten, die vom Land her nicht zugängig sind.

Nach 9 km machen wir steil hinauf einen Abstecher zur **Ermita de St. Grau**. Immerhin 5 km muss man das WOMO den Hang hinaufwuchten, um folgendes zu finden: Neben der verschlossenen Ermita ein verlassenes Hotel (dessen Park, Tennisanlage und leerer Swimmingpool langsam von der Natur zurückerobert werden), ein großer, ebener Parkplatz abseits der Straße und ein kleiner Spazierweg rings um den Hügel mit der Ermita, um abends zu entspannen. Das Kirchlein ist dem Hl. Gerhard gewidmet, dem Patron der Laternenanzünder und Beschützer des Viehs.

---

(89) WOMO-Stellplatz: Ermita de St. Grau
GPS: N 41° 45' 31.6" E2° 56' 52.8"; 375 m. **Max. WOMOs:** 2-3.
Ausstattung/Lage: Spazierweg, Aussicht, Liegewiese, Mülleimer/außerorts.

1000 m nach der Abzweigung zur Ermita, bei »km 33,7«, die **Platja de Vallpresona**, wo man das Auto oben an der Straße abstellen kann und zur kleinen Sandbucht tief unten hinabkrabbeln muss.

Dann werden wir hinter der weiten, zugebauten Bucht von ROSAMAR vorbeigeführt. Schwenkt man rechts ab zu ihrer **Platja de Canyet**, so findet man auf dem Dorfplatz beim Supermarkt Parkplätze in Strandnähe [N41° 45' 38.3" E2° 58' 52.5"].

Eine tolle Überraschung erwartet uns am Ortsbeginn von ST. FELIU! Zeigt doch wirklich und wahrhaftig ein WOMO-Piktogramm nach links zu einem offiziellen Wohnmobilstellplatz.

---

(90) WOMO-Stellplatz: St. Feliu de Guíxols
GPS: N 41° 46' 48.2" E3° 01' 21.3"; 24 m. **Max. WOMOs:** > 5.
Ausstattung/Lage: keine, Wasserhahn 100 m, Ortskern 3 min. , Sandstrand 6 min./Ortsrand.

---

300 m nach dem Ortsschild (wir haben den Wasserhahn rechts passiert) biegen wir direkt hinter der **Kirche** rechts und finden eine Parkmöglichkeit, um die sehenswerte Vorhalle der Kirche zu betrachten: Die **Porta Ferrada** besteht aus drei großen Hufeisenbögen, die eine romanische Galerie mit drei kleineren Dreifachbögen tragen.

Dann fahren wir hinab zum Strand und halten uns rechts, folgen

ST. FELIU DE GUÍXOLS; Porta Ferrada der Klosterkirche (XIV. Jh.)

dem Wegweiser zur **Ermita de St. Elm (Foto)**. Wir parken unterhalb der Ermita [N 41° 46' 28.7" E3° 01' 40.3"] und besteigen den Aussichtsbalkon neben ihr. Hier prägte vor über 100 Jahren der katalanische Journalist und Schriftsteller Ferràn Agulló den Ausdruck "Costa Brava".

Kaum jemand erinnert sich an den Namensgeber, sein Schlagwort zog Millionen hier her, half kräftig mit, die Küste zu verschandeln.

Zu einer Seheswürdigkeit ersten Ranges im Landesinneren kehren wir zur **Porta Ferrada** zurück, wenden uns dort rechts Richtung GIRONA. Noch vor dem Ortsende biegt man beim

Costa Brava, Blick von der Ermita St. Elm

Campingplatz "Balmaña" links. Nach knapp 4 km auf immer schmaler werdendem Asphaltsträßchen, das die Pinienwurzeln in Falten (**?**) gelegt haben, erreichen wir ein ausgedehntes Pinien-Parkplatz-Areal mit kleiner Kapelle, das sich als romantischer Übernachtungsplatz anbietet.

> **(91) WOMO-Stellplatz: Wackelstein Pedralta**
> **GPS:** N41° 47' 28.4" E2° 58' 56.5"; 282 m.   **Max. WOMOs:** 3-4.
> **Ausstattung/Lage:** Spazier- und Wanderwege, Baumschatten, Mülleimer/außerorts.

Der Höhepunkt des Ensembles ist zweifelsohne der **Pedralta**, ein "Wackelstein" auf hohem Sockel. Er ist jedoch nur "Primus inter pares" in der grandiosen Granitfelsenlandschaft, in der die

Ockertöne des Gesteins mit dem Dunkelgrün der Pinien und Steineichen und dem strahlenden Blau des katalanischen Himmels wetteifern.

Am Strand von ST. FELIU entlang geht es auf der C 253 weiter nach PLATJA D'ARO. Dazwischen liegt S'AGARÓ, aber der Brei der Hotels und Ferienhochhäuser ist bereits zusammengeflossen.

PLATJA D'ARO besteht für den Durchreisenden aus einem Jachthafen und 5 Kreisverkehren. Folgt man

am Ortsbeginn nach rechts dem Wegweiser "Sa Conca" (an einer Mole und dem Campingplatz "El Pinell" vorbei), so erreicht man auf dem Weg zum Jachthafen einen schön schattigen Picknickplatz, der mal für WOMOs offen ist, mal ist Camping verboten und mal ist die Zufahrt nur bis 2 m Höhe erlaubt – sehen Sie selbst. Immerhin gibt es weiteren, nicht eingeschränkten Parkraum längs der Straße.

(92) WOMO-Picknickplatz: Platja D'Aro (Sa Conca)
GPS: N 41° 48' 04.9" E3° 03' 41.7"; 3 m. **Max. WOMOs:** 2-3.
Ausstattung/Lage: Tisch & Bank, Baumschatten, Mülleimer/Ortsrand.
Hinweis: Zur Traumbucht "Sa Conca" 400 m durch den Pinienwald, dort Duschen.

Von hier aus schlendert man in wenigen Minuten durch eine Pineta zu einer wirklichen Traumsandbucht.

Nimmt man die nächste Abfahrt nach PLATJA D'ARO, so findet man den sehr schön am Strand gelegenen Campingplatz "Vall d'Or" [N41° 48' 16.7" E3° 03' 47.6"].

Bei der Weiterfahrt durch PLATJA D'ARO können wir den absoluten Höhepunkt Costa-Bravouröser-Urlaubsvermarktung bewundern: Restaurants, Andenkenbuden, Spielhallen, Schießbuden, Autoscooter, Hau-den-Lukas – man hat nichts, aber auch gar nichts vergessen, um dem Urlauber die letzten Kröten aus der Tasche zu locken!

Cala Cap Roig nördl. PLATJA D'ARO

Am letzten Kreisverkehr halten wir halb rechts Richtung SANT ANTONI DE CALONGE. Nach 3 km verlassen wir bei einem Kreisverkehr mit drei Palmen und einem alten Olivenbaum die Küstenlinie (Wegweiser: CALONGE/GIRONA), halten uns vor der Schnellstraße C 31 (bei einem Metallkugelgerüst) halb links Richtung ROMANYÀ DE LA SELVA.

Schmal und kurvig geht es ins Landesinnere. Bei »km 8,7« biegen wir rechts, **Cova d'en Daina** (Dolmen) steht auf dem Hinweisschild.

Vom Parkplatz [N 41° 51' 24.4" E2° 59' 28.5"] führt ein kurzer Spazierweg durch ein kleines Korkeichenwäldchen. Bereits vor 4000 Jahren wurde die enorme Grabanlage errichtet. In einem Kreis aus aufrecht stehenden Steinplatten (Durchmesser: 10 m) führt ein steinerner Gang zur eigentlichen Grabkammer, die von drei gewaltigen Monolithen abgedeckt ist (der vierte ist im Laufe der paar Jahre abhanden gekommen).

Dolmen Cova d'en Daina

Schade, dass der nette Parkplatz so (gefährlich!) nahe der Straße liegt. Wir fahren deshalb noch 800 m weiter bis nach ROMANYÀ DE LA SELVA und schwenken links zum ausgewiesenen, großen und ebenen Wiesenparkplatz.

(93) WOMO-Stellplatz: Romanyà de la Selva
GPS: N 41° 51' 10.8" E2° 59' 03.7"
Max. WOMOs: > 5.
Ausstattung/Lage: Baumschatten, Liegewiese, Brunnen, empfehlenswerte Gaststätte "Can Roquet", Kirchenbesichtigung, Wanderwege/Ortsrand.
Zufahrt: siehe Text.

ROMANYÀ DE LA SELVA, rechts der Einfahrt

So klein das Dörfchen ist, so sehenswert ist jeder Stein! Höhepunkt des winzigen Erkundungsrundganges ist die romanische Kirche Sant Marti (X. Jh.). Den gewaltigen Kirchenschlüssel bekommt man im Haus hinter dem Brunnen.

GIRONA, die Stadt der "Tausend Belagerungen" ist unser nächstes Ziel. Iberer, Römer und Spanier bauten an ihrem Festungsgürtel oberhalb der Mündung des Onyars in den Riu Ter, das Rolandslied besingt den Kampf gegen Karl den Großen, sieben Monate widerstand man der Belagerung durch die Soldaten Napoleons...

Wir fahren zunächst durch dichte Bewaldung aus Pinien und Korkeichen bis zur >C 65<, schwenken dort rechts, über LLAGOSTERA geht's Richtung GIRONA. Ein letzter Zwischenstopp lohnt sich in QUART D'ONYAR, dessen **Keramiktradition** auf das 16. Jh. zurückgeht. Heute fertigen nur noch wenige Betriebe schwarze und braune Tongeräte für den Haus- und Gartengebrauch. Durch QUART D'ONYAR hindurch halten wir weiter auf GIRONA-Est zu.

Costa Brava, Girona und alte Iberer

Im Ort überqueren wir den **Riu Onyar** nach links, schwenken auf der Gran Via Jaume I. wieder rechts, unterqueren die Bahnlinie und suchen uns unter der Vielfalt der dahinter am Rande des Parc de la Devesa angebotenen Parkplätze den passenden aus.

> **(94) WOMO-Stellplatz: Girona (Parc de la Devesa)**
> **GPS:** N 41° 59' 19.1" E2° 49' 21.6" **WOMO-Zahl:** >5.
> **Ausstattung/Lage:** keine, unruhig/Ortsrand. **Zufahrt:** siehe Text.

Wir beginnen unseren Stadtrundgang, indem wir zunächst diesseits des **Riu Onyar** nochmals die Bahnlinie unterqueren. Das erste Gebäude dahinter ist das **Informationsamt**, wo man einen schön bebilderten Stadtplan mit empfohlenen Touristenwegen erhält. Sehenwert sind sowohl die **Caseas de l'Onyar**, die zusammenhängende Häuserzeile auf der gegenüberliegenden Seite des Flusses als auch die dicken Karpfen in seinem träge fließenden Wasser.

Girona, Caseas de l'Onyar

Am Ende der **Plaça de la Independencia** (mit schattigen Cafés unter den Arkaden) überqueren wir den Onyar, schwenken nach links und marschieren durch die Carrer de la Força auf die **Kathedrale** zu. Rechts und links zweigen schmale Gässchen ab. Wir sind in **El Call**, dem ehemaligen Judenviertel der Stadt. 90 breite, saubere Marmorstufen (die größte Barocktreppe Europas) führen hinauf zur riesigen gotischen **Kathedrale**, der man eine Barockfassade vorgesetzt hat. Enorm weit und hoch wirkt der **ein**schiffige Kirchenraum (er ist der größte gotische Kirchenraum auf der Welt). Im Tesoro, der Schatzkammer, ist nicht nur eines der schönsten Exemplare des Beatus zu bestaunen, sondern auch der berühmte Schöpfungsteppich, eine Stickerei aus dem XII. Jh..

GIRONA, Barockfreitreppe, Kathedrale und Kreuzgang

Dann umkreisen wir die **Kathedrale** gegen den Uhrzeigersinn, halten uns immer links, marschieren unterhalb der Mauern des Kreuzganges durch einen Park. Am Ende der Mauern, wir haben einen mächtigen Rundturm passiert, geht es rechts zu

den **Banys Àrabs** (10.00 - 19.00 Uhr offen). Das arabische Bad ist ein römisches Bad! So, wie Sie sich eine finnische Sauna bauen, war im 12. Jh. unter Römern der maurische Stil modern und man schwitzte eben auf arabisch.

Vorbei an der Klosterkirche **St. Pere** (die jetzt das archäologische Museum beherbergt, offen 10.30 - 13.30/16.00 - 19.00 Uhr, So. 10.00 - 14.00 Uhr) und der **Kapelle St. Nicolau** kommen wir zur **Pfarrkirche St. Fèlix** mit dem auffälligen gotischen Glockenturm, dem die letzte Spitze fehlt. Von hier aus sind es nur noch wenige Schritte bis zum Riu Onyar, wo Sie entweder gleich nach rechts zum WOMO zurückmarschieren oder links an der **Plaça de la Independencia** einen Eiskaffee schlürfen.

Fazit: GIRONA ist ein sehenswertes Städtchen, in dem wir gern mal wieder bummeln werden!

Direkt vor unserm Parkplatz führt die Ausfallstraße über den **Riu Onyar**; wir folgen den Wegweisern Richtung PALAMÓS.

Eine ganze Weile fahren wir zwischen dem Fluss (links) und der Bahnlinie (rechts) dahin, bleiben immer auf der >C 66< Richtung PALAMÓS.

Dali-Fans, aufgepasst!

Nach etwa 18 km müssen Sie rechts über LA PERA nach PUBOL abzweigen, wo der Surrealist Dali seiner verehrten Frau Gala die **Burg** der Barone von Pubol zum Geschenk machte. Die Ausgestaltung der Innenräume dient ihrer Vergötterung.

PUBOL, Gala-Burg

Für den WOMO-Touristen wartet 500 m vor dem Örtchen beim Sportplatz ein **Wasserhahn** und am Ortsbeginn rechts ein Riesenparkplatz, für den Dali-Verächter lohnt sich immerhin ein gemütlicher Bummel durch das mittelalterliche Örtchen mit seinen säuberlich gepflasterten Gassen.

> **(95) WOMO-Stellplatz: Pubol**
> **GPS:** N 42° 00' 53.7" E2° 58' 55.6"
> **WOMO-Zahl:** > 5.
> **Ausstattung/Lage:** Mülleimer, Wasserhahn 500 m vorher links, Gaststätten in der Nähe, Dali-Läden/Ortsrand.
> **Zufahrt:** siehe Text.

In LA BISPAL sucht der kunsteifrige Tourist mühsam nach den Resten des **Bischofspalastes**,

der im XI. Jh. als Burg errichtet wurde. Viel einfacher hat es der Souvenirkäufer, denn LA BISPAL ist die dritte der großen **Keramik**städte Kataloniens – und die mit der größten Auswahl! Rechts der Durchgangsstraße kann man parken und links einkaufen.

Ach ja, der Bischofspalast! Ihn entdeckt man, wenn man nach dem Keramiktrubel das trockene Bett des **Riu el Daro** überquert hat (man beachte die alte Brücke mit den zwei gewagten Bögen rechts) und in die nächste Seitenstraße rechts abbiegt (nach 150 m rechts **Brunnen**).

Der Bischofspalast, nach 200 m links, ist ein schönes Beispiel für spätgotische Profanarchitektur.

300 m nach dem Ortsendeschild geht es am Kreisverkehr links nach ULLASTRET, der bedeutendsten iberischen Ausgrabungsstätte Kataloniens.

Halt, nicht so schnell! Wir kurven am Kreisverkehr scharf nach links und parken hinter dem Bolzplatz vor den ersten Häusern von VULPELLAC.

VULPELLAC, Burginnenhof

---

(96) WOMO-Stellplatz: Vulpellac
GPS: N 41° 57' 33.8" E3° 03' 21.0" **WOMO-Zahl:** 2-3.
Ausstattung/Lage: Bänke, Bolzplatz, Kinderspielplatz/Ortsrand. **Zufahrt:** siehe Text.

Fein haben sich die Gassen und Häuser herausgeputzt, alles ist in Naturstein gemauert und gepflastert.

Unmittelbar neben der Kirche ragen die Zinnen der **Burg** von VULPELLAC empor. In ihrem Innenhof entdecken wir mehrfach den eingemeißelten Spruch: „EGO SUM QUI PECAVI – ich war es, der sündigte!"

Ritter Miguel Sariera fühlte sich gehörnt – und was macht ein spanischer Grande in diesem Fall? Nein, dieser spießte nicht den Nebenbuhler auf, sondern ließ seine Frau lebendig einmauern. Als sich deren

Unschuld herausstellte, ließ er den Spruch zur Warnung an die männliche Nachwelt einmeißeln, bestellte die Maurer wieder, und ließ sich im Nachbargemach einmauern. So berichtet uns die schaurige Legende aus dem Jahre 1533.

Beim Bummel entdeckt man am Beginn der Plaça Llarga einen heftig sprudelnden **Brunnen**.

Nun aber geht's zum Dörfchen ULLASTRET. 400 m hinter dem Ortsende führt eine Stichstraße nach rechts zum großen Wiesenplatz mit Brunnen, dem ersten Parkplatz der Ausgrabungsstätte (wer schön „bitte, bitte" macht, kann sich ein paar Schritte Anmarsch sparen und bis zum 2. Parkplatz vor dem Haupttor der Stadtmauer rollen).

> **(97) WOMO-Stellplatz:**
> **Ullastret**
> **(Puig de St. Andreu)**
> **GPS:** N 42° 00' 25.6" E3° 04' 36.2"
> **WOMO-Zahl:** 3-4.
> **Ausstattung/Lage:** Bänke, Brunnen, Schatten, Liegewiese/außerorts.

ULLASTRET, Stadtmauer der iberischen Siedlung

Gewaltig sind die Mauern aus unterschiedlich behauenen Steinquadern, Rundtürme verstärken die Wehr. Sie beschützten seit dem 6. Jh. v. Chr. die iberische Siedlung auf dem **Puig de St. Andreu**. Weitreichende Handelsbeziehungen mit Griechen und Phöniziern zeigen sich, wenn man die Funde in dem bestens ausgestatteten Museum betrachtet (deutsches Begleitheft erhältlich).

ULLASTRET, Tempel (III. Jh. v. Chr.)

Auch Graf Dracula scheint hier sein Unwesen getrieben zu haben! Wie sonst erklären Sie sich die Funde von Menschenschädeln mit scharf geschliffenen Zähnen und solchen, die von einem Eisennagel durchbohrt sind.

Die äußerst gepflegte, parkähnliche Anlage bietet den richtigen Rahmen, um die Ausgrabungen genießen zu können (offen: 10.00 - 19.30 Uhr, mo. geschl.; der Parkplatz scheint uns übernachtungsgeeignet zu sein).

TOUR 8 (ca. 220 km / 4 Tage)

Llafranc – Begur – Torroella – L'Estartit – L'Escala – Castelló d'Empúries – Roses – Cala Jóncols – El Port de la Selva – Llançà – Colera – Portbou

Freie Übernachtung:	Kap Roig, Begur, Platja de Pals, St.Pere Pescador, NSG de l'Empordà, Cala Montjoi, Cala Joncols, St. Pere de Rodes.
Trinkwasserstellen:	Torroella, NSG de l'Empordà, Castelló d'Empúries.
Campingplätze:	u. a. Calella, Llafranc, Platja de Pals, L'Estartit, Sant Marti.
Baden:	Tamariu, Aiguablava, L'Estartit, Empúries, St. Pere Pescador, Cala Montjoi, Cala Joncols, La Selva, Llança, Colera.
Besichtigungen:	u.a. Kap Roig, Empúries, NSG de l'Empordà, Portlligat.
Wandern:	u.a. NSG de l'Empordà, Kap Norfeu.

Römer, Reiher, Störche, Strände 145

Am Ortsbeginn von LLAFRANC biegen wir an einem großen Kreisverkehr rechts Richtung CALELLA (fahren Sie ja nicht nach LLAFRANC hinein, Sie werden dort steckenbleiben). Auch CALELLA lassen wir links liegen, folgen den Wegweisern zum **Cap Roig**. Dort oben findet man wenigstens einen Parkplatz und kann von 9.00 - 20.00 Uhr den „**Russengarten**" besichtigen. Der russische Oberst Wrevowsky hatte sich rechtzeitig während der Oktoberrevolution ins sonnige Spanien abgesetzt, mit seiner englischen Frau an diesem Platz ein kleines Schlösschen gebaut und einen prachtvollen Garten angelegt. Die umfangreiche, äußerst gepflegte Sammlung

subtropischer Pflanzen kann bewundert und gleichzeitig die Aussicht über die Steilküste genossen werden. An dieser Stelle möchten wir die Bank von Girona loben, die die Schirmherrschaft über die Anlage übernommen hat.

(98) WOMO-Stellplatz: Cap Roig / Botanischer Garten
GPS: N 41° 52' 36.3" E3° 10' 30.1"; 92 m.
WOMO-Zahl: 2-3.
Ausstattung: Schattenbäume, Mülleimer.
Zufahrt: siehe Text.

Auch der **Leuchtturm** am Kap von SANT SEBASTIÀ bietet einen schönen Blick über die Bucht von LLAFRANC. Man kehrt zum Kreisverkehr von LLAFRANC zurück, fährt weiter Richtung TAMARIU und biegt nach 3,2 km rechts in die Stichstraße zum **Far Sant Sebastià**.

Im Hotel/Restaurant "El Far"

(99) WOMO-Stellplatz: Far Sant Sebastià
GPS: N41° 53' 46.2" E3° 12' 07.6"; 160 m. **WOMO-Zahl:** 1-2.
Ausstattung/Lage: Gaststätte, Mülleimer/außerorts bei Einzelgebäude.
Hinweis: Übernachtungswunsch bitte in der Gaststätte (gehobene Preisklasse) ankündigen.

Vor, neben und unterhalb des Hotel/Restaurant "El Far" gibt es eine ganze Reihe von aussichtsreichen Parkplätzen (besonders schön ist der nächtliche Blick hinab nach Llafranc). Teile des Hotelgebäudes wurden sehr schön in die ehemalige Eremita integriert, nebenan sind Ausgrabungen einer iberischen Siedlung im Gange.

Bei der Weiterfahrt Richtung AIGUABLAVA gibt es durchaus einige Parkmöglichkeiten am Straßenrand – sei es für einen kurzen Badestopp oder um den Blick auf den absolut wildesten Abschnitt der **Costa Brava** zu genießen. Auch am Strand von AIGUABLAVA, unterhalb des Paradors, waren bei unserem Besuch noch eine ganze Reihe von (schrägen) Parkplätzen [N41° 55' 59.2" E3° 12' 54.9"] frei.

Dann hechten wir wieder den Hang hinauf, denn BEGUR liegt „piratensicher" in 200 m Höhe und 3 km von der Küste entfernt. Trotzdem ging man auf Nummer sicher und verzichtete nicht auf eine Festung, die den Ort weit oben auf dem Berggipfel überragt. Wer zu faul war, bis zur Festung auf den Bergkegel zu flüchten, baute sich einen eigenen Wehrturm. Einige der zweistöckigen, runden, zinnengekrönten Türme sind noch erhalten. Folgt man dem Wegweiser zum kommunalen Parkplatz, so hat man nur wenige Schritte hinauf zum Zentrum (Plaza de la Vila) und entdeckt unterwegs die Pizzeria "Pizzeta" mit schönem Biergarten und die Cafeteria "Toth@ra" mit Internetanschluss.

(100) WOMO-Stellplatz: Begur
GPS: N41° 57' 14.4" E3° 12' 18.3"; 175 m. **WOMO-Zahl:** > 5.
Ausstattung/Lage: Gaststätten, Mülleimer/im Ort. **Zufahrt:** siehe Text.

Unser letzter Besuch fiel auf "Sant Jordi", den 23. April. Sant Jordi (der Heilige Georg) ist der Schutzpatron Kataloniens und traditionell der Tag der Verliebten und der Tag des Buches. Der Mann schenkt seiner Liebsten eine rote Rose und die Frau den Männern ein Buch. Wenn man nach den historischen Wurzeln fahndet, dann ist die rote Rose wohl noch am ehesten der Dank der jungen Prinzessin, die von Georg befreit wurde, nachdem er einen fürchterlichen Drachen getötet hatte. Der Tag des Buches ist einfacher zu begründen, denn am 23.4. starben nicht nur William Shakespeare, sondern auch Miguel de Cervantes und Josep Pla, der bekannteste katalanische Autor.

Katalonien feiert ein Fest, alles ist unterwegs, Coblas (11-köpfige Kapellen) treten auf öffentlichen Plätzchen auf und spontan findet man sich zum Reigen der Sardana zusammen, dem katalanischen Volkstanz. Anschließend werden die Gaststätten zum Festessen gestürmt.

BEGUR, Sardanareigen am 23. April

Besonders schön ist ein Spaziergang durchs abendliche BEGUR mit seinem romantisch beleuchteten Gassen...

BEGUR mit zweistöckigem Rundturm am Abend

... oder ein morgendlicher Aufstieg zur Burgruine. Dort hat man einen kompletten Ausblick über die weitere Tour, speziell bis zum Strand von PALS und nach L'ESTARTIT mit den vorgelagerten Medes-Inseln.

Ein besonders sehenswertes Städtchen ist PALS, das noch weiter im Landesinneren liegt. Wir passieren REGENCÓS, nehmen am Ortsende verwundert eine Straußenfarm zur Kenntnis. Dann biegen wir am Kreisverkehr vor PALS zu dem kleinen Örtchen ab. Die Zufahrt in die Altstadt ist weder möglich noch

PALS, überbautes Gässchen

erlaubt, aber eine ganze Reihe von Parkplätzen ist ausgewiesen und meist auch überbelegt. Am ruhigsten steht man noch, wenn man am Ortsbeginn dem Wegweiser zum Parkplatz vor den Sportanlagen (Poliesportivu) mit Kinderspielplatz, Toiletten und Schattenbäumen folgt.

> **(101) WOMO-Stellplatz: Pals (Kinderspielplatz)**
> **GPS:** N41° 58' 15.8" E3° 08' 48.1"; 26 m.
> **WOMO-Zahl:** 2-3.
> **Ausstattung/Lage:** WC, Gaststätten im Ort, Mülleimer/Ortsrand.

Der ganze Ort sieht aus wie frisch geputzt, die Gassen sind kieselsteingepflastert und blumengeschmückt. Die wenigsten Touristen steigen hinauf zur Burg **Monte Àspero**, bestaunen den hohen **Torre de les Hores** (Stundenturm). Nur wenige Schritte sind es von hier zu einem Aussichtspunkt, der zu Ehren des katalanischen Schriftstellers "Mirador Josep Pla" genannt wurde. Bis zu den **Medes-Inseln** vor der Küste kann man hier blicken.

PALS, Torre de les Hores

PALS hat auch einen eigenen Strandbereich, die **Platja de Pals**. Es ist ein weiter, flacher Küstenstreifen südlich der Mündung des Flusses **Ter**. Dieser hat ähnlich wie der **Ebro** im Laufe der Jahrhunderte gewaltige Schlammassen abgelagert

Platja de Pals, Blick auf die Medes-Inseln

und eine ehemalige Meeresbucht aufgefüllt. Reisanbau wird hier ebenso betrieben wie im Ebrodelta. Der Küstenbereich gehört jedoch den Touristen! Wir folgen am Kreisverkehr dem Verkehrsschild **Platja de Pals**, passieren fünfstöckige Appartementhäuser und einen Golfplatz, nähern uns dem Ufer des **Ter**. Vorbei am Campingplatz **Playa Brava** erreichen wir den Strand, hinter dem die Straße mit einem großen sandigen Parkplatz neben einem Restaurant endet.

> **(102) WOMO-Badeplatz: Platja de Pals**
> **GPS:** N42° 00' 03.0" E3° 11' 50.1"   **WOMO-Zahl:** 3-4.
> **Ausstattung/Lage:** Sandstrand, Gaststätte, Mülleimer/Ortsrand.
> **Hinweis:** Camping verboten.

Kurz vor Ende des Strandes liegt links die Info-Stelle des NSG "Les Basses d'Encol" [N41° 59' 56.3" E3° 11' 21.1"]. Hier kann man auch parken und einen interessanten Spazierweg entlang der Ter-Mündung durch Reisfelder, Marschen und Dünen antreten.

Wir kehren nach PALS zurück, halten nach rechts auf TORROELLA DE MONTGRI zu.

Torroella, Blick auf das Castell de Montgri

Die ehemalige Bedeutung dieses Ortes erkennt man leicht an dem gewaltigen **Castell de Montgri**, das seinem Namen alle Ehre macht: Auf dem kahlen, grauen Berg erhebt es sich drohend und unnahbar in mehrerer Hinsicht. Keine Straße führt hinauf, und eine Stunde Fußweg wird auch den Piraten zu mühsam gewesen sein. Wer den Weg hinauf nicht scheut, wird zwar von einem hervorragenden Rundblick belohnt, hat jedoch eine Festung "erobert", die nie vollendet wurde. Die einstige Hafenstadt TORROELLA versandete ab dem 14. Jh., liegt heute 6 km vom Meer entfernt und brauchte keine Festung mehr. Neuer Hafen von TORROELLA wurde L'ESTARTIT. Heute ist L'ESTARTIT ein wichtiges touristisches Zentrum mit einem riesigen Parkplatzangebot an seiner 5 km breiten Sandbucht (die schönsten Plätze und der gesamte Strand sind für WOMOs gesperrt).

L'Estartit, Strandzufahrt und Parkstreifen rechts davon

Rechts der Strandzufahrt [N42° 02' 58.3" E3° 11' 49.3"] noch vor dem "Picknick-verboten-Wäldchen" sowie hinter ihm [N42° 02' 51.4" E3° 11' 44.4"] findet man schöne Badeparkplätze, wo man (zumindest außerhalb der Saison) auch übernachten kann (am linken Ende der Strandstraße öffentliche Toilette).

Eine Unmenge weiterer Plätze findet man, wenn man sich 300 m vor dem Strand rechts hält, den Campingplatz "El Molino" und ein Wiesengelände mit Tamariskenbüschen passiert und immer weiter nach Süden (Richtung Ter-Mündung) vordringt. Dieses naturbelassene Gebiet sollte auch für den Tourismus geopfert werden, dann wurden jedoch plötzlich die Erschließungsarbeiten abgebrochen ...

L'Estartit, Badebereich Richtung Ter-Mündung

Berühmt wurde L'ESTARTIT als Taucherzentrum, nachdem die vorgelagerten **Medes-Inseln** zum Naturschutzgebiet erklärt worden waren. Herrliche Korallenbänke (u. a. mit der Hornkoralle und der roten Edelkoralle) haben sich seitdem wieder entwickelt. Falls Sie zufällig keine Taucherausrüstung dabei haben sollten: Glasbodenboote fahren regelmäßig zu den Inseln, somit können Sie die bunte Unterwasserwelt "trockenen Fußes" bewundern.
Ob die "alten Griechen" für ihre Angebetete hier auch nach Korallen tauchten?
Sie haben richtig gelesen: Bereits im 6. Jh. v. Chr. landeten griechische Seefahrer aus Phokäa (nahe Izmir) an dieser Küste und gründeten die Kolonie Emporion (griech. = Markt). Wir sind über TORROELLA (links der Durchgangsstraße großer Schotterparkplatz mit Schattenbäumen, Wasserhahn und Toiletten [N42° 02' 31.5" E3° 07' 43.6"]) nach L'ESCALA gedüst. Schwenkt man am nördlichsten Ortsende rechts, so findet man dreierlei Möglichkeiten, sich im Wasser zu erfrischen:

---

(103) WOMO-Badeplatz: L'Escala (Hallenbad)
GPS: N42° 07' 19.8" E3° 07' 44.7" WOMO-Zahl: 2-3.
Ausstattung/Lage: Sandstrand, Gaststätte, Mülleimer/Ortsrand.

Nach rechts abgebogen passiert man die Abzweigung zum Hallenbad mit großem Parkplatz davor, dann kommt ein knapper Parkstreifen direkt am Sandstrand beim einarmigen Fackelträger [N 42° 7' 36.5" E 3° 7' 36.7"] und neben ihm ein Fußweg zu den Ausgrabungsstätten mit weiterem Badestrand.

Dann rollen wir nach links in das Ausgrabungsgelände (offen: 10.00 - 20.00 Uhr) hinein; der Parkplatz [N42° 07' 49.8" E3° 07' 12.7"] ist groß, hat Schattenbäume an seinem Rande – und liegt nur wenige Schritte vom Sandstrand entfernt . Die Zufahrt zu ihm bzw. seinem Parkplatz führt unmittelbar vor dem Eingang zum Grabungsgelände rechts sehr steil (?) hinab (Gebühr: 2 Cent/Minute).

Ruines d'Empúries, Mosaikfußboden in der römischen Stadt

Zunächst aber durchstreifen wir die alte griechische Stadt, steigen dann weiter hinauf zur Römerstadt, besichtigen die schönen **Mosaikfußböden** einiger Wohnhäuser, Reste von

Ruines d'Empúries, Stadtmauer der römischen Stadt

Tempeln, das **Forum**, die römische **Stadtmauer** mit dem gewaltigen **Phallussymbol** rechts des Haupttores.
Freiwillig hatten sich die Griechen 218 v. Chr. den Römern unterworfen, um mit ihnen gegen die Karthager zu kämpfen. Im 2. Jh. setzte der Niedergang **Emporias** ein, so wie die

Bedeutung von TARRAGONA wuchs. Ende des 3. Jh. wurde es aufgegeben, verfiel und wurde erst 1908 von der Wissenschaft wieder entdeckt.
Sie haben Ihren Rundgang beendet und im Museum auch die großen Begleitkarten in deutscher Schrift links des Einganges entdeckt? Oder machte es mehr Spaß, am Bildschirm per Knopfdruck noch einmal über das Ausgrabungsgelände zu eilen? Sie haben auch das verdiente Bad genossen? Dann sind Sie fit für EL CORTALET im NSG L'Emporda!
Am Beginn der Stichstraße zu der Ruinenstadt biegen wir rechts Richtung FIGUERES/GIRONA, zweigen aber nach weiteren 900 m rechts ab nach SANT MARTÍ DE EMPÚRIES. Dort gibt es rechts und links der Straße Parkplätze, bewachte und unbewachte, wo man eventuell auch übernachten könnte. Auch eine ganze Reihe von riesigen Campingplätzen direkt

hinter dem Strand passieren wir auf der Weiterfahrt nach SANT PERE PESCADOR. Von dort aus führen zwei Stichstraßen zum Meer, es gibt reichlich Parkraum – für Wohnmobile jedoch sind die besten Plätze am Strand durch Verbotsschilder und 2,1-m-Balken verwehrt. Am besten hat uns das Areal am Ende der ersten Stichstraße gefallen (Wegweiser: Urb. Mas Sopes). Rechts und links der Straße gibt es viel Parkraum – nur 100 m vom Sandstrand entfernt.

> **(104) WOMO-Badeplatz: Sant Pere Pescador / Mas Sopes**
> **GPS:** N 42° 10' 55.4" E3° 06' 32.6"   **WOMO-Zahl:** 3-4.
> **Ausstattung/Lage:** Sandstrand, Kite-Spot, Mülleimer/außerorts.

Am Ende der zweiten Stichstraße, die man 600 m später entdeckt, ist das Parkplatzangebot [N 42° 11' 19.7" E3° 06' 29.0"] wesentlich geringer.

In SANT PERE PESCADOR überqueren wir den **Fluvià**, auf dem ein reges Bootstreiben herrscht. Am Kreisverkehr am Ortsende fahren wir zunächst geradeaus, nach 50 m links (alle Richtungen). Nach 600 m schwenkt die Hauptstraße nach rechts, wir rollen geradeaus zum Park am Fluss.

> **(105) WOMO-Picknickplatz:**
> **Sant Pere Pescador**
> **(El Fluvià)**
> **GPS:** N 42° 11' 06.5" E3° 04' 57.8"; 15 m.
> **WOMO-Zahl:** 3-4.
> **Ausstattung/Lage:** Schattenbäume, Tisch & Bank, Kinderspielplatz, Flusswanderweg, Mülleimer/Ortsrand.
> **Zufahrt:** siehe Text.

Wenige hundert Meter weiter Richtung ROSES (am Ortsendekreisel rechts) beginnt der **Parc natural Aiguamolls de l'Empordà**. Drei Flüsse, **el Fluvià**, **la Muga** und **el Llobregat**, haben mit ihrer Schlammfracht den See von CASTELLO D' EMPÚRIES zugeschüttet, ja die ganze Meeresbucht in ein riesiges Marschland verwandelt. Die sich ausdehnende Landwirtschaft, vor allem aber der Bau touristischer Anlagen, sorgten für eine weitgehende Trockenlegung dieser wichtigen Zugvogelstation. Erst 1976 wurde unter dem Motto "Die letzten Sümpfe des Empordà sind in Gefahr" der Verlust der natürlichen Lebensräume aufgezeigt und 1983 das verbliebene Sumpfgebiet unter Naturschutz gestellt.

Wir merken uns nach 2 km die Abzweigung zum Camping "Nautic al Mata" und biegen 1,8 km später rechts zum Informationszentrum **El Cortalet** (offen: 9.30 - 14.00/16.30 - 19.00 Uhr [N42° 13' 27.9" E3° 05' 31.9"]). Dort findet man schön angelegte Picknickplätze (an denen man aber nicht übernachten darf) und ein gut ausgestattetes Informationsbüro.

Man freut sich über unseren Besuch, erzählt uns von der Vogelwelt des Naturparks und bedauert gleichzeitig, dass der Zeitpunkt unseres Aufenthaltes nicht gerade ideal für die Vogelbeobachtung ist. Trotzdem marschieren wir den **Beobachtungsweg de la Massona** entlang bis zu den vier stillgelegten Reistürmen. Auf einem von ihnen ist der höchstgelegene Ausguck des Naturparks eingerichtet worden, der gleichzeitig einen Panoramablick über das ganze Gebiet garantiert: Dünen, überschwemmte Wiesenflächen, Süßwasserseen, Brackwasserlagunen – wohin hätte die durchziehende Vogelwelt ausweichen sollen, wenn dieses Paradies unter Beton erstickt worden wäre?

Wir genießen die Kühle des Picknickplatzes – auch eine Übernachtungsmöglichkeit hat man uns verraten! Zu ihr fährt man 1,8 km zurück zu der Campingabzweigung und findet bereits nach 600 m links den Wanderparkplatz mit Übernachtungsgenehmigung.

(106) WOMO-Wanderparkplatz: Al Mata
GPS: N42° 12' 46.3" E3° 05' 29.1" **Max. WOMOs:** 3-4.
Ausstattung/Lage: Wanderweg, Mülleimer/außerorts. **Zufahrt:** siehe Text.

Wir halten weiter auf CASTELLÓ D'EMPÚRIES zu, gleich muss der **Riu Muga** kommen. Unmittelbar vor ihm zweigt am Kreisverkehr nach rechts ein Teersträßchen zum Campingplatz "Laguna" ab.

Wir folgen einem PKW, der vollgepackt ist mit einheimischen Badeurlaubern (was wollen die auf dem Campingplatz?). Da staubt es: Das Gefährt nach 1250 m rechts in einen Schotterweg hinein – wir folgen ihm ohne zu zögern über eine schlechte (**?**) Schotter- und Sandpiste mit Wellblechrillen und landen an der **Platja de Can Comes** [N 42° 13' 35.5" E 3° 7' 2.7"], einem Stück Sandstrand inmitten des Naturschutzgebietes, der nur vom 15. Juni bis 15. September besucht werden darf – und inzwischen mit einem 2-m-Balken versperrt sein soll.

Am Kreisverkehr machen wir nach links einen Abstecher nach CASTELLÓ D'EMPÚRIES. Eine Eisengitterbrücke führt uns über den **Muga**, weiter flussaufwärts präsentiert sich uns die **Pont Vell** (alte Brücke), ein schöner gotischer Backsteinbau mit sieben Bögen. Gleich hinter der Brücke sollte man links abbiegen und den ausgewiesenen Parkplatz nicht ausschlagen, denn mittelalterliche Städtchen sind nichts für WOMOs!

> **(107) WOMO-Stellplatz: Castello d'Empúries (Sportplatz)**
> **GPS:** N42° 15' 21.7" E3° 04' 22.1"   **Max. WOMOs:** 3-4.
> **Ausstattung/Lage:** Flusswanderweg, Mülleimer, Wasserhahn beim benachbarten Kinderspielplatz/außerorts.
> **Hinweis:** Weiterer großer Parkplatz bei der alten Brücke 300 m weiter.

Wir bummeln zur **Basilika Santa Maria**, der Kathedrale des Empordà mit ihrem Portal aus Pyrenäenmarmor. An der **Plaça dels Homes** liegt die ehemalige Seehandelsbörse (**Llotja de Mar**), das jetzige Rathaus.

Dann ist es Zeit, den bedeutendsten Ferienort der Pyrenäenküste zu besuchen. ROSES wurde im 4. Jh. v. Chr. als griechische Kolonie Rhode gegründet. Auch im Mittelalter besaß der Hafen große Bedeutung, weil CASTELLÓ DE EMPÚRIES, die damalige Hauptstadt des Empordà, immer weiter verlandete. Wir stoppen am Ortsbeginn gegenüber der riesigen, sternförmigen **Befestigungsanlage** aus dem 16. Jh., deren 2000 Soldaten den Hafen schützen sollten. In der Anlage (offen: 9.00 - 20.00 Uhr) kann man die Kirche Santa Maria eines ehemaligen Benediktinerklosters aus dem 11. Jh. anschauen. Es dürfte eines der ältesten Beispiele romanischer Kirchenarchitektur Kataloniens sein.

Aber wo parken? Sämtliche Plätze sind mit WOMO-Verbotsschildern zugepflastert! Es fällt uns nicht schwer, ROSES feierlich die **silberne Zitrone** der wohnmobilfeindlichsten Stadt Kataloniens zu verleihen!

Natürlich haben wir trotzdem noch einen Platz für Sie gefunden. Er liegt 500 m östlich des Kastells bei den Sportanlagen.

> **(108) WOMO-Stellplatz: Roses (Sportanlagen)**
> **GPS:** N42° 16' 06.6" E3° 10' 47.5"   **Max. WOMOs:** 3-4.
> **Ausstattung/Lage:** Riesiger, hässlicher Schotterplatz/Ortsrand.
> **Zufahrt:** Hinter dem Kastell links halten zur Carretera del Mas Oliva.

Wir fahren nun immer zwischen Strand und Hotelbauten entlang. Gegen Ende des Strandbereiches (noch vor dem Hafen) folgen

wir nach links dem Hinweisschild **Cala Montjoi**, später ist auch **Dolmen Creu d'en Cobertella** ausgeschildert. Das schmale Teersträßchen führt uns am Hang empor. Nach 1400 m, in einer Rechtsserpentine, kann man links parken und einen gepflasterten Weg zum Dolmen hinaufsteigen (besser steht man 100 m weiter rechts!).

5000 Jahre hat die Begräbnisstätte gut überstanden; schräg

nach innen geneigte Steinplatten tragen einen riesigen Monolithen, der den 3 x 4 m messenden Innenraum abdeckt. Drei Steintafeln bilden einen nur kleinen Vorraum.

Die Teerstraße führt nun auf der Höhe entlang, rechts und links liegen aussichtsreiche Parkmöglichkeiten. Dann sinken wir zur **Cala Montjoi** hinab; vor der Mauer des Feriendorfes führt nach rechts eine Piste zu Stellplätzen am Kiesstrand.

> **(109) WOMO-Badeplatz: Cala Montjoi**
> **GPS:** N42° 15' 02.8" E3° 13' 35.8" **Max. WOMOs:** 2-3.
> **Ausstattung/Lage:** Kiesstrand, Gourmet-Gaststätte oberhalb/Ortsrand.

Sie wollen weiter die Küste erkunden?

Dann müssen Sie auf Asphalt verzichten und erreichen auf der gut unterhaltenen Schotterstrecke nach 1800 m die nächste Bucht (**Cala Calitjàs**), wo man neben der Straße parken kann und zum Strand hinablaufen muss.

Bereits 500 m später folgt der nächste Badeplatz (**Cala Pelosa**), zu dem auch ein betonierter Fahrweg hinab führt.

Nach 2,7 km Schotterbahn parken wir rechts der Straße [N42° 14' 51.4" E3° 14' 51.9"], ziehen griffige Turnschuhe an: Das **Kap de Norfeu** will erwandert werden!

> An einer Höhlenwohnung vorbei marschieren wir an der linken Hangkante entlang, unter uns vergnügen sich Taucher und Schnorchler im kristallklaren Wasser. Nach und nach können wir immer weiter in die nächste Bucht hineinblicken, die **Cala Jóncols**. Auch ohne Fernrohr kann man erkennen, dass eine ganze Reihe von WOMOs direkt am Strand steht. Wir erreichen nun ein Plateau, queren hinüber zur anderen Hangkante, stapfen vorbei an einem Schafstall mit zwei Tonnengewölben in Nur-Stein-Technik. Gleich darauf stehen wir am Kap und stellen uns vor, wie im Frühjahr und im Herbst riesige Zugvogelschwärme über uns hinwegziehen würden.

Küstenlinie beim Kap de Norfeu

Wenig später haben wir die letzten 3 1/2 km bis zur **Cala Jóncols**, die man ohne Übertreibung als Felsplattenpiste (**??**) beschimpfen kann, zurückgelegt, gesellen uns zur internationalen WOMO-Schar am Kiesstrand.

(110) WOMO-Badeplatz: Cala Jóncols
GPS: N42° 15' 12.9" E3° 15' 15.2"   **Max. WOMOs:** 2-3.
Ausstattung/Lage: Kiesstrand, gute Gaststätte, Taucherschule, Mülleimer/außerorts.

Zwei Restaurants und ein Basketballfeld vervollständigen das Strandangebot, das vor allem für Taucher und Schnorchler ein Paradies ist. Aber auch "normale" Badegäste kommen auf ihre Kosten. Dann jedoch fällt ein bitterer Wermutstropfen in unser Tourenprogramm: Die Weiterfahrt nach CADAQUÉS, für die unsere Karte ein prächtiges, gelbes Sträßchen bereithält, erweist sich als unmöglich zu befahrender Steinbruch (selbst Allradfahrzeugen schrecken davor zurück). Folglich kehren wir auf der gleichen, miesen (**??**) Bahn nach ROSES zurück, durchqueren den Ort und biegen kurz vor der Riesenfestung rechts Richtung CADAQUÉS.

Nun geht es bequem auf Teer links um den **Puig de Pení** herum; auf seiner Kuppe stehen Radartürme, an seiner Flanke drehen sich 5 große Windkrafträder. Es geht hinauf und hinab, die Abzweigung nach CADAQUÉS wird erreicht.

Dali-Fans haben schon heruntergeschaltet, denn CADAQUÉS und das dahinter liegende Fischerdörfchen PORTLLIGAT mit dem Wohnhaus des Meisters gehören zum Pflichtprogramm! Der einzige Parkplatz [N42° 17' 19.7" E3° 16' 27.2"] in CADAQUÉS ist gebührenpflichtig, über die Höhe der Gebühr schweigen wir lieber!

Aber wir wollen ja auch nach PORTLLIGAT, 1000 m weiter! Wir umrunden das Dörfchen im Uhrzeigersinn (als wollten wir zum **Cap de Creus** fahren), rollen dann hinab zum Hafenbecken [N42° 17' 41.7" E3° 17' 14.5"]. An seinem rechten Rand liegt unverkennbar (und wären es nur die Rieseneier auf dem Dach) das Domizil des Genies; die Besucher drängen sich vor dem Eingang.

Uns zöge es mehr zum **Cap de Creus**, die Zufahrt ist jedoch für WOMOs verboten....

Bei EL PORT DE LA SELVA erreichen wir erneut die Küste. Am Meer biegen wir rechts, passieren den Hafen (dort Bar "GUS" mit Internetcafé) und rollen immer weiter, bis nach 2 km, an der **Platja Tamariua**, die Straße zu Ende ist. Dort kann man parken [N42° 20' 42.7" E3° 12' 30.5"] und über Treppen zum Kiesstrand hinabsteigen. Wir kehren um, passieren ein zweites Mal den Hafen mit der großen Fischversteigerungshalle, rollen nun direkt hinter einem großen Sandstrandbogen entlang; Wohnmobile sind hier nicht erwünscht. Am Ende des Sandstrandes führt eine Straße 8 km hinauf ins Gebirge zum alten Benediktinerkloster **St. Pere de Rodes**.

Erst seit 1981 wird ernsthaft an der Restaurierung dieses herrlichen Beispieles romanischer Baukunst gearbeitet. Seit 950 wurde ununterbrochen an dem Klosterkomplex gebaut, umgebaut, erweitert, so dass wir einer Fülle von Baustilen gegenüberstehen. Eindrucksvoller Mittelpunkt ist zweifelsohne die großartige **Kirche** aus dem 10. Jh., ein herausragendes Beispiel der katalanischen Baukunst jener Zeit: Die dreischiffige Basilika besitzt ein Tonnengewölbe; vor den Pfeilern, auf das es sich stützt, stehen Säulen mit herrlichen Kapitellen, die an klassische, korinthische Arbeit erinnern, ja man hat fast den Eindruck, als stammten sie aus dieser Zeit. Wir hoffen nur, dass die Gebühr für den Parkplatz [**111:** N42° 19' 34.5" E3° 09' 38.8"], die hier oben in der Einöde erhoben wird, der weiteren Restaurierung der Klosteranlage zugute kommt. Vor dem Rückmarsch zum Parkplatz kann man unterhalb der Klosterkirche an einem Platanenplatz Ruhe, Aussicht und quellfrisches Wasser genießen.

Die Küstenstraße führt uns weiter nach LLANÇÀ. Wir passieren die Ampelanlage, wo wir später Richtung FIGUERES weiterfahren werden. Zunächst wollen wir jedoch die **Costa Brava** bis zum letzten Meter erforschen, bis zur französischen Grenze bei PORTBOU. Auf den nächsten Metern haben wir folgende Strände gesichtet: Nach 1000 m liegen rechterhand der Hafen und der feine Kiesstrand von LLANÇÀ [N42° 22' 24.0" E3° 09' 31.0"], nach weiteren 1000 m kommt ein Sandstrand mit einer ganzen Reihe von Parkplätzen (für WOMOs gesperrt). Wiederum nach 1000 m (damit man's leichter merken kann) die nächste Strandzufahrt (allerdings bis zur Straße hoch zugeparkt). Nochmals nach 1000 m die vierte Badebucht dieser Serie, diesmal mit Campingplatz und WOMO-Balken an der Zufahrt zu den schönsten Strandabschnitten.

Die Straße macht nun einen Schlenker ins Landesinnere, führt hinter COLERA vorbei. Fährt man (sehr schmal (**?**) mit vorwitzigen Balkons) nach COLERA hinein und vorne am Hafen links (als wolle man den Ort wieder verlassen), so kann man noch zur **Platja d'en Goixa** abbiegen. Die Parkplätze liegen oberhalb des Feinkiesstrandes [N42° 24' 24.1" E3° 09' 17.4"].

Die Pyrenäen reichen bis zum Meer! Hinter COLERA steigt die Straße in vielen Serpentinen hinauf, überquert gar einen kleinen Pass in 202 m Höhe. Dann kurven wir genauso serpentinig hinab nach PORTBOU, das dominiert wird von einer gewaltigen Bahnanlage. Seit 1929 existiert dieses Schienenmonster, nur weil wegen der größeren spanischen Spurbreite fast alle Züge gewechselt werden müssen.

Wir parken am Hafenbecken [N42° 25' 37.4" E3° 09' 44.6"] des umtriebigen, kleinen Ortes, wo man auf wenigen hundert Quadratmetern flanieren oder baden oder im Café sitzen kann. Rechts geht es hinauf zum kleinen Friedhof mit dem Grab des deutschen Philosophen Walter Benjamin. Ein eigenwilliges **Denkmal** „Passagen" in Form eines Stahlschachtes mit freiem Blick aufs Meer erinnert an die Flucht des Juden Benjamin vor den Nazis. Bereits im "freien" Spanien angekommen, wurde er doch noch verhaftet und nahm sich vor dem Rücktransport das Leben. Mit einem Blick über die Bucht und auf die bereits französischen Hänge der Pyrenäen beenden wir unsere Costa-Brava-Fahrt.

Römer, Reiher, Störche, Strände

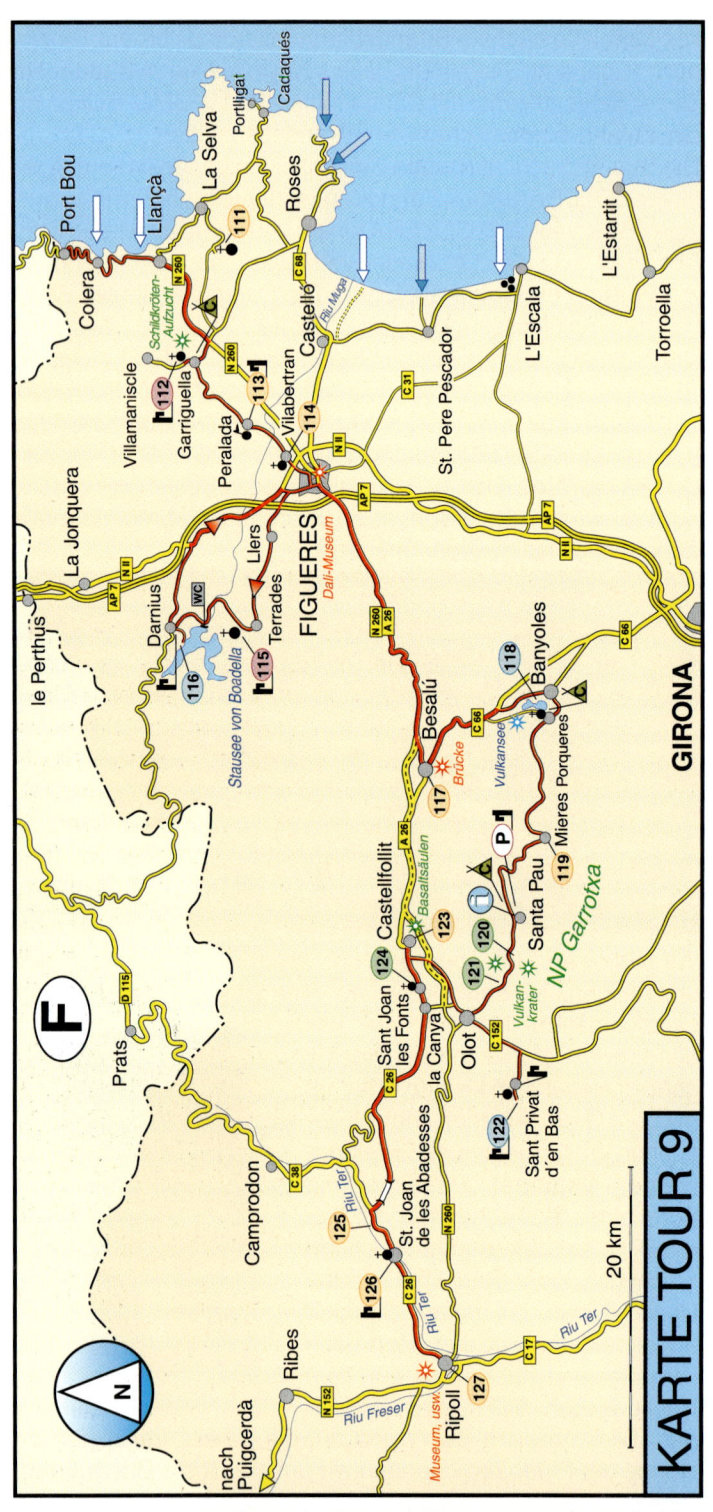

TOUR 9 (ca. 230 km / 3-4 Tage)

Llança – Garriguella – Peralada – Vilabertran – Figueres – Pantà de Boadella – Besalú – Banyoles – Olot – Castellfollit de la Roca – St. Joan de les Abadesses – Ripoll

Freie Übernachtung:	Garriguella, Peralada, Vilabertran, Stausee Boadella, Besalú, Banyoles, Sant Privat, la Canya, St. Joan de les Abadesses.
Trinkwasserstellen:	u.a. Garriguella, Peralada, Vilabertran, Darnius, Santa Pau.
Campingplätze:	u. a. Garriguella, Porqueres, Santa Pau.
Baden:	Llançà, Stausee Boadella, Banyoles.
Besichtigungen:	Schildkrötenaufzucht, Figueres, Besalú, Banyoles, Santa Pau, Castellfollit, la Canya, St. Joan les Abadesses.
Wandern:	u.a. Banyoles, NP Garrotxa, Sant Privat, la Canya.

Von PORTBOU bis LLANÇA sind wir den gleichen Weg zurückgekehrt (15 km, für die man einen Kurvenartisten braucht), fahren an der Ampelanlage geradeaus ins Landesinnere Richtung FIGUERES. Gut 8 km später verlassen wir die N 260 nach rechts Richtung GARRIGUELLA, am Ortsbeginn passieren wir einen schön angelegten Campingplatz, biegen am Ortsende rechts zum Kirchlein **Mare de Déu del Camp** (die Zufahrt ist ausgeschildert). Uralt ist die Legende von Karl dem Großen, der hier im 8. Jh. eine schwere Schlacht gegen die Mauren gewann und zum Dank an dieser Stelle eine Kirche bauen ließ. Freskenreste in der heutigen Ermita erzählen von diesem Ereignis. Auch die Inschrift über dem Portal erinnert an das Jahr 779. Winzig nur ist der Parkplatz vor dem Kirchlein, aber schattig und sehr gemütlich.

(112) WOMO-Picknickplatz: Mare de Déu del Camp
GPS: N 42° 20' 59.8" E3° 03' 51.4"
WOMO-Zahl: 3-4
Ausstattung/Lage: Tisch & Bank, Wasserhahn, Baumschatten, Mülleimer/Ortsrand.

Ausgewachsene WOMOs werden wohl mit dem Busparkplatz etwas unterhalb der Einsiedelei vorlieb nehmen müssen. Die zweite Attraktion des Areals ist eine sehr lebendige: Im C.R.T., dem **Centre de Reproducció de Tortugues de l'Albera** (offen: 10-13/15-17 Uhr, Mo zu), wimmelt es nur so von Schildkröten – kleinen, großen und riesigen, vor allem jedoch ganz kleinen, die hier geschlüpft sind und nun drei Jahre unter der Obhut von Sr. Xavier Capalleras aufwachsen. Jedes Jahr kann er ca. 200 dreijährige Schildkröten in die freie Wildbahn entlassen. Dann haben sie ihre gefährlichste Jugendzeit mit der höchsten Sterblichkeitsquote überstanden, und es ist zu hoffen, dass die *Tes-*

tudo hermanni, die Mediterranische Schildkröte, die in den letzten Jahren vom Aussterben bedroht war, bald wieder häufiger in der Bergkette von L'Albera anzutreffen ist. Wir schlendern durch das Gelände, das gleichzeitig

auch ein botanischer Lehrpfad ist und den Besuchern auch eine ganze Reihe anderer Schildkröten präsentiert. „Ja, einen Wasserhahn haben wir auch für Sie", betont Sr. Capalleras und empfielt uns seinen Busparkplatz für eine angenehme Nachtruhe.

Am nächsten Morgen führt unsere Weiterfahrt über PERALADA und VILABERTRAN nach FIGUERES. Wieder einmal sind wir für spanische Verhältnisse viel zu früh aufgestanden. Aber

Peralada, Schloss

vom **gotischen Schloss** in PERALADA in einem herrlichen Park mit künstlichem See darf man ohnehin nur einen Schnappschuss machen (die Innenräume beherbergen ein Spielcasino). Immerhin notieren wir am Ortsende links einen riesengroßen Parkplatz (mit Kapelle), wo man einen Bummel durch die Altstadt starten kann (vor dem Altstadttor ein **Brunnen**).

> **(113) WOMO-Stellplatz: Peralada**
> **GPS:** N 42° 18' 20.9" E3° 00' 31.0"; 26 m.   **WOMO-Zahl:** > 5.
> **Ausstattung/Lage:** Brunnen am Stadttor und an der Kapelle/Ortsrand.

Peralada, Altstadt

Genauso geht es uns in VILABERTRAN. Wir biegen am Ortsende am Kreiverkehr scharf links und rollen 300 m bis zum großen, ruhigen Parkplatz vor der dreischiffigen, romanischen Kirche des **Klosters Santa Maria** und bestaunen auch den hohen quadratischen Glockenturm – aber das Kircheninnere könnten wir, wie üblich, erst ab 10.00 Uhr besichtigen.

> **(114) WOMO-Stellplatz: Vilabertran**
> **(Kloster Santa Maria)**
> **GPS:** N 42° 16' 55.1" E2° 58' 42.8"; 21 m.
> **WOMO-Zahl:** 3-4.
> **Ausstattung/Lage:** Dixi-Klo, Grünanlage mit Bänken und Koi-Teich 100 m/Ortsrand.

So düsen wir weiter nach FIGUERES, das überragt wird von der **Riesenfestung San Ferran**, die mit ihrem Durchmesser von 5 km einen ganzen Berg einnimmt und nach wie vor militärisch genutzt wird.

Nahezu alle Besucher von FIGUERES gehen ins **Theater**. Dabei findet hier überhaupt keine Vorstellung statt, es ist **nur ein Museum** (Wegweiser: Museu Dali [N42° 16' 06.6" E2° 57' 32.3"])! Einen großen, **kostenlosen Parkplatz** findet man nur 500 m entfernt in der Carrer Rec. Arnau [N42° 16' 16.1" E2° 57' 36.0"].

Figueres, Dali-Museum

Warum aber stehen die Besucher von 9.00 - 19.15 Uhr und sogar von 22.00 - 0.30 Uhr Schlange? Bereits die Außendekoration des Gebäudes lässt keinen Zweifel aufkommen: Eine gewaltige Glaskugel erhebt sich über dem Gebäude, auf dessen Außenwänden riesige Eier balancieren. Würdige Professoren sitzen auf Stapeln von Traktorreifen, ein Tiefseetaucher in voller Montur blickt auf den Eingang hinab. Hat sich hier ein Verrückter ausgetobt? Ja und nein – das **ehemalige Theater** von FIGUERES ist das Werk des unvergleichlichen **Salvador Dalí**, dem wohl bekanntesten und umstrittensten katalanischen Künstler (* 1904 in FIGUERES, † 1989). Noch größer als sein immenser Einfallsreichtum dürfte seine Geschäftstüchtigkeit gewesen sein, mit der er seine surrealistischen Werke vermarktete.

Brauchen Sie nach dem Museumsbesuch eine Abkühlung? Dann machen Sie mit uns einen Abstecher zur **Pantà de Boadella**, einem Stausee nahe der französischen Grenze. Wir verlassen FIGUERES auf der N IIa nach Nordwesten, biegen unmittelbar vor der Autobahnüberquerung links nach LLERS.

Dort halten wir uns rechts und erreichen bald TERRADES, wo es weiter Richtung ALBANYA geht.

Nur 800 m nach dem Ort zweigen wir in ein schmales Sträßchen nach rechts ab, das die Wegweiser BOADELLA und **Mare de Déu de la Salut** trägt. Zur kleinen **Pilgerkirche**, die wie üblich mit Picknickplätzen und Grillstellen ausgestattet ist, geht es bereits nach weiteren 1000 m.

> **(115) WOMO-Picknickplatz: Mare de Déu de la Salut**
> **GPS:** N 42° 19' 32.3" E2° 50' 00.9"
> **WOMO-Zahl:** 3-4.
> **Ausstattung/Lage:** Tisch & Bank, Schatten, viele Grillstellen, Gaststätte, Mülleimer, Bolzplatz/außerorts.
> **Zufahrt:** 800 m nach Albanya rechts, 1000 m später links.

4,2 km später überqueren wir den Muga-Fluss und schwenken dahinter links zum **Stausee von Boadella**. An seiner Staumauer [N42° 20' 30.5" E2° 50' 04.5"] kann man parken, in den Toiletten entsorgen (Wasserschlauch an der Außenwand des WCs), auf der Liegewiese faulenzen, über den See gucken – und wird dabei am Nordufer sicher ein paar Autos stehen sehen.

Die Zufahrt zu diesen Badeplätzen gestaltet sich folgendermaßen: Rechts am Stausee vorbei und dann ins Landesinnere hinein bis nach DARNIUS, dort links und wieder links dem Wegweiser "Pantà / Club Nautic" folgend bis zum Stauseeufer. Man kann bis vor zum sandigen Ufer rollen, der Wasserstand schwankt jahreszeitlich bedingt.

> **(116) WOMO-Badeplatz: Pantà de Boadella (Club Nautic)**
> **GPS:** N 42° 21' 02.5" E2° 49' 42.0"   **WOMO-Zahl:** 3-4.
> **Ausstattung/Lage:** Bade- und Angelmöglichkeit, Gaststätte/außerorts.
> **Hinweis:** Bei Problemen fährt man auf den Parkplatz beim Club Nautic.

Stausee von Boadella beim Club Nautic

Ein Sandweg führt weiter am Nordufer des Sees entlang, er ist ideal für einen gemütlichen Abendspaziergang oder die erweckende Joggingrunde.

Über DARNIUS (30 m vor der Ampel rechts **Brunnen**) und die N II kehren wir nach FIGUERES zurück, durchqueren es am nördlichen Ortsrand, folgen den Wegweisern BESALÚ/OLOT. Die N 260 ist eine flotte Bahn, die uns durch die schöne Vorpyrenäenlandschaft nach BESALÚ trägt. Wir überqueren eine Brücke, biegen dahinter links Richtung GIRONA, überqueren gleich darauf den **El Fluvià** und finden dahinter links den (meist leeren) **Touristenparkplatz** mit Info-Tafel und Fußgängerunterführung zur Altstadt (die an einem schattigen Picknickplatz vorbeiführt). Rechts parken die Reisebusse. Rollt man an ihnen vorbei, so kommt man nach wenigen Metern zu einem abseits gelegenen, ruhigen Wiesenparkplatz.

---
(117) WOMO-Stellplatz: Besalù
GPS: N 42° 11' 49.6" E2° 42' 08.9"; 161 m.   **WOMO-Zahl:** >5.
Ausstattung/Lage: Liegewiese, Mülleimer, Gaststätten in der Nähe/Ortsrand.
Hinweis: Links der Straße lauter Touristenparkplatz.

BESALÚ, römische Brücke über den Fluvià

Nur wenige Schritte sind es bis zur berühmten **römischen Brücke** mit ihren 7 unterschiedlichen Bögen, die auf Felsen im Flussgrund stehen. Der Knick in der Mitte der Brücke trägt den zinnengekrönten Zollturm, das schwere Eisengittertor ist halb herabgelassen. Den schönsten Blick auf das Brückenkunstwerk hat man von der Terrasse am **Jüdischen Bad** (hinter der Brücke nach links, dem Wegweiser "Miqve" folgen). Falls man das jüdische Reinigungsbad besichtigen möchte, muss man sich im i-Amt an der **Plaça Llibertat** anmelden. Dorthin marschieren sowieso alle Füße durch die schön gepflasterten Gässchen mit den

vielen Andenkenläden (haben Sie immer noch keine Kachel mit Sonnenuhr?).
Auf dem nächsten Platz dominiert die **romanische Kirche Sant Pere**, das Rundbogenfenster über dem Hauptportal wird von zwei sehr fried-

Schildkröten, Dali & Vulkane   169

lich schauenden Löwen flankiert. Geht man vom Hauptportal der Kirche nach rechts, so gelangt man durch ruhige Gassen zur **Kirche St. Vicenç**.

Der romanisch-gotische Stil äußert sich an dem schönen Maßwerkfenster über dem Hauptportal und dem romanischen Seitenportal mit den abwechslungsreichen Säulenkapitellen. Der eigentliche Charme dieses Städtchens liegt in den verwinkelten, blumengeschmückten Gassen, den Erkern und Arkaden, alles sehr sorgfältig in Naturstein gemauert, als habe man dafür sehr viel Zeit gehabt. Die Schnauze unseres WOMOs zeigt bereits Richtung GIRONA, und in dieser Richtung folgen wir der C 66 bis zum **Estany de Banyoles**, dem größten natürlichen See Kataloniens.

Wir fahren an seinem Ostufer entlang auf den Ort BANYOLES zu, der 1992 für die olympischen Ruderwettbewerbe großzügig erweitert wurde. Direkt hinter dem Ortsschild kann man rechts zu einem Parkplatz hinabfahren (mit Getränkebude und Toiletten); von dort aus sind es nur 50 Schritte bis zum Seeufer.

(118) WOMO-Badeplatz: Banyoles
GPS: N 42° 07' 36.1" E2° 45' 43.5"; 177 m.
WOMO-Zahl: 2-3.
Ausstattung/Lage: Bademöglichkeit, Tisch & Bank, Toiletten, Wasserhähne (versteckt in der Hecke), Baumschatten, Mülleimer/Ortsrand.
Zufahrt: siehe Text.

Wir marschieren 300 Schritte nach rechts – und entdecken einen kleinen, naturbelassenen Badeplatz mit Liegewiese. Fährt man weiter in den Ort hinein, so stellt man schnell fest, dass der **Estany d'Argent,** der Silbersee, bereits seit vielen Jahren gut betuchte Urlauber anzieht: Alle paar Meter sind

Banyoles, Badeplatz und Badehäuschen

altmodische Badehäuschen in den See hinausgebaut, ausgestattet mit Bootsgarage, Liegeplattform und Treppchen ins Wasser.

Aber nicht nur baden sollen Sie im Silbersee, der seinem Namen alle Ehre macht! Herrlich lässt's sich am Ufer entlang flanieren oder radeln, Ruderbootchen kann man ausleihen oder mit dem großen Ausflugsboot eine weite Runde über den See drehen, der immerhin 2 km lang, 700 m breit und 65 m tief ist. Dort

Banyoles, Ausflugsboot [N42° 07' 01.1" E2° 45' 21.5"] Liegeplatz

Schildkröten, Dali & Vulkane 171

unten speisen ihn unterseeische Quellen, 5 Abflüsse verlassen den erloschenen Vulkankrater.

Natürlich haben wir auch das Westufer des Sees erforscht! Dabei entdeckten wir noch eine ganze Reihe von Parkmöglichkeiten am Straßenrand unmittelbar neben dem Ufer.

Das kleine Örtchen PORQUERES hat seine romanische **Kirche Santa Maria** direkt neben die Durchfahrtsstraße gebaut [N 42° 07' 18.0" E2° 44' 54.0"], so dass der WOMO-Urlauber bequem auf das vierfach gestaffelte Portal mit dem Glokkengiebel (und das tolle Kakteenarrangement gegenüber) blicken kann.

Zurück in BANYOLES verlassen wir den Badeort Richtung MIERES/SANTA PAU/OLOT. Die schönste Vulkanlandschaft Spaniens, **la Garrotxa**, liegt vor uns. So wenig, wie wir dem **Estany de Banyoles** seine vulkanische Herkunft angesehen haben, so schwierig wird es für uns, einen Vulkankegel zu entdecken. Dabei finden seit 350.000 Jahren ca. alle 10.000 Jahre Vulkanausbrüche in der **Garrotxa** statt – und der letzte liegt bereits 11.500 Jahre zurück!!!

Das müssen also zum Teil noch ganz junge Vulkane sein, mit einem Krater in der Mitte. Jetzt betrachten wir die Umgebung etwas fachmännischer und entdecken eine ganze Reihe von Kegeln mit „abgesägter" Spitze, in denen sich ein Krater befinden könnte. Die Straße schlängelt sich um sie herum.

Das winzige MIERES ist wie ein schönes Ensemble um die Kirche arrangiert. Fährt man vor der Brücke links und geradewegs durchs Dörfchen Richtung Parkplatz "Ayuntament", so kommt man zu einem ruhigen Stellplatz.

> **(119) WOMO-Stellplätze: Mieres**
> **GPS:** N42° 7' 22.3" E2° 38' 22.4"; N42° 7' 38.9" E2° 38' 13.5"   **WOMO-Zahl:** je 2-3.
> **Ausstattung/Lage:** Liegewiese, Kinderspielplatz, Quelle "La Salera"/Ortsrand.
> **Zufahrt:** Zum 1. Platz vor der Brücke links, zum 2. Platz 400 m später links zum Sportplatz.

Kurz vor SANTA PAU liegt rechterhand ein **Campingplatz**, 350 m später links der Straße ein Aussichtsparkplatz mit Tisch & Bank im Baumschatten und Übersichtstafel [N 42° 08' 51.7" E2° 34' 50.8"].

Santa Pau

Ein Blick genügt: Das alte Städtchen SANTA PAU muss auch durchstreift werden! Der Fußweg hinüber zur **Altstadt** (Parkplatz rechts der Durchfahrtsstraße [N42° 08' 47.4" E2° 34' 07.0"]) führt durch eine Mulde, durch die einst glutflüssige Basaltlava floss. Im denkmalgeschützten Städtchen kann man nicht nur fein bummeln; im Informationsamt am Hauptplatz wird man auch über die Wandermöglichkeiten im Vulkangebiet informiert und erhält eine kostenlose Wanderkarte (wer jede Wanderung durchführen wollte, müsste allerdings noch eine Woche Urlaub anhängen). Wir parken 2 km hinter SANTA PAU auf der **Àrea de Santa Margarida**, ziehen griffige Turnschuhe an und marschieren hinauf zum **Volcà de Santa Margarida**.

> **(120) WOMO-Wanderparkplatz: Àrea de Santa Margarida**
> **GPS:** N42° 08' 51.9" E2° 32' 37.8"   **Max. WOMOs:** 3-4.
> **Ausstattung/Lage:** Wanderweg, Mülleimer, Info-Tafel/außerorts. **Zufahrt:** s. Text.

> **Wanderung Volcà de Santa Margarida:**
> Durch dichten Wald geht's zunächst recht bequem aufwärts. Die Bäume wachsen auf einem Substrat, mit dem wir zu Hause umweltfreundlich das Glatteis bestreuen – es ist rotbraune Lava. Dann passieren wir einen einsamen Bauernhof, der geschäftstüchtig Getränke und Eis verkauft – und nun geht's durchaus vulkanmäßig bergauf (ausrutschen werden Sie nicht,

es ist bestens gestreut!). Nach 15 min. Wanderung haben wir den Kraterrand (350 m Durchmesser) erreicht und blicken 60 m hinab, wo in der Mitte des Kratergrundes die **Kapelle Santa Margarida** steht. „Normale" Touristen kehren auf dem gleichen Weg zum Auto zurück, Wanderfreaks verlängern den Spaziergang über die **Fageda d'en Jordà** und den **Volcà de Croscat** zu einer 4 1/2-stündigen Rundwanderung (= rot markierter Rundwanderweg 1).

Wanderung Volcà de Croscat:
Vielleicht noch interessanter ist ein halber Vulkan!? Der Wanderweg 15 beginnt auf der anderen Straßenseite und führt in 20 min. zu einer gewaltigen Kerbe, die nach dem Lava-Abbau übrig geblieben ist. Erstaunlich sind die vielen Farben, die in horizontalen Schichten liegen.

Ganz Bequeme werden ihr Auto 3 km weiter an der **Àrea de Can Serra** abstellen [**121:** N42° 09' 07.7" E2° 32' 32.9"]. Dort warten kräftige Pferde, um mit Ihnen eine 1-stündige Kutschfahrt durch den Buchenwald **Fageda d'en Jordà** zu machen. Fußgänger nehmen den blau markierten Wanderweg und brauchen dafür nur 35 min. Auch am Informationsstand der **Àrea de Can Serra** kann man kostenloses Info-Material mit Wanderkarte erhalten.

An beiden Wanderparkplätzen herrscht rechter Trubel, als Übernachtungsplätze sind sie eigentlich zu laut. Wir haben aber einen absolut ruhigen Picknickplatz mit Flussbadeplatz gefunden, der Abstecher ist nur 10 km lang!

2 km später biegen wir in OLOT am Kreisverkehr links, 4,5 km rollen wir auf der >C 152< nach Süden Richtung VIC, schwenken in LES PRESES bei der Ampel rechts in das Seitental **Valle d'en Bas**.

Wir durchqueren SANT PRIVAT D'EN BAS, sichten links einen **Brunnen** und machen einen Besichtigungsstopp auf dem großen Platz [N 42° 8.951'; E 2° 24.554'] vor der sehenswerten Kirche von SANT PRIVAT. Dann geht es weiter (Wegweiser u.a. Zona de Picnic) bis zu einer Gabelung nach 1100 m, dort noch 150 m nach rechts zum Picknickplatz.

> **(122) WOMO-Picknick- und Badeplatz: Valle d'en Bas**
> **GPS:** N42° 08' 44.8" E2° 23' 44.3"; 612 m. **Max. WOMOs:** 2.
> **Ausstattung/Lage:** Wanderwege, Tisch & Bank, Baumschatten, Brunnen, Grillstellen, traumhafte Flussbadestelle/außerorts. **Zufahrt:** siehe Text.

Wir haben nun bereits in einem Vulkansee gebadet und in einen Vulkankrater hineingeblickt; fehlt nur noch CASTELL-FOLLIT DE LA ROCA, die Stadt auf dem Vulkan!

Zurück am ersten Kreisverkehr in OLOT geht's geradeaus Richtung CASTELLFOLLIT/FIGUERES, 7 km später rollen wir durch das alte Städtchen. Am Ortsende überqueren wir noch **El Fluvià,** finden dahinter links einen Parkplatz. Von hier aus hat man einen herrlichen Blick auf die Abbruchkante aus Basalt-

säulen, die wie Orgelpfeifen nebeneinander stehen (beste Foto-Zeit: frühmorgens oder spätabends). Obendrauf balancieren die Häuser der Altstadt von CASTELLFOLLIT an der Felskante; wer dort aus dem Fenster spuckt, trifft in den Fluvià. 300 m nach der Brücke kann man rechts hinab zum Fluss fahren (Wegweiser "Barri de Fluvià"), dort parken [**123:** N42° 13' 11.3" E2° 33' 18.3"], die Basaltmauer von unten begucken oder auf einem Fußgängerbrückchen den Fluvià überqueren und zum Stadtbummel den Hang hinaufsteigen.

Wir fahren durch CASTELLFOLLIT zurück, biegen aber nach dem Ortsende rechts nach SANT JOAN LES FONTS. Dort könnte man zum ruhigen Parkplatz beim Kirchlein Monacal (Wegweiser: Cementiri = Friedhof) nach rechts abbiegen und, vorbei am sehenswerten romanischen Kloster, die Rundwanderung Nr. 16 in Angriff nehmen, die an weiteren Vorkommen von Säulenbasalt vorbeiführt.

(124) WOMO-Wanderparkplatz: Sant Joan les Fonts
GPS: N42° 13' 03.4" E2° 30' 52.8"; 301 m.
Max. WOMOs: 2-3.
Ausstattung/Lage: Wanderweg, Liegewiese/Ortsrand.

Hinter SANT JOAN LES FONTS, in LA CANYA, gabelt sich die Straße und man hat zwei Möglichkeiten, nach RIPOLL zu fahren: Die alte Straße (nach links) über OLOT und eine neue mit dem Tunnel **Capsa Costa** nach rechts. Wir biegen rechts, genießen die schnelle Strecke, durchqueren erst drei kleine und dann den fast 2 km langen Haupttunnel. 500 m danach treffen wir auf einem Kreisverkehr, biegen links nach RIPOLL und schwenken nach weiteren 1100 m rechts hinab zum Ufer des Flusses **Ter** (Wegweiser: Agrobotiga S.A.T.). Noch vor der Brücke biegen wir links hinab und finden auf dem großen, festgefahrenen Flussschotterbereich ein schönes Plätzchen (mit Schwimmgelegenheit für Abgehärtete).

(125) WOMO-Stellplatz: Riu Ter
GPS: N42° 14' 49.8" E2° 18' 52.6"   **WOMO-Zahl:** 2-3.
Ausstattung/Lage: Bademöglichkeit/außerorts.
Hinweis: Schöne, steile Walkingstrecke über dem Fluss und dann bergauf.

Kennen wir dieses Geräusch überhaupt noch? Dieses leise Pochen aufs WOMO-Dach? Tatsächlich, es regnet, und schwarze Wolken fegen über die Schlucht des Ter. Interessiert schauen wir dem Prasseln des Regens auf der Wasseroberfläche zu, hören gar fernes Donnern. Plötzlich fegt ein grelles Laserlicht in die Schlucht, krachend zerteilt sich ein Baumstamm vor unseren Augen in zwei Hälften: Die eine bleibt mit langer, weißer Wunde zitternd stehen, die andere zerplatzt in Fetzen; Holzstücke, Äste, Blätter fliegen aufs WOMO-Dach, bedecken die Schotterbank und den Fluss. Waltraud schaut mit angstgeweiteten Augen auf das Schauspiel, ich widerstehe krampfhaft dem unsinnigen Verlangen, ans Steuer zu flitzen und das Weite zu suchen. Da bleibt genug Gesprächsstoff, während das Gewitter verfliegt und das Rauschen des **Ter** wieder die Geräuschkulisse bildet.

Ich träume, das Gewitter sei zurückgekommen, wummernd und blitzend stehen wir mitten in den Naturgewalten – aber es sind 'nur' die Fäuste eines stämmigen Polizisten, der an unsere Haustür pocht, während das Blaulicht die Kulisse erhellt. Ich öffne zögernd – und werde aufs höflichste gebeten, doch vom Flussschotter hinauf zur sicheren Höhe zu fahren: „Bei dem starken Regen kann der **Ter** schnell ansteigen!"

Früh sind wir auf nach dieser "Nachtruhe", treffen in ST. JOAN DE LES ABADESSES ein, während die ersten Leute zur Arbeit eilen. Kurz nach Ortsbeginn biegen wir links zum gleichnamigen, **romanischen Kloster** ab. Auf dem großen Parkplatz [N42° 13' 58.8" E2° 17' 14.4"] ist noch alles frei, wir schlendern um die einschiffige Klosterkirche aus dem 12. Jh. herum, bestaunen den reichen Figurenschmuck an den Säulen der Absiden. Sehen Sie die Menschengestalten an den Ecken, die sich zu zweit ein

Gesicht teilen müssen? Künstlerischer Höhepunkt ist die berühmte **Kreuzabnahme**, eine bemalte Figurengruppe aus dem Jahre 1251 (geöffnet Jul/Aug 10.00 - 19.00 Uhr, sonst 10-14/16-19 Uhr). Links der Kirche, im ehemaligen **Abtspalast** mit kleinem Kreuzgang, residiert auch das Tourismusamt.

Schildkröten, Dali & Vulkane

Nur wenige Minuten dauert ein kleiner Stadtrundgang, der uns auch an der Ruine der **romanischen Kirche Sant Pol** vorbeiführt und natürlich können wir auch nicht die **Pont Vell** übersehen, als wir das Städtchen nach Westen Richtung RIPOLL verlassen. Die alte Brücke aus dem 15. Jh., wiederaufgebaut im gotischen Stil, hält mit seinem mittleren Bogen, der 33 m überspannt, den mittelalterlichen Rekord Spaniens. Direkt hinter der (neuen) Brücke kann man scharf rechts zu einem Parkplatz oberhalb eines Petanca(Boccia)-Platzes mit kräftigem, fünfstrahligen **Brunnen** abbiegen.

(126) WOMO-Stellplatz: St. Joan les Abadesses (5 fonts)
GPS: N42° 14' 08.4" E2° 17' 03.2"; 777 m. **WOMO-Zahl:** 2.
Ausstattung/Lage: Aussicht, Petanca-Platz, Brunnen, Mülleimer/Ortsrand.

Auch in RIPOLL ist das touristisch Sehenswerte auf engstem Raum beieinander. Am Ortsbeginn (Kreisel) halten wir uns auf der C 17 links Richtung VIC, den Riu Ter überquerend, am nächsten Kreisel rechts zum (schrägen) Parkplatz am Fluss.

(127) WOMO-Stellplatz: Ripoll (Riu Ter)
GPS: N42° 12' 07.8" E2° 11' 35.8"; 690 m. **WOMO-Zahl:** >5.
Ausstattung/Lage: Fußgängerbrücke ins Zentrum, Mülleimer/Ortsrand.
Hinweis: Weiterer (ebener) Stellplatz beim Polizeiposten [N42° 11' 59.1" E2° 11' 12.5"].

Kaum haben wir den Fluss überquert, entdecken wir auch schon die mächtigen Mauern des **Klosters Santa Maria**, deren **Westportal** das Meisterwerk katalanischer Romanik schlechthin ist: Rechts und links des Portals dehnt sich eine 12 x 8 m große Reliefwand aus, die

auch jedem Analphabeten wichtige Szenen der Bibel nahebringt. Beachten Sie auch die bildliche **Darstellung der 12 Monate** an den Türpfosten.

Gewaltig wirkt der Innenraum der fünfschiffigen Basilika sowie das große Querschiff mit seinen 7 Absiden. Besonders sehenswert ist der zweistöckige Kreuzgang mit den herrlichen Kapitellen an den Zwillingssäulen.

Der Eingang zum umfangreichen **Stadtmuseum** ist gleich links der Kirche. In 13 Räumen werden u. a. das Leben auf den Almen sowie die katalanische Eisenerzverhüttung und Schmiedekunst dem Besucher anschaulich dargestellt. Beachten Sie nur die schweren Stachelhalsbänder, die man den Hirtenhunden zur Abwehr gegen Wölfe anlegte.

Den Blick auf ein modernistisches Gebäude wie aus dem Bilderbuch, ein Werk des Gaudí-Schülers Joan Rubió i Bellver, sollten Sie nicht versäumen. Die kleine **Kapelle Sant Miquel de la Roqueta** findet man, wenn man vom Parkplatz aus nicht den Fluss überquert, sondern 3 min. flussabwärts marschiert

und sich dann halblinks wendet (ausgeschildert). Warum gibt es so wenige Architekten, die es wagen, vom rechteckigen Einheitsstil abzuweichen?

Wir verlassen RIPOLL nach Westen auf der N 152 Richtung PUIGCERDÀ. Im Industriegebiet (nach fast 3 km) können wir uns im Supermarkt noch einmal gut eindecken, denn jetzt geht's wieder ins einsame Gebirge.

Schildkröten, Dalí & Vulkane

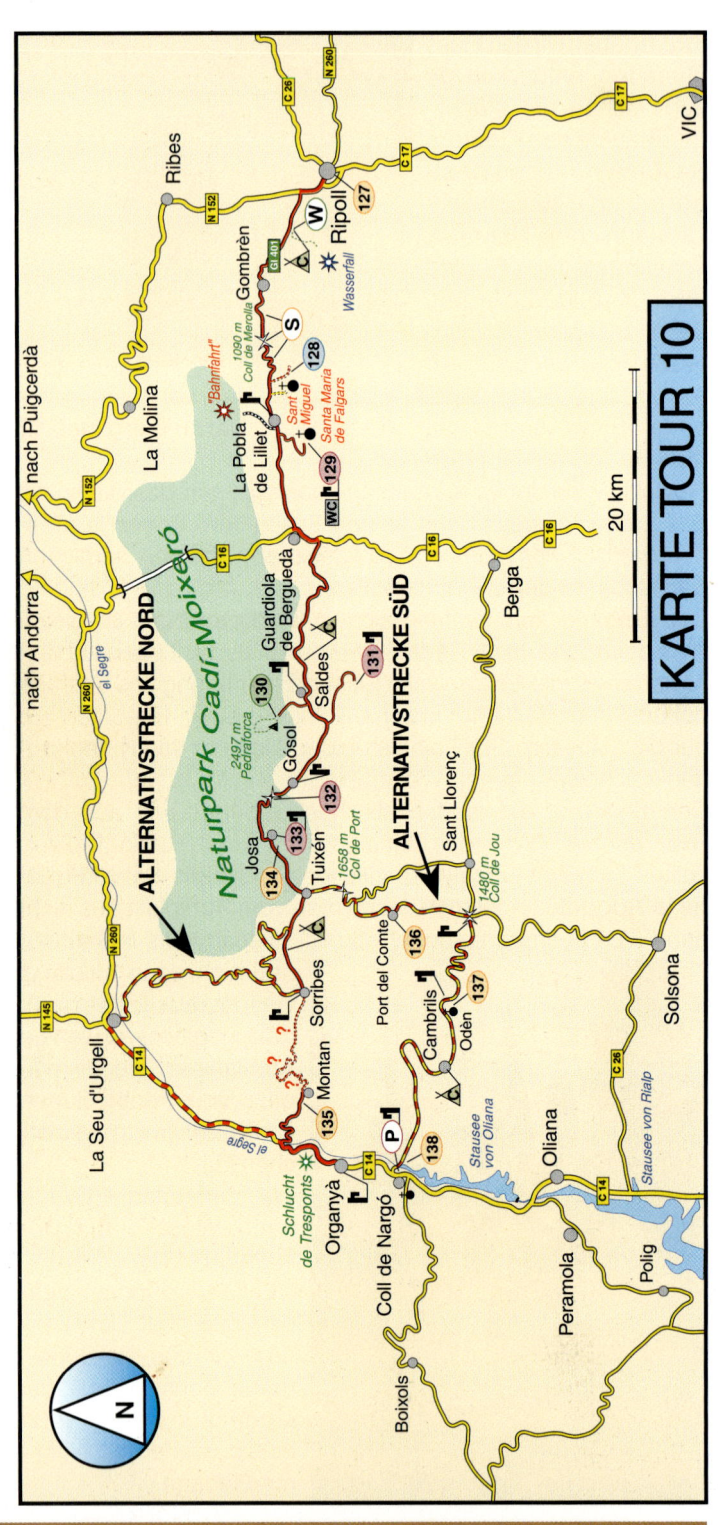

TOUR 10 (ca. 150 km / 3-4 Tage)

La Pobla de Lillet – Guardiola de Berguedà – Saldes – Pedraforca – Gósol – Tuixén – Sorribes – Montan de Tost – Organyà

Freie Übernachtung:	Riu Arija, Sta Maria de Falgars, Pedraforca, Parc de Neu, Josa, Port del Comte, Odèn.
Trinkwasserstellen:	u.a. La Pobla de Lillet, Saldes, Gósol, Sorribes, Organyà.
Campingplätze:	u. a. bei Gombrèn, Saldes, Tuixén.
Baden:	Riu Arija vor La Pobla de Lillet.
Besichtigungen:	Sant Miguel, NP Cadí-Moixeró, Schlucht de Tresponts.
Wandern:	u.a. Wasserfall Cabana, Pedraforca.

Wir haben RIPOLL nach Westen Richtung PUIGCERDÀ verlassen, kurz darauf sichten wir bereits das Ortsschild von CAMPDEVÀNOL. 100 m später zweigen wir von der Hauptstraße nach links über den Fluss Richtung GOMBRÈN ab.
Das verkehrsarme Sträßchen führt uns durch eine liebliche Landschaft am Südrand der **Serra de Mogrony**. Gut gefüllt mit Sommerfrischlern ist der Campingplatz "Pirinenc" 2,8 km nach der Abzweigung. Vor ihm kurven wir links hinab zur ausgedehnten "Area de Lleure de la font de Querol" [N42 13' 37.2" E2° 08' 24.6"], einem Picknickplatz (8 - 22 Uhr) mit Schattenbäumen, der für uns der Ausgangspunkt einer besonders idyllischen Wanderung ist.

Wanderung zum Wasserfall "Gorg de la Cabana" (einfach 45 min.)
Der Weg führt bachaufwärts am Campingplatz vorbei, wendet dann nach links, ansteigend, passiert ein Gehöft. Dahinter verlassen wir die Fahrtstraße, sinken wieder zum Bach hinab, überqueren ihn auf Steinen.
Jetzt wird der Weg rustikaler und zunehmend malerisch; eine reiche Frühlingsvegetation umgibt uns, unter vielen Blüten fallen uns Albinovarianten des Leberblümchens auf.
300 m Endspurt steil hinauf, dann haben wir den Wasserfall vor bzw. unter uns. Er stürzt in zwei Stufen hinab, bildet zu seinen Füßen schöne Badegumpen, die wir auch weiter bachaufwärts finden.

Jetzt müssen Sie entscheiden, ob Sie den Weg ausdehnen zu einem Rundweg, an dem weitere Wasserfälle (Gorg de la Tosca, Gorg de L'Olla und Gorg de la Bauma) liegen oder wie wir auf dem gleichen Weg zurückkehren. Auch hier findet sich am Wegrand ein "Badegelegenheit".

GOMBRÈN, nach 9 km, hat nicht nur einen guten Bäcker in der Ortsmitte links unterhalb der Telefonzelle, sondern nach dem Ortsende, mitten im Grünen, auch ein hübsches, kleines Schwimmbad.

Vier schöne Rastplätze haben wir am Straßenrand gesichtet: Eine Wiese bei »km 1,7« links der Straße, ein Plätzchen vor der Abzweigung zum **Kloster Mogrony** sowie 2,8 km und 3,5 km nach dem **Coll de Merolla** (1090 m, mit Gaststätte), wo man bei »km 15,4« auf ein altes Straßenstück und bei »km 14,7« links der Straße zu einem kleinen, sichtgeschützten Wiesenplateau hinauffahren kann.

Rings um LA POBLA DE LILLET gibt's vieles für den WOMO-Touristen. Wir haben zwar schon die romanische Ruine des **Augustinerstifts Santa Maria de Lillet** entdeckt, zweigen jedoch noch vorher, bei »km 11,9«, links ab (Wegweiser: Area recreativa de la Pineta). Bereits nach 500 m kann man prächtig zwischen Bäumen und Büschen am Ufer des **Arija** sein Lager aufschlagen. Dann kommt eine Betonbrücke (die Leitplanke liegt im Bach) mit einer schönen Badegumpe daneben und dahinter, links der Straße, warten weitere Stellplätze.

**(128) WOMO-Badeplatz:
Riu Arija**
GPS: N42° 14' 25.4" E2° 00' 00.2"
Max. WOMOs: 3-4.
Ausstattung/Lage: Bademöglichkeit, Baumschatten, Liegewiese/außerorts.

Die Area Recreativa nach 1000 m ist mit einer Kette abgesperrt und hat keine Parkplätze oben an der Straße.
Die Zufahrt zu der bereits erwähnten **Klosterkirche** beginnt

Lieblingsplätzchen am Riu Arija

800 m später an der Teerstraße. Bei unserem Besuch war die Piste in sehr schlechtem Zustand (**?**). Wie wäre es deshalb mit einem gemütlichen Abendspaziergang vom Ufer des **Arija** zur Kirche mit gut erhaltenem Kreuzgang? Viel besser als das **Augustinerstift**, das während seiner Restaurierung von hässlichem Baugestänge verunziert wird, hat uns die kleine **Kapelle Sant Miquel** nur wenige Schritte darüber gefallen. In idyllischer Lage ist die kleine Rundkirche der letzte Überrest der zerstörten Burg von La Pobla.

Kapelle Sant Miquel

LA POBLA DE LILLET selbst ist ein malerisches Örtchen am Zusammenfluss von **Arija** und **Llobregat**. Gemeinsam fließen die beiden unter zwei alten Maultierbrückchen hindurch, unmit-

LA POBLA DE LILLET, Maultierbrückchen, dahinter Brunnen

telbar vor dem zweiten eine große Brunnenanlage mit zwei Schnepfen und einem **Wasserhahn** (und am Ortsende rechts nochmals ein **Brunnen**). Für einen kurzen Stopp parkt man 150 m nach der Brücke links [N42° 14' 35.3" E1° 58' 24.1"]. Mal wieder Lust auf eine "Bahnfahrt" mit Kunsteinlage?
Wir passieren nach dem Ort die **Font del Roser** und folgen 300m später dem Ferrocarril Turístic-Wegweiser nach rechts bergan. Nein wir parken nicht das WOMO links der Straße und steigen ins historische Bähnle – wir spielen selbst Eisenbahn und rollen links des Ortes bis zum Parkplatz einer Papierfabrik [N42° 15' 02.0" E1° 58' 36.7"]. Von dort sind es nur wenige

Schritte zu den **Jardins Artigas**, einer malerischen Gartenanlage, die von **Antoni Gaudí** höchstpersönlich geplant wurde. Endstation vom Bähnle ist das **Museu del Ciment** (Zementmuseum).

Knapp 300 m nach unserem Bähnleabstecher kann man nach links zur Kirche **Santa Maria de Falgars** mit Area Recreativa abzweigen (gut unterhaltene Asphaltstraße).

> Auf halbem Wege lasse ich mich zu einem Fußmarsch verlocken, weil der Wegweiser zur **Cova de la Verge** mir eine wunderbare Tropfsteinhöhle zu versprechen scheint. Nach 10 min. stehe ich, ausgerüstet mit Bergstiefeln, Taschenlampen und Fotoapparat, vor einer kaum 1 m tiefen Grotte mit nachgemachten Tropfsteinen, aus der mich Maria milde anlächelt. Ringsum sie sind Weihegaben befestigt, einer hat sogar seine Kappe vom F.C. Barcelona geopfert.
> **Merke:** Cova bedeutet im Spanischen nicht nur Höhle, sondern jede Höhlung im Berg, unabhängig von ihrer Größe.

Nicht enttäuscht werden wir von dem **Picknickplatz** nach 7 km: Idyllische Wiesenflächen, unterteilt durch Baum- und Buschgruppen, verlocken zur Rast in frischer Gebirgsluft; die Tische im kleinen Restaurant neben der Kirche sind für die Abendgäste bereits weiß gedeckt. Muss man erwähnen, dass der Picknickplatz auch über Wasserhähne, Spültoiletten, Grillstellen und einen superaussichtsreichen Mirador verfügt?

---

(129) WOMO-Picknickplatz: Santa Maria de Falgars
GPS: N42° 13' 38.1" E1° 56' 50.7"; 1269 m. **Max. WOMOs:** > 5.
Ausstattung/Lage: Grillstellen, Brunnen, WC, Gaststätte, Liegewiesen/außerorts.
Hinweis: Die Straße führt geschottert weiter 7 km zum **Chalet Gaudí**, einer in der Bergeinsamkeit liegenden Bergarbeiterunterkunft, die ebenfalls von Antoni Gaudí geplant wurde (die Strecke ist nur für Wanderer und Allradfahrzeuge geeignet).

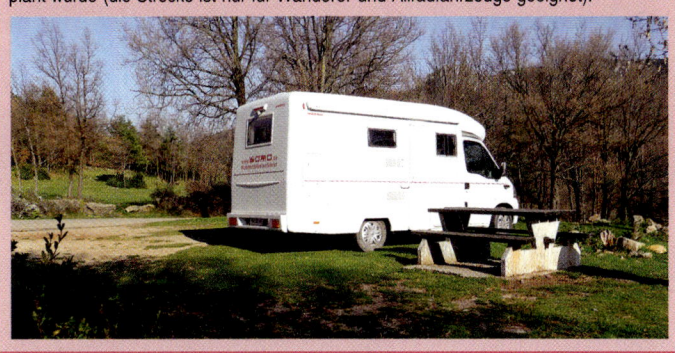

Entlang des **Llobregat** geht es weiter nach GUARDIOLA DE BERGUEDÀ; davor biegen wir links Richtung BERGA, aber 1800 m später schon wieder rechts Richtung SALDES/GÓSOL: Freuen Sie sich auf die **Serra del Cadí** mit ihrem Symbolberg, der unverwechselbaren **Pedraforca** (Steingabel). Seit 1983 ist der größte Teil davon unter dem Namen **Parc Natural del Cadí Moixeró** unter Naturschutz gestellt worden. In dem Kalkmassiv, in dem sich alpine und mediterrane Einflüsse bemerkbar machen, gibt es eine Unzahl schöner Wandermöglichkeiten, von denen die Tour durch die Gabel der **Pedraforca** der absolute Höhepunkt ist.

Bergtouren & wilde Pisten

Serra de Cadí mit Symbolberg Pedraforca (2497 m)

Sofort nimmt uns eine bizarre Schlucht auf, in deren Grund der **Riu Saldes** dahinschießt. Die Straße steigt und steigt an der Felswand hinauf, überspannt eine Klamm. Längst haben wir gegen die tiefstehende Abendsonne den riesigen Schatten der "Steinforke" gesichtet. Die Straße hält wie magisch angezogen auf sie zu. Campingplatz auf Campingplatz bietet sich den Wanderfreunden an.

SALDES, in 1200 m Höhe, bietet auf dem Dorfplatz einen kräftig sprudelnden Brunnen, eine Info-Stelle über den **NP Cadí Moixeró** und im einzigen Laden des Ortes die Wanderkarte "Serra del Cadí - Pedraforca" mit spanischem Begleitheft.

1000 m hinter SALDES (Richtung GÓSOL) zweigt nach rechts eine Bergstraße ab, die schmal, aber geteert ist (Wegweiser: **Refugi Lluís Estasen**). Nach 1,9 km großer **Parkplatz**, nach 4,6 km endet der Teer bei einem **Mirador**. Von dort aus sind es 15 Gehminuten bis zur genannten **Schutzhütte**. Wir fahren noch 800 m weiter bis zum Materialaufzug der Schutzhütte und richten uns mehr schlecht als recht rechts der steilen Piste ein (Steine zum Unterlegen gibt es genug).

(130) WOMO-Wanderparkplatz: Pedraforca

GPS: N42° 14' 50.4" E1° 43' 21.6"; 1569 m. **Max. WOMOs:** 3-4.
Ausstattung: Wanderweg (Beginn beim Materialaufzug).

Früh geht's raus am nächsten Morgen, denn unsere Tour hat's in sich! Bergstiefel, Rucksack mit Bauchgurt, Fotoapparat, Vesper und 1 l Getränk für jeden ist die Mindestausstattung.

Punkt 8.00 Uhr starten wir, erreichen nach 10 min. die **Schutzhütte**, holen beim Hüttenwirt letzte Erkundigungen ein. Dann geht's hinter der Hütte rechts auf einem weiß/gelb markierten Waldweg weiter.

Oberhalb der Schotterpiste wandern wir zunächst recht bequem durch schattigen Kiefernwald, erfreuen uns an einer ganzen Reihe von Exemplaren des seltenen Herzblättrigen Hahnenfußes *(Ranunculus parnassifolius)*, entdecken prächtige Exemplare der Akanthusblättrigen Eberwurz *(Carlina acanthifolia; Foto)*; auch Glockenblumen, Enzian und die Pyrenäenvariante des Blauen Eisenhutes *(Aconitum compactum)* bildet mancherorts ganze Gruppen.

Unmerklich steigt der Bergpfad immer steiler an, zieht um einen Hügel herum, führt im **Canal del Verdet** durch bereits lichter werdenden Kiefernwald sehr steil bis zu seinem höchsten Punkt, dem **Col de Verdet** (2 h). Nach kurzer Pause auf den grünen Wiesen-

flächen des Sattels wenden wir uns nach links, steigen hinauf ins Felsgewirr. Bald endet der Schotterbereich, über gewachsenen Fels erklimmen wir in 30 min. den ersten Gipfel (**Cim Nord** 2476 m). Durch eine Senke kraxeln wir hinauf zum zweiten Gipfel; nun trennt uns nur noch eine schmale Felsspalte vom dritten Gipfel **Cim Occidental** (2497 m). Inzwischen ist uns der Gang auf allen Vieren bereits zur Gewohnheit geworden, das Klettern im griffigen Kalkfels macht kaum Probleme (für bergunerfahrene Kinder ist die Tour völlig ungeeignet!). Noch ein letzter Einschnitt, dann setzen wir zum Gipfelsturm auf die **Cim del Calderer** (2491 m) an. Sie ist der **Pollegó Superior**, der höhere der beiden Zinken der **Pedraforca**. Nach 3 1/2 h (incl. kleinerer Pausen) stehen wir neben einer katalanischen Fahne, genießen den Blick, der uns nach Norden die weitgefächerte Gipfelfront der Pyrenäen, die Serras im weiten Umkreis und – weit unten im Süden – die zierlichen Zacken des Montserrat-Massivs zeigt.

Pedraforca, Cim de Calderer (2491 m)

Wir genießen und schweigen, während sich die spanischen Bergfreunde neben uns ihre Begeisterung in endlosem Redeschwall mitteilen.
900 Höhenmeter waren wir hinaufgeklettert und freuen uns als Belohnung nun auf einen gemütlichen Abstieg. Geradeaus weiter geht es zunächst hinab zur **Enforcadura**, dem Sattel zwischen den beiden Steinzinken.

Pedraforca, Enforcadura, Beginn des Canal de Pedraforca

Dann stehen wir vor dem breiten, weglosen Schotterhang (**Canal de Pedraforca**), den man bereits bei der Anfahrt betrachten konnte. Wie soll es hier weitergehen? Da kommt neben uns einer hinabgestiegen, sprintet auf den Schotterhang zu, schlägt seine Fersen schwungvoll in die Kies-

schicht und rennt in weiten Sprüngen talwärts. Wir bevorzugen die Zeitlupenvariante dieser Talfahrt, können jedoch nicht verhindern, dass wir dann und wann mit dem Allerwertesten Bodenberührung bekommen (zwei bis drei mal pro Person ist ein guter Schnitt).
Nach einer guten Stunde Gerutsche und Gehopse beginnt wieder der Wanderpfad, der uns dann recht bequem in einer letzten halben Stunde durch dichten Kiefernwald zurück zur Schutzhütte führt (Gesamtdauer incl. kleiner Pausen: 6 h).
Wir trinken den halben **Brunnen** leer, verschnaufen eine Weile unter einem Schattenbaum auf der großen Wiese vor der

Schutzhütte und freuen uns auf den Moment, an dem wir in 10 min. die immer schwerer gewordenen Bergstiefel am WOMO ausziehen können.

Nun haben Sie einen ruhigen, idyllischen Picknickplatz verdient! Diesen finden Sie, wenn Sie zurück an der Hauptstraße rechts nach GÓSOL abbiegen und nach 1400 m, bei »km 18,5« nach links zur **Area Recreativa/Parc de Neu** abzweigen.

Zum kühlen Pinienschatten allerdings muss das WOMO 4000 m steil den Berg hinaufkraxeln (nach 3000 m Brunnen rechts). Der Picknickplatz im Pinienwald bietet vor allem Schatten und Ruhe und ist damit eine echte Belohnung für müde Bergwanderer - aber auch einen Klettergarten.

(131) WOMO-Picknickplatz:
Area Recreativa/Parc de Neu
GPS: N42° 12' 25.9" E1° 44' 50.6"; 1594 m. **Max. WOMOs:** 3-4.
Ausstattung/Lage: Grillstellen, Tisch & Bank, Brunnen, Toilette/außerorts.

Die schöne Landschaft des Naturparks **Cadí Moixeró** kann man auch vom WOMO-Fenster aus bewundern!
Wir rollen weiter bis zum Bergdörfchen GÓSOL, das von den Ruinen einer gewaltigen Burganlage überragt wird.

Am Kreisverkehr vor dem Ort rechts ein **Wiesenparkplatz** [N42° 14' 05.2" E1° 39' 46.7"]. Er ist ideal, um das WOMO abzustellen, wenn Sie von hier aus auf dem Wanderweg 123 rings um die Pedraforca marschieren möchten.

Wir fahren geradewegs in den Ort hinein und über den Hauptplatz mit dem schönen **Brunnen**, der von einer Brotträgerin gekrönt wird, hinweg geradeaus weiter Richtung JOSA DE CADÍ. GÓSOL liegt in einem herrlich grünen Tal, die Straße führt an seinem Osthang

GÓSOL im lieblichen Tal

empor, bietet einen schönen Ausblick und erreicht den **Coll de Josa** (1625 m) nach genau 3000 m. Hier oben kann man auf Gebirgsmatten idyllisch stehen.

(132) WOMO-Picknickplatz: Coll de Josa	
GPS: N42° 15' 00.5" E1° 39' 02.8"; 1620 m.	**WOMO-Zahl:** 2-3.
Ausstattung/Lage: Tisch & Bank, Wanderwege/außerorts.	**Zufahrt:** siehe Text.

Dann steigen wir genauso wieder in den Talgrund hinab, folgen dem **Riu de Josa** bis zum gleichnamigen Dörfchen, dessen

Josa del Cadi

wenige Häuser sich einen kleinen Hügel hinaufdrängen, bewacht werden von der Kirche auf seiner Kuppe. Die Straße führt uns rechts um dem Ort herum, unterhalb der romanischen **Kapelle Santa Maria** (X. Jh.) vorbei. Am Eingang zum Ort linkerhand schöner, ebener Schotterplatz mit Tischen und Bänken sowie einem Wasserhahn in einer natursteingemauerten Höhle.

(133) WOMO-Picknickplatz: Josa del Cadi	
GPS: N42° 15' 30.0" E1° 37' 05.7"; 1390 m.	**WOMO-Zahl:** 2-3.
Ausstattung/Lage: Tisch & Bank, Brunnen/Ortsrand.	**Zufahrt:** siehe Text.

Genau 1700 m später sichten wir links unten, am Ufer des Flusses, den großen Schotterplatz "L'Arenal" mit einigen Zelten. Er bleibt die einzige Rastmöglichkeit bis TUIXÈN.

(134) WOMO-Stellplatz: Riu de Josa (L'Arenal)
GPS: N42° 15' 05.8" E1° 36' 43.9"; 1302 m.
WOMO-Zahl: >5.
Ausstattung/Lage: Plätscherbach, Wanderweg/außerorts.
Zufahrt: siehe Text.
Hinweis: 100 m flussaufwärts kleine Katarakte, die ein Minikraftwerk antreiben.

Nach 1800 m passieren wir noch die **Eremita de St. Jaume** (X. Jh.) mit klei-

Eremita de St. Jaume

nem Parkplatz [N42° 14' 37.8" E1° 35' 10.9"; 1230 m], dann erreichen wir das Bergdörfchen TUIXÉN, das genauso auf einem Hügel thront wie JOSA; zu seinen Füßen kommen wir an eine Gabelung:
Links geht's auf Asphalt ins Skigebiet von PORT DEL COMTE und weiter über den Coll de Jou nach SOLSONA bzw. COLL DE NARGÓ.
Wer geradeaus weiter fährt, hat noch genau 2600 m glatten Asphalt bis SORRIBES, es sei denn, er biegt rechts, um sich bis LA SEU D'URGELL den Norden der **Serra de Cadí** anschauen.

Warnung: Unsere Strecke entlang des Südrandes der **Serra de Cadí** ist ab SORRIBES nur eine bescheidene Schotterpiste (Pista forestal). Diese 18 km bis MONTAN DE TOST sind z. T. steil (**?**), ausgewaschen (**?**) und geröllig(**?**)! Schotterstraßenverweigerer sollten also entweder die Ausweichstrecke ab TUIXÉN über LA SEU D'URGELL nach ORGANYÀ oder ab TUIXÉN über PORT DEL COMTE nach COLL DE NARGÓ nehmen.

Beschweren Sie sich nicht, wenn Sie mit uns die kürzeste Strecke über MONTAN DE TOST wagen, die wir nachfolgend schildern:

Wir rollen zunächst noch sehr gepflegt auf Asphalt nach Westen, passieren bei der Gaststätte Molí de Fórnols (mit schönem Parkplatz und Brunnen) einen **Campingplatz** [N42° 14' 34.7" E1° 31' 35.8"] mit Schwimmbad oberhalb des Flusses, der jetzt **Riu de Lavansa** heißt.
Wir bleiben rechts des Flusses, zweigen an der nächsten Gabelung links nach SORRIBES ab. Dort kann man nach dem ersten Haus rechts Wasser fassen und letztmals Richtung LA SEU D'URGELL zur Teerstraße entfliehen.
4 km nach SORRIBES verschwindet der Fluss in einer engen Schlucht; die Straße beginnt einen mühsamen (**?**), serpentinenreichen Aufstieg. Je schlechter (**?**) die Piste und je enger die Serpentinen werden, um so schöner wird der Blick zurück ins lange, grüne Tal.
Ganz am seinem Ende, am Horizont, ragt ein grauer Finger

Abschied vom Naturpark Cadí-Moixeró

empor – die **Pedraforca** verabschiedet sich von uns.
Bei 1340 m über NN überschreiten wir den höchsten Punkt und erreichen 3,5 km später, in MONTAN DE TOST, wieder die Teerstraße.
Nach 2700 m Asphalt sieht man links der Straße Wiesenplätze, kurz bevor die Schlucht des **Riu Segre** beginnt.

(135) WOMO-Stellplatz: Montan de Tost	
GPS: N42° 14' 25.8" E1° 22' 09.5"; 1141 m.	**WOMO-Zahl:** 1-2.
Ausstattung/Lage: Aussicht/außerorts.	**Zufahrt:** siehe Text.

Wir schwingen uns hinab in endlos scheinenden Serpentinen (aber auf feinem Teer), biegen tief unten in der Schlucht nach links in die Schnellstraße C 14 ein (Wegweiser: LLEIDA).

Blick vom Coll de Port (1658 m) auf den Naturpark Cadí-Moixeró

Alternativstrecke Süd

Wir schwenken in TUIXÉN links Richtung PORT DEL COMTE, klimmen mehr als 600 Höhenmeter hinauf zum Col del Port (1658 m) mit Parkplatz, Gaststätte und schönem Blick. Kurve auf Kurve hinab, nach 4 km links zum Skigebiet von Port del Comte, umgeben von Liften und riesigen Parkplatzfeldern.

> **(136) WOMO-Stellplatz: Port del Comte**
> **GPS:** N42° 10' 25.7" E1° 33' 43.7"; 1713 m. **WOMO-Zahl:** > 5.
> **Ausstattung/Lage:** Aussicht, Wanderwege, Gaststätten/Ortsrand. **Zufahrt:** s. Text.

Port del Comte im Mai

Vorbei an stattlichen Ferienhäusern geht es wieder hinab zum Coll de Jou (1480 m) mit tollem Blick auf das Tal von Sant Llorenç. An der **Font de Col de Jou** [N42° 08' 19.0" E1° 32' 19.6"] vorbei geht es weiter hinab nach CAMBRILS. An dramatisch steilen Felswänden ziehen wir vorbei, passieren nach 10,6 km die **Font de Vermell** [N42° 07' 58.4" E1° 28' 08.7"] und lassen uns bei >km 14,2< nach links zum Kirchlein von ODÈN lo-

Stellplatz in Odèn

cken. Außer der Kapelle gibt es nur Ruhe, Natur und Aussicht.

(137) WOMO-Stellplatz: Odèn
GPS: N42° 07' 56.6" E1° 27' 18.3"; 1292 m. WOMO-Zahl: 2-3.
Ausstattung/Lage: Aussicht/außerorts. Zufahrt: siehe Text.

Wir ziehen rechts an CAMBRILS vorbei, links unten im Tal liegt ein Campingplatz: vor FIGOLS I ALINYA schlägt die Straße einen Haken, wendet sich nach Westen, durchbricht eine dramatische Schlucht, zu der man sehr schön vom Dörfchen PERLES aus zurückblicken kann. Für eine kleine Rast bietet sich dessen Dorfplatz an, wo man außerdem Wasser fassen und die kleine, kreuzförmige romanische Kirche bewundern kann. Haben Sie auch das Riesenloch rechts oben im Steilhang erspäht?

Dann sausen wir in Bögen weiter hinab und haben bald die C 14 und die Tour 11 erreicht. Nur 500 m vor der Brücke über den Segre-Fluss kann man scharf nach links zum Ufer des Flusses hinabfahren und sich dort unter vielen Möglichkeiten (sonnig oder schattig) ein Plätzchen suchen.

(138) WOMO-Stellplatz: Segre-Fluss
GPS: N42° 10' 49.7" E1° 19' 39.8"; 518 m. WOMO-Zahl: > 5.
Ausstattung/Lage: keine/außerorts. Zufahrt: siehe Text.

TOUR 11 (ca. 130 km / 3-4 Tage)

Organyà – Coll de Nargó – Pantà d'Oliana – Peramola – Riu de Rialb – Palau – Ponts – Balaguer

Freie Übernachtung:	La Torre, Riu de Rialb, Ermita de Palau, Ponts, Balaguer.
Trinkwasserstellen:	Coll de Nargó, Ermita de Palau, Ponts.
Campingplätze:	Organyà.
Baden:	Riu de Rialb.
Besichtigungen:	Coll de Nargó, Gualter (Kloster), Ponts.
Wandern:	Riu de Rialb.

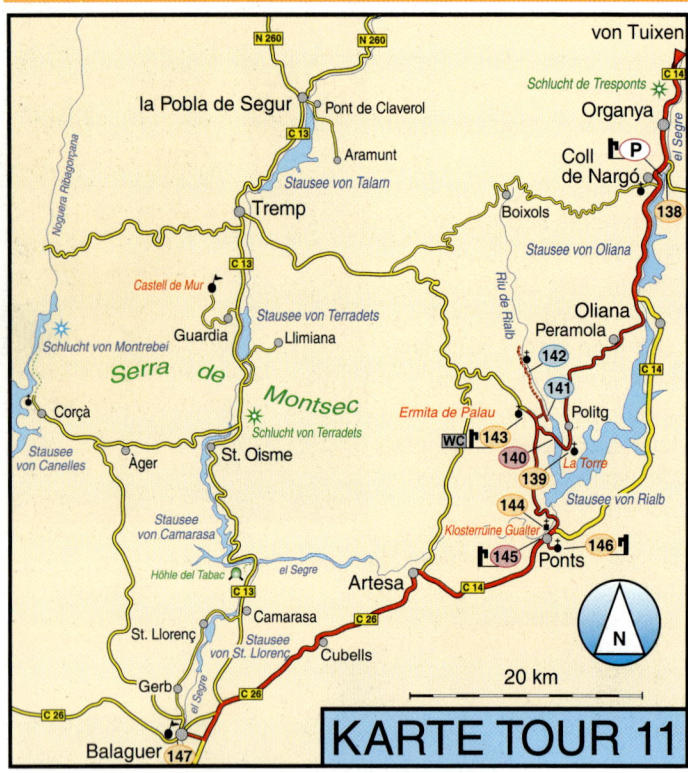

KARTE TOUR 11

Die C 14 ist eine Schnellstraße, die viele Urlauber von Andorra über LA SEU D'URGELL und LLEIDA weiter nach Süden schleust. Wir sausen mit ihnen durch die **Garganta de Trasponts**, durch die sich der **Segre** hindurchschlängelt. Gleich nach »km 165,1« kann man rechts der Straße eine Guck-Pause einlegen auf die steilen Schluchtwände, die Überreste einer der alten Brücken und die Spuren des alten Saumpfades. Dann öffnet sich das Felsentor und wir parken in der Ortsmitte von ORGANYÀ an der **Plaça de les Homilies** direkt neben dem Informationsbungalow [N42° 12' 41.9" E1° 19' 43.0"; 574 m]. Von 10.00 - 14.00 Uhr und von 18.00 - 21.00 Uhr ist dort auch eine Kopie des ältesten katalanischen Schriftstückes zu bestaunen. Es handelt sich bei der **Homilies d'Organyà** um eine wertvolle Handschrift mit Predigttexten aus dem 12. Jahrhundert. Dann lassen wir uns vom Urlauberstrom

weiter bis nach COLL DE NARGÓ treiben, das auf einem Hügel rechts oberhalb der Straße klebt. Unterhalb des Hügels, links neben der Straße, eine Parkplatzanlage mit kräftig schüttendem Brunnen. 300 m nach dem Parkplatz zweigen wir von der Schnellstraße ab Richtung Centre/ISONA, rollen weiter bis zum Ortsende von COL DE NARGÓ. Dort liegt linkerhand **Sant Climent** (X. Jh.), für uns die schönste romanische Kirche Kataloniens. Betrachten Sie nur die eigenwillige Form des Campanile, der sich

COLL DE NARGÓ, Kirche Sant Climent

zunächst verjüngt, als wolle er zu einer spitzen Pyramide aufsteigen. Die obere Hälfte nimmt wieder die Form einer quadratischen Säule an mit vier großen „Schlüssellochfenstern" und darüber ebenfalls vier Dreibogenfenstern. Auch der

einschiffige Kirchenbau und die Apsis sind fein mit Lisenen und Rundbogenfriesen verziert [N42° 10' 17.8" E1° 18' 45.2"].
Wenige Meter südlich von COL DE NARGÓ beginnt der **Stausee von Oliana**. Aber welche Enttäuschung für Badefreunde. Nur trockenliegende Schlammmassen sind zu sehen und kahle Hangwände, zum weit unten liegenden Wasserspiegel führen weder Weg noch Steg. Wir trösten uns mit dem Blick auf die dramatische Schluchtenlandschaft, wenn wir zwischen den Tunnelpassagen überhaupt freies Blickfeld haben.
1000 m nach der Staumauer gabelt sich die Straße. Die C 14 überquert nach links den **El Segre**, wir rollen geradeaus weiter Richtung PERAMOLA, bestaunen wenige hundert Meter später die größte Fischfarm, die wir bisher gesehen haben. Das gesamte Wasser des **Segre** scheint aus riesigen Rohren in die langen Fischbecken zu sprudeln, automatische Fütteranlagen sorgen für schnelles Wachstum der Forellen.
Weiter sausen wir auf schneller Bahn Richtung PERAMOLA, lassen den Ort rechts liegen, überqueren hinter POLITG den Zipfel des **Stausees von Rialb**, kurz vor der Brücke findet man neben der Kirche von LA TORRE einen ebenen Stellplatz.

> **(139) WOMO-Stellplatz:**
> **La Torre**
> **GPS:** N41° 58' 44.0" E1° 12' 25.6";
> 482 m. **WOMO-Zahl:** 1-2.
> **Ausstattung/Lage:** keine/außerorts.

Stauseen bedecken viel Bauernland, aber auch Kulturschätze, ja ganze Ortschaften versinken in den Fluten. Am Stausee von Rialb versuchte man zu retten, was sich verpflanzen ließ!
300 m hinter der Brücke biegen wir links in die Zufahrt zu einem **Picknickplatz** über dem Seeufer, an dessen Rande man eine kleine Kapelle, einen Dolmen und zwei jeweils aus einem Steinblock gehauene "Riesenbadewannen" aufgestellt hat. Zumindest der Dolmen wurde versetzt, denn unter ihm erkennt man ein solides Betonfundament.

(140) WOMO-Picknickplatz: Dolmen de Sols de Riu
GPS: N41° 59' 00.4" E1° 12' 11.7"; 440 m. **WOMO-Zahl:** 1-2.
Ausstattung/Lage: keine/außerorts. *mit Bademögl.* **Zufahrt:** siehe Text.

Dann zieht die neue Bahn wieder den Hang hinauf, mündet in die Vorfahrtsstraße C 1412 von PONTS nach TREMP. Wir biegen nach rechts ein, verlassen die C 1412 aber bereits nach 2600 m wieder. Ein schmales Teersträßchen mit den Wegweisern EL PUIG DE RIALB und MOLI NOU führt steil hinab zum **Riu de Rialb**. Kurz vor dem Fluss verzweigt es sich noch einmal, nach rechts geht es zur Fischfarm **Piscifactoria Palau**. Nach 1800 m passiert man ein schwimmbadgroß gestautes Badebecken des **Riu Rialb**, auf der festen Kiesbank des Flüsschens ist Platz für einige WOMOs!

(141) WOMO-Badeplatz: Riu de Rialb (rechts)
GPS: N42° 00' 54.2" E1° 11' 25.6"; 443 m. **Max. WOMOs:** 2-3.
Ausstattung/Lage: Bademöglichkeit/außerorts. **Zufahrt:** am Fluss rechts 1800 m.

Am Ende der Straße, nach 2400 m, stoßen wir auf die Fischfarm. Wir haben mit der Besitzerin vereinbart, dass Sie dort jederzeit frische Forellen kaufen können.

Biegt man an der Gabelung nach links, so führt einen das Teersträßchen noch 800 m bis zur **Piscifactoria Moli Nou**. Rechts von ihr setzen wir auf einem Schottersträßchen unsere Flusserkundigung fort und finden in der vegetationsreichen Schlucht des **Riu de Rialb** genau die richtigen Badeplätzchen! Das ultimative Plätzchen kommt nach 3100 m! Bequem geht es zu einer ebenen Fläche, pinienumstanden, direkt oberhalb des Flusses, wo wir uns in einsamster Bergnatur einrichten ...

Hinweis: Bei unserer letzten Kontrollfahrt (im Frühjahr) war die Piste in einem miserablen Zustand, bitte erst zu Fuß prüfen!

> **(142) WOMO-Badeplatz: Riu de Rialb (links)**
> **GPS:** N42° 03' 33.8" E1° 10' 26.2"; 524 m.   **Max. WOMOs:** 1-2.
> **Ausstattung/Lage:** Bademöglichkeit, Schatten, Spazierwege/außerorts.
> **Zufahrt:** Am Fluss links und noch 800 m Asphalt und 2300 m Piste.

Badeplatz am Riu Rialb direkt neben dem Picknickplatz

Die weitere Erkundung des **Riu de Rialb** überlassen wir Ihrem Forscherdrang. Nur so viel sei verraten: Nach weiteren 400 m passiert man die Kapelle **St. Marti de Terrassola** (mit einem ordentlich großen Parkplatz davor) und nach nochmals 600 m gibt es Parkmöglichkeiten vor einem verlassenen Bauernhaus. Von ihm aus muss man zwar 3 min. einen Pfad zum Fluss hinabsteigen, findet aber dort Badegum-

Kapelle St. Marti de Terrassola

... die Costa Brava kann mir gestohlen bleiben!

pen, die der "Blauen Lagune" in nichts nachstehen.
Im weiteren Oberlauf des **Riu de Rialb** frönt man der "neuen" Sportart **Canyoning**, übersetzt müsste das etwa "Flussschluchtenklettern" heißen (vielleicht kennen Sie es schon von unserer Acheron-Tour im Nordwesten Griechenlands?).
Wir starten von unserem Pinienplätzchen ebenfalls eine bescheidene Exkursion, wobei wir flussaufwärts alle paar Meter in einer neuen, noch schöneren Badegumpe schwimmen könnten.

Nach einem unvergesslichen Badeaufenthalt kehren wir zurück zur C1412, machen einen 800-m-Abstecher nach rechts, um das romanische Kirchlein **Santa Maria de Palau** anzuschauen. Ähnlich Sant Climent in COL DE NARGÓ ist es ein Kleinod, das von seiner Ausstrahlung in 1000 Jahren nichts eingebüßt hat.

---

(143) WOMO-Stellplatz: Santa Maria de Palau
GPS: N42° 00' 46.5" E1° 09' 58.2"; 696 m. **WOMO-Zahl:** 2.
Ausstattung/Lage: Wiesenplätze, Brunnen, WC/außerorts. **Zufahrt:** siehe Text.

Dann sausen wir nach Süden Richtung PONTS, schrauben uns mit Blick über den neuen **Stausee von Rialb** hinab zum Ufer des **Segre**.
Unmittelbar vor der Flussbrücke liegen rechts die Ruinen des romanischen Klosters **Santa Maria de Gualter** mit dreischiffiger Kirche und Kreuzgang. Mühsam ist man dabei, die grausam zerfetzten Mauerreste wieder zusammenzuflicken. Als sich im spanischen Bürgerkrieg die Republikaner eilig über den **Segre** zurückziehen mussten, sprengten sie hinter sich die Flussbrücke und die Munitionsvorräte, die sie im Kloster gelagert hatten.

Ehemaliger Kreuzgang im Kloster Santa Maria de Gualter

(144) WOMO-Stellplatz: Gualter
GPS: N41° 55' 42.8" E1° 11' 53.8"; 369 m.   **WOMO-Zahl:** 2-3.
Ausstattung/Lage: Müllcontainer, WC/Ortsrand.   **Zufahrt:** siehe Text.

Wir überqueren auf der neuen Brücke den **Segre**, schwenken rechts Richtung PONTS. Nach 600 m können wir (bei einem Gartencenter) nach rechts wieder zum Fluss abzweigen und an seinem Ufer stromabwärts rollen. Da und dort sitzen Familien auf dem Flussschotter, Kinder vergnügen sich kreischend in den Fluten. Da taucht auch schon der **Parc fluvial** von PONTS auf mit Tischen und Bänken, Brunnen und Grillstellen sowie einer Unmenge von Park- und Übernachtungsmöglichkeiten.

(145) WOMO-Picknickplatz: Ponts (Parc fluvial)

GPS: N41° 55' 19.5" E1° 11' 01.1"; 347 m.
Max. WOMOs: > 5.
Ausstattung/Lage: Tisch & Bank, Brunnen, Grillstellen, riesiger Kinderspielplatz/außerorts.
Hinweise: Die "offizielle" Zufahrt zweigt in Ponts 100 m nach der Kirche bei einem kleinen Platz mit vier Bäumen und Bänken rechts ab (und ist asphaltiert). Die Area recreativa ist eingezäunt und nachts geschlossen, die Parkplätze sind außerhalb.

PONTS hat aber auch Kulturelles zu bieten!
In der Ortsmitte biegen wir am Kreisverkehr links, dem Wegweiser "Collegiata de Sant Pere" folgend, nach 300 m geht es nochmals scharf links (beim **Brunnen**). Der asphaltierte Fahrweg führt uns den Hang hinauf, bietet uns einen Überblick über

das gut bewässerte Tal des **Segre** mit unübersehbaren Maisfeldern. An den trockenen Macchiehängen stehen die typischen Schweinemastanlagen, ihr süßlicher Gestank verfolgt uns.

Die Kirche von PONTS liegt nun unter uns. Wer hat nur die irrwitzige Turmkonstruktion zu verantworten: In einem windigen Drahtgestell hängen die Glocken – und obendrauf klebt auch noch ein Storchennest ...

Nach 2500 m haben wir den kulturellen Höhepunkt von PONTS erreicht.

In Einsamkeit und Stille, inmitten von baumbestandenen Parkflächen, beeindruckt das massive Kirchenschiff der erst kürzlich restaurierten Kirche **Sant Pere de Ponts** (13. Jh.). Sie ist das einzige Überbleibsel eines ehemaligen Augustinerstifts. Inmitten der drei kreuzförmig angelegten Apsiden, mit Lisenen und Rundbogenfenstern verziert, wacht der wuchtige, achteckige Turm. Zwei Reihen von Zwillingsfenstern, eingerahmt von Ecklisenen und Rundbogenfriesen, nehmen ihm nur einen Teil seiner massigen Gestalt.

Hier oben kann man nicht nur schön rasten, sondern sicher auch ruhig übernachten!

**(146) WOMO-Stellplatz:
Sant Pere de Ponts**
GPS: N41° 55' 03.5" E1° 11' 47.8"; 494 m.
WOMO-Zahl: 3-4.
Ausstattung/Lage: Brunnen, Mülleimer/außerorts.
Zufahrt: siehe Text.

Kirche Sant Pere de Ponts (XIII. Jh.)

Zurück in PONTS biegen wir am Kreisverkehr links, weiter geht's Richtung LLEIDA. Die C 14 führt uns zunächst durch trockene Weizenstoppelfelderlandschaft, ist jedoch nach 15 km, in ARTESA, wieder zum **Segre** zurückgekehrt. Zwar bekommen wir vom eigentlichen Fluss nichts zu sehen, überqueren aber zweimal den **Canal d'Urgell,** der beträchtliche Mengen seiner Wasserflut zur Bewässerung nach Süden davonträgt.

Je mehr wir uns BALAGUER nähern, desto freundlicher und fruchtbarer wird die Umgebung. Obstplantagen, in denen Apfel- und Birnenbäume dominieren, beherrschen das Bild. Dazwischen dürfen die allgegenwärtigen Maisfelder und Schweinemastanlagen nicht fehlen!

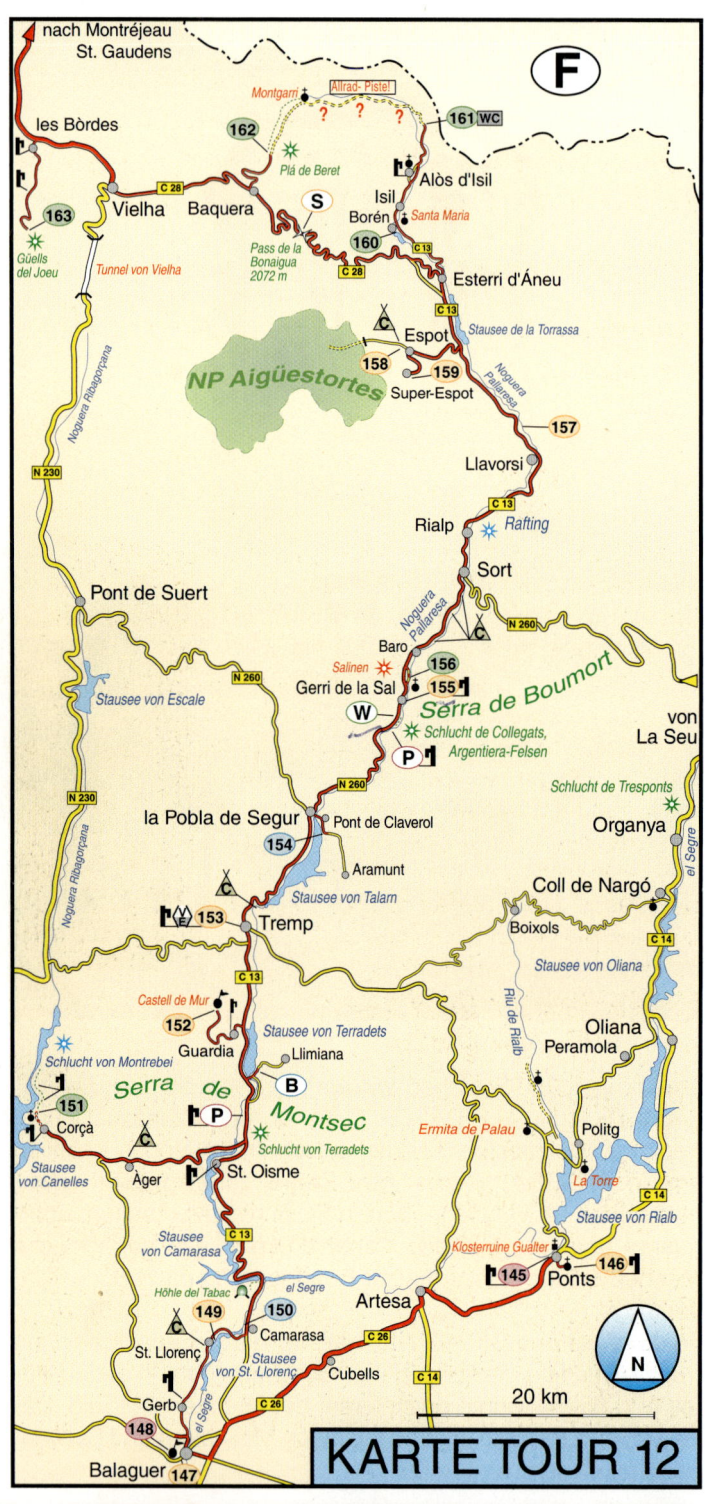

TOUR 12 (ca. 320 km / 4-6 Tage)

Balaguer – Camarasa – Sant Oisme – Corçà – Schlucht von Montreboi – Tremp – La Pobla de Segur – Sort – Espot – Isil – Vielha – Les Bòrdes

Freie Übernachtung:	Balaguer, Corçà, Castell de Mur, Tremp, Stausee von Talarn, nördl. Llavorsi, Super-Espot, südl. Isil, Güells del Joeu.
Trinkwasserstellen:	u.a. Gerb, Guardia, Gerri de la Sal, Alòs d'Isil, les Bòrdes.
Campingplätze:	u. a. Sant Llorenç, Tremp, Baro, Sort, Espot.
Baden:	Camarasa, Stausee von Terradets, Stausee von Talarn.
Besichtigungen:	Balaguer, St. Oisme, Castell de Mur, Gerri de la Sal, Isil.
Wandern:	u.a. Schlucht von Montrebei, NP Aigüestortes, Alòs d'Isil.

BALAGUER begrüßt uns mit einer günstigen Tankstelle neben dem großen Supermarkt "Carrefour" (wenn man erst bei »km 31« die zweite Zufahrt nach BALAGUER nimmt).
Dann überqueren wir den **Canal de Balaguer** und rollen zunächst in die Neustadt hinein. Die Hauptstraße führt immer geradeaus, überquert den **Segre**, verzweigt sich dahinter. Wir biegen am Kreisel unmittelbar **vor** dem Fluss rechts, parken hinter der steinernen Statue des **Comte Jaume d'Urgell** (der die Stadt 1106 von den Mauren zurückeroberte und hier die Residenz seiner Grafschaft errichtete) [N41° 47' 40.3" E0° 48' 32.3"].

Kloster Sant Domènec, gotischer Kreuzgang

Auf der anderen Straßenseite können wir durch den gotischen Kreuzgang des **Klosters Sant Domènec** schlendern. Es wurde 1323 von Dominikanern gegründet und ist seit dem 19. Jh. von Franziskanern bewohnt (offen: Juli-Sept. 11-20 Uhr).
Dann wenden wir und überqueren den Kreisverkehr geradeaus, rollen 500 m flussabwärts und dort rechts hinab zum ausgewiesenen, aussichtsreichen Parkplatz "Riu Segre" (vor der übernächsten Brücke).

(147) WOMO-Stellplatz: Balaguer (Riu Segre)
GPS: N41° 47' 23.6" E0° 48' 26.4"; 218 m. **WOMO-Zahl:** > 5.
Ausstattung/Lage: Liegewiese mit Baumschatten, Altstadt und Gaststätten in der Nähe (samstags wegen Markt überfüllt)/im Ort.

Von hier aus kann man über jene Brücke direkt zur historischen **Altstadt** hinüberspazieren.

BALAGUER, Plaça del Mercadal, Blick auf die Kirche Santa Maria

Als erstes treffen wir auf die besonders sehenswerte, platanenbestandene und arkadenumringte **Plaça del Mercadal**, von der aus die schmalen, malerischen Gässchen in der Altstadt verschwinden. Besonders häufig scheinen hier Schuhgeschäfte zu sein – folglich mache ich mir's in einem der Arkadencafés bequem und warte geduldig, bis Waltrauds Bummeleifer erlahmt ist.

Wir kehren zur ersten Segre-Brücke zurück, überqueren sie. Rechts hinauf geht's zum **Castell Formós**. Am nächsten Kreisel geht es rechts nach GERB. Bitte merken Sie sich diese Stelle, wir kehren bald zu ihr zurück. Oben, auf dem Burgberg, parken wir schön eben und z. T. auch schattig direkt vor den Mauern des barocken **Klosters Sant Crist**, nebenan ein Picknickpark mit Kinderspielplatz.

**(148) WOMO-Picknickplatz:
Balaguer (Kloster Sant Crist)**
GPS: N41° 47' 45.1" E0° 48' 18.2"; 264 m.
WOMO-Zahl: 2-3.
Ausstattung/Lage: Tisch & Bank, Baumschatten, Gaststätte, Kinderspielplatz/außerorts.

Das **Castell Formós**, das die Mauren bereits 897 begannen und die Grafen von Urgell erweiterten, wurde bereits im Mittelalter zerstört. Wegen der bescheidenen Reste möchten wir die Fahrt hinauf auf den Burgberg nicht empfehlen – eher wegen der ruhigen Parkmöglichkeit und dem schönen **Blick** über Segre-Fluss und Altstadt.

Wir kehren zurück zu dem erwähnten Kreisel nach GERB, durchqueren das Dörfchen nach 3 km (am Ortsende Waschhaus mit **Brunnen**), rollen weiter durch Birnenplantagen bis SANT LLORENÇ DE MONTGAI; vor uns baut sich bereits eine gelblich-ockerbraune Gebirgskulisse auf – die **Serra de Montsec**. Am Ortsbeginn von SANT LLORENÇ DE MONTGAI passieren wir einen Campingplatz, rechterhand berühren wir den **Stausee de Sant Llorenç,** an dessen Ufer man unter Zypressen schön schattig stehen kann.

**(149) WOMO-Stellplatz:
Sant Llorenç**
GPS: N41° 52' 00.1" E0° 50' 28.0"; 255 m.
WOMO-Zahl: 2-3.
Ausstattung/Lage: Bänke, Baumschatten, Brunnen am Ortsende/Ortsrand.

Auch im Ort locken grüne Wiesenplätzchen am Seeufer, am Ortsende (unmittelbar vor der Engstelle) rechterhand drei **Wasserhähne**.

Das Sträßchen zwängt sich nun zwischen einer senkrechten Felswand und dem gestauten **Segre** hindurch, überquert ihn schließlich. Durch eine grüne Bambus- und Schilfschlucht erreichen wir wenig später die Hauptstraße C 13, der wir bis zu ihrem Ende tief in den Pyrenäen folgen werden.

Das nächste Örtchen, nach nur 500 m auf der C 13, ist CAMARASA. Die Straße führt uns bequem unterhalb des Ortes vorbei; nach weiteren 500 m schwenken wir nach links zum Segre bei der "Area Recreativa Barbacoas".

> Dort war folgendes geboten: Im vorderen Teil musste man am staubigen Straßenrand parken; linkerhand konnte man schön am Flussufer picknicken und im herrlichen Wasser schwimmen. Der hintere Teil der Anlage, die "Area Recreativa Maria Rubies", war bewirtschaftet.
> Fürs Parken unter den vielen Schattenbäumen zahlte man eine geringe Gebühr, etwas mehr für die Benutzung der Grillstellen; leider wurde der Picknickplatz nachts geschlossen.

Bei unserem letzten Besuch war das Pappelwäldchen abgeholzt, die Bewirtschaftung geschlossen, der Zutritt war nicht reglementiert.

(150) WOMO-Badeplatz: Camarasa (A. R. barbacoas)
GPS: N41° 52' 46.0" E0° 52' 40.3"; 254 m.   **WOMO-Zahl:** > 5.
Ausstattung/Lage: Liegewiese, Bademöglichkeit/Ortsrand.

Am Beginn der Anlage ragen höchst dekorativ die Reste einer alten **Römerbrücke** aus dem Wasser.

Besonders zu Dank verpflichtet sind wir der Tochter der Pächterin, die uns geduldig den Wanderweg zur schönen Tropfsteinhöhle **Cova del Tabac** erklärt:

> „Weiter auf der C 13 überquert man nach 1700 m wieder den **Segre**, durchquert einen ersten Tunnel. Direkt an seinem Ende beginnt nach links der Wanderpfad (einfach: 1 h) zur Tropfsteinhöhle. Da man jedoch hier nicht parken kann, fährt man weiter über die Staumauer des **Stausees de Camarasa**, durchquert einen zweiten, nur 100 m kurzen Tunnel und parkt dahinter rechts vor dem Beginn der Schleichspur [N41° 54' 37.4" E0° 53' 07.6"]. Dann marschiert man zurück und beginnt die Wanderung!"

Haben Sie mehr Zeit als wir? Dann freuen wir uns über Ihre Eindrücke von der Tropfsteinhöhle – und natürlich über ein Foto!

Wenn Sie auf der Staumauer einen Blick nach rechts hinab geworfen haben, dann haben Sie erkannt, dass genau an dieser Stelle der **Segre** mit dem **Noguera Pallaresa** zusammenfließt. Kein Wunder also, dass an der alten Römerbrücke genug Wasser zum Baden vorhanden ist! Falls Sie die Gelegenheit dort nicht genutzt haben, wird Sie der **Camarasa-Stausee** ziemlich enttäuschen: Unsere >C 13< zieht sofort rechts des Stausees steil empor, die Urnatur der **Serra de Montsec** entschädigt uns allerdings mit geradezu abenteuerlichen **Ausblicken** (der Grand Canyon ist auch nicht schöner!).

Blick auf die Serra de Montsec

Während jetzt die Straße rechts des Stausees einen weiten Bogen durchs Hinterland zieht und der Wasserspiegel aus dem Blickfeld verschwindet, können die Zugfahrer links des Stausees immer dann, wenn sie aus einem der vielen Tunnel auftauchen, weiter tolle Blicke über See und Steilwände genießen.

Wir schießen wieder hinab zum Seeufer, legen einen kurzen Zwischenstop im Örtchen BARONIA DE SANT OISME ein (an der Straße eine beliebte Fernfahrergaststätte [N41° 59' 48.8" E0° 50' 49.8"]).

Eigentlich sind es ja nur ein paar Häuschen, die sich malerisch

Baronia de Sant Oisme

um einen hohen, runden Bergfried drängen. Auch die kleine, **romanische Kapelle** mit drei Apsiden und quadratischem Türmchen darf auf unserem Foto nicht fehlen. Wer hinter der Gaststätte links einbiegend den Weg bis zur Plaza de la Torre gefunden hat, der entdeckt dort auch Parkplätze und einen Wasserhahn [N41° 59' 53.0" E0° 50' 40.9"].

Am Nordufer des Stausees erreichen wir schließlich wieder den Wasserspiegel. Hier zweigt nach links die C12 nach ÀGER ab.

Haben Sie Lust auf eine **richtige** Schluchtenwanderung, bei der man (wenn man Glück hat) auch Adler und Geier beobachten kann? Dann folgen Sie uns nach links!

Wir passieren ÀGER, dessen Cam-

pingplatz ein Treffpunkt für Drachenflieger ist. 1500 m hinter dem Ortsendeschild verlassen wir die "Hauptstraße", zweigen scharf rechts nach CORÇÀ ab.

Nach weiteren 1800 m, kurz vor dem nächsten Dörfchen (AGULLÒ), macht die Straße einen Linksknick. Dort kann man unter schattigen Steineichen fein picknicken und dabei den Drachenfliegern zuschauen, die mit den Adlern die Thermik der Steilwand im Norden nutzen – und nur wenige Meter entfernt ihren Landepunkt haben [N42° 00' 36.1" E0° 43' 26.8"].

Die paar Häuser von CORÇÀ gruppieren sich um einen großen Felsklotz; hier sind wir am "Ende der Welt", selbst das Ortsschild ist nur ein handbemaltes Holztäfelchen (aber es gibt eine Gaststätte und einen **Wasserhahn**!).

Nach rechts findet die Zufahrtsstraße ihre Fortsetzung in Form einer recht schmalen Asphaltbahn. Der Wegweiser mit der Aufschrift "Congost*Pertussa*Pantà" und der rot/weißen Wanderwegsmarkierung ist nur für Eingeweihte verständlich: "Congost" bedeutet "Schlucht", gemeint ist die **Congost de Montrebei**, unser Wanderziel. Mit "Pertusa" ist die **Pilgerkapelle La Pertusa** gemeint, vor der auch die Asphaltbahn mit einem großen, ebenen Parkplatz endet. Mit "Pantà" schließlich ist die **Pantà de Canelles** ausgeschildert, ein riesiger Stausee, der durch die Congost de Montrebei vom Fluss **Noguera Ribagorçana** gefüllt wird.

So, jetzt müssen Sie sich entscheiden, ob Sie die genau 2000 m bis zum Ende der schmalen Straße fahren oder am Ortsrand von CORÇÀ [N42° 01' 51.2" E0° 41' 13.6"] parken wollen.

> **(151) WOMO-Wanderparkplatz: CORÇÀ (La Pertusa)**
> **GPS:** N42° 02' 37.2" E0° 40' 30.2"; 680 m.
> **WOMO-Zahl:** 2-3.
> **Ausstattung/Lage:** Wanderweg/außerorts.
> **Zufahrt:** Am Ortsbeginn von Corçà rechts 2000 m auf schmaler Asphaltbahn.

Auf dem Parkplatz vor der Pilgerkapelle sind wir die einzigen – und niemand kann uns auslachen, als wir zunächst vergeblich nach dem Zugang zu dem pittoresken Bauwerk suchen, das geradezu aberwitzig auf

Durch Schluchten zurück zu d. Pyrenäen

einem schmalen Felsgrat balanciert. Schließlich entdecken wir den schmalen Pfad, der zunächst rechts hinab und dann auf Fels wieder hinauf zum Kirchlein führt.

Dann sitze ich gemütlich auf "unserem" Parkplatz, genieße den Blick über die Silhouette der Serra und hinab zum Stausee, Waltraud sammelt eine große Schüssel Brombeeren (die in Katalonien offensichtlich nicht zu den Nahrungsmitteln zählen; zumindest war außer uns nie einer in den brechend vollen Büschen), die Nacht ist absolut still.

> Am nächsten Morgen brechen wir **sehr** früh auf!
> Auch Ihnen empfehlen wir eine geradezu "unchristliche" Abmarschzeit zwischen 7-8 Uhr, denn dann werden Sie den (rot/weiß markierten) Wanderweg GR 1 zumindest auf dem Hinweg zur Schlucht im morgendlichen Schatten der Felswände genießen!

Beginn der Wanderung zur Congost de Montrebei, Blick zurück

Der Pfad führt zunächst an der Hangkante entlang, sinkt dann hinab zur Ruine des Bauernhofes **Mas Pardines** in einem Seitenkessel des Tales (links unterhalb der Gebäude frische Quelle).
Im Zickzack geht's wieder zum Hang hinauf, unter überhängenden Felsen eben entlang, noch ein paar Serpentinen höher, eben um die Hangkante herum.
Jetzt eröffnet sich erstmals der Blick auf die Klamm – und durch sie hindurch bis zu einem Hügel mit Bergfried.
Nach einer guten Stunde sind wir beim ehemaligen Bauerhof **Mas Carleta**, der mit einigen Überraschungen aufwartet. Wir hatten einige überwucherte Ruinen erwartet – und bekommen eine "Refugio" geboten mit schönen Bänken und Tischen unter einer Rieseneiche, Toiletten, einen Brunnen – und gar eine Freiluftdusche!

Offensichtlich war die Wandererherberge noch vor kurzen bewirtschaftet, im Inneren des Gebäudes kann man kochen und auch übernachten (aber auf unserer ganzen Tour sind wir keine Menschenseele begegnet) ...

Nun geht es abwärts durch dichten Pinienwald mit Wacholder und Erdbeerbäumen; nach 30 Minuten sind wir am Beginn der Klamm, wo der Hangweg in einen Weg übergeht, den man in die senkrechte Felswand sprengen musste, als der Pfad am Grund der Schlucht vom Stausee überflutet wurde.

Congost de Montrebei, Felsenpfad

Es ist zunächst nicht jedermanns Sache, auf einem Pfad zu marschieren, neben dem es absolut senkrecht nach unten geht bis zum unheimlich ruhigen, türkisblauen Wasserspiegel.

Bald aber tritt (gewisse) Gewöhnung ein und wir wagen einen vorsichtigen Jodler, der ein vielfaches Echo auslöst; wirft man Steine hinab, klingt das Echo gar wie ein Kanonenschuss!

Nach weiteren 30 Minuten, die Klamm hat sich wieder erweitert, rasten wir oberhalb einer Felszunge, die relativ flach ins Wasser führt. Hier kann man unter Steineichen picknicken oder auch im spiegelglatten See schwimmen.

Inzwischen testen die ersten Adler die Thermik – und wir bekommen beim Rückmarsch die Strahlen der Sonne zu spüren. Zwar schützt uns zunächst das Pinienwäldchen, und bei der Refugio wird nochmal eine Schattenrast eingelegt.

Aber zurück am WOMO sind wir trotzdem reif für die Dusche. Für die Tour, deren reine Wanderzeit 2 x 2 h beträgt, müssen Sie insgesamt wohl 5-6 Stunden ansetzen.

Wir kehren auf dem gleichen Weg zur C 13 am Nordrand des Stausees de Camarasa zurück, die sich nun mit dem **Noguera Pallaresa** durch die **Serra de Montsec** zwängt (parallel zu unserer Wanderklamm mit dem **Noguera Ribagorçana**).

Nach 1500 m auf der C 13 beginnt die **Congost de Terradets**, der Engpass der Serra. Auf einem schönen Picknickplatz

1,5 km später [N42° 02' 07.5" E0° 53' 01.6"] können Sie nicht nur das Felsentor bestaunen, sondern auch an einer eigenwilligen **Brunnen**konstruktion Wasser fassen: Drei Edelstahlrohre sind zu einer spitzen Pyramide zusammengeschweißt – und an ihrer Basis schießen drei kräftige Wasserstrahlen heraus.

Nun zwängen wir uns durch die Klamm: Bahnlinie, Fluss und Straße drängeln sich zwischen den steil aufragenden Felswänden. Schließlich siegt die Natur – Zug und Auto verschwinden je in einem Tunnel, ein zweiter folgt wenig später (man kann auch vor dem ersten Tunnel rechts abbiegen, über eine Staumauer rollen und auf der alten Straße rechts des Flusses weiter fahren)!

Bei Tageslicht sichten wir den **Stausee de Terradets** und kurz darauf ein Sträßchen, das nach rechts über den Stausee Richtung LLIMIANA abzweigt. Gleich hinter der Brücke geht es links (hier kommt die alte Straße von rechts) – und bereits 700 m später findet man im schattenspendenden Pinienwald rechterhand einen Kinderspielplatz und links einen feinen **Badeplatz** direkt neben der Straße [N42° 03' 36.0" E0° 53' 27.0"].

Wer der Hauptstraße treu bleibt, braucht auf Badefreuden nicht zu verzichten. Bei »km 73,7« und »km 75,0« kann man nach rechts zum Ufer abbiegen und ins Wasser hüpfen.

Diese Plätze sind für ungestörte Nachtruhe wohl kaum geeignet. Fahrend Sie deshalb mit uns bei »km 78,4« nach links Richtung GUARDIA. Nach 2,5 km durchqueren wir das Dörfchen, passieren den kräftig schüttenden **Brunnen** in der Ortsmitte rechts. Bei schönen Bli-

Castell de Mur

cken über den Stausee und die **Serra de Montsec** schrauben wir uns immer höher, zweigen rechts ab zum **Castell de Mur/ Santa Llúcia**. Nach weiteren 6600 m stehen wir direkt zu Füßen eines gewaltigen, runden **Bergfriedes** inmitten der Reste des Castells.

> **(152) WOMO-Stellplatz: Castell de Mur**
> **GPS:** N42° 06' 18.1" E0° 51' 25.2"; 872 m. **WOMO-Zahl:** 3-4.
> **Ausstattung/Lage:** keine, phänomenale Sicht/außerorts.

gut. 5.9.13

Unbedingt sollte man noch die paar Schritte hinaufspazieren bis vor das (verschlossene) Tor des ehemaligen **Klosters Santa Llúcia**. Hier hat man den **ultimativen Blick** von der **Serra de Montsec** bis zu den **Pyrenäen**.
Auf der Hauptstraße sind es nur noch 7 km bis TREMP.
Wir passieren am Ortsschild eine Parkmöglichkeit mit **Wasserhahn** und biegen 500 m später (100 m vor einem Kreisverkehr) links, dem WOMO-Piktogramm folgend zum offiziellen WOMO-Stellplatz mit (völlig fehlkonstruierter) Entsorgungseinrichtung sowie Platz für ca. 6 WOMOs.

> **(153) WOMO-Stellplatz: Tremp**
> **GPS:** N42° 09' 47.2" E0° 53' 25.6"; 463 m. **WOMO-Zahl:** 5-6.
> **Ausstattung/Lage:** Bänke, Ver-/Entsorgung, Wasserhahn, 500 m bis zur Ortsmitte/Ortsrand.

Wer TREMP nur auf der Durchreise besichtigen möchte, stößt geradewegs in den Ort hinein und hält bei einem kleinen Park mit altem Rundturm, einem Rest der ehemaligen **Stadtbefestigung**. Von dort aus kann man in die aufgeräumten Gässchen der historischen Altstadt hineinschlendern, kunsthistorischer Höhepunkt ist die gotische Holzstatue **Santa Maria de Valldeflors** in der Kirche Santa Maria.
Mitten durch den Ort hindurch führt uns die C 13 weiter Richtung LA POBLA DE SEGUR. Bald haben wir wieder einen Stausee neben uns, die **Pantà de Talarn** (Pantà de Sant Antoni). Badeplätzchen können wir zunächst überhaupt nicht vermelden – es sei denn, man beehrt den **Campingplatz** von TREMP.
Eine andere Möglichkeit des Wasserkontakts bietet der Bootsverleih 1300 m später. Dann behindert auch noch die Bahnlinie zwischen Straße und Seeufer unseren Entdeckerdrang – aber immerhin zeigen uns Autokarte (und Fernrohr) einsame Strände am Nordostufer der Wasserfläche ...
Folglich schenken wir am Nordende des Stausees, in LA

POBLA DE SEGUR, unsere volle Aufmerksamkeit den Straßen, die nach rechts abzweigen! Am Kreisverkehr biegen wir nicht nach links (PONT DE SUERT), sondern nach rechts Richtung SORT, überqueren einen Fluss und biegen dahinter (»km 0«) sofort wieder rechts Richtung ARAMUNT. Dort können wir – wie erhofft – am gegenüberliegenden Seeufer nach Süden rollen. Von dem verkehrsarmen Sträßchen zweigen massenhafte Stichwege zum Ufer ab, z. B. nach 1800 m und nach 3000 m bei der **Area Ludica dels dos Arbres**. Dort führt nach links sogar eine Schotterpiste hunderte von Metern direkt am Seeufer entlang und bietet eine ganze Reihe von weiteren, einsam-ruhigen Plätzchen.

(154) WOMO-Badeplatz: Pantà de Talarn (3000 m)
GPS: N42° 13' 09.9" E0° 58' 21.5"; 508 m. **WOMO-Zahl:** > 5.
Ausstattung/Lage: Bademöglichkeit, Liegewiesen/außerorts. **Zufahrt:** siehe Text.

Zurück an der Hauptstraße halten wir uns rechts (Richtung SORT), schlängeln uns durch die engen Straßen des Örtchens und halten bei den letzten Häusern verblüfft an: So, als hätte man hier, verkehrsgünstig, ein modernistisches Freilicht-Museum

(Torre Mauri) an den Straßenrand gerückt, verzaubert uns ein ganzes Ensemble von Gebäuden in diesem bunten Spielzeug-Stil, der wohl niemanden kalt lässt. Der optische Genuss wird noch erhöht durch einen hübsch angelegten Park (mit botanischem Lehrpfad, auch die Tourismus-Information residiert in einem der Gebäude [N42° 14' 59.8" E0° 58' 10.2"]. Neben dem **Noguera Pallaresa** halten wir auf die nächsten Felswände zu. Seit seiner Mündung in den **Segre** sind wir ihm treu geblieben. Ob wir uns bis zu seiner Quelle in den Pyrenäen vorkämpfen können?

Zunächst jedoch hilft uns der Fluss, die **Serra de Boumort** zu durchbrechen. Bei »km 301,5« schwenken wir nach rechts auf einen **Picknickplatz** [N42° 16' 15.7" E1° 01' 40.3"; 525 m], der gleich mehreres bietet:

In Ruhe kann man das schmale Felsentor, die **Congost de Collegats**, bestaunen, aus dem der **Noguera Pallaresa** herausquillt. Eine Informationstafel klärt über die Avifauna der Schlucht auf (und wie zur Bestätigung schwingen sich einige Adler von der Felskante und ziehen über uns mühelos ihre Suchschleifen). Außer Schattenbäumen, Tischen und Bänken und einem kräftig schüttenden **Brunnen** gilt es noch, die moderne Riesenplastik zu bewundern, die dem alten Handwerk der Flößer gewidmet ist. Im weiteren Verlauf der Straße sind einige Änderungen eingetreten: Die einstmals schmalen Teerbänder, die sich mit dem Fluss um die Felswände herumwanden,

Durch Schluchten zurück zu d. Pyrenäen

wurden für den KFZ-Verkehr gesperrt, denn dieser zischt bequem durch eine ganze Reihe von Tunnels. Die alten Straßenabschnitte bieten somit beste Spazier- und Studiermöglichkeiten in der Schlucht. Idealer Ausgangspunkt dafür ist nicht unser erster Picknickplatz, sondern der zweite, fast identische (nur der Brunnen fehlt).

Wir rollen folglich durch einen ersten, 1141 m langen Tunnel und auch noch durch die zweite Röhre mit 1098 m. Dahinter liegt links unser Startpunkt [N 42° 18.021'; E 1° 2.100'; 572 m].

Congost de Collegiats, Ende des zweiten Tunnels, Wanderbeginn

> Wir überqueren die Fahrstraße und wandern bei bestem Fotolicht (morgens) zwischen den Steilwänden hindurch. Wie an einem autofreien Sonntag können wir auf bequemer Bahn spazieren und genießen. Optischer Höhepunkt sind die **Argentiera-Felsen** auf der anderen Flussseite (kurz bevor wir wieder auf die neue Fahrstraße am anderen Tunnelbeginn stoßen). Wie eine umgestülpte Tropfsteinhöhle bieten sie (bei vollem Tageslicht) an einer breiten Fläche eine Fülle von Stalaktiten und anderen Sintergebilden aus weißem, gelbem und rostbraun verfärbtem Kalk, die erst knapp über dem petrolgrünen Fluss enden.

Wieder ein bisschen Kultur gefällig?
Dann biegen Sie mit uns am Ortsende von GERRI DE LA SAL rechts hinab zum schön angelegten, großen Parkplatz mit **Brunnen** unter einem balzenden Auerhahn.

(155) WOMO-Stellplatz: Gerri de la Sal
GPS: N42° 19' 27.9" E1° 03' 56.5"; 600 m.　　　　　　**WOMO-Zahl:** 3-4.
Ausstattung/Lage: Brunnen, Schattenbäume, Kinderspielplatz, Gaststätten/Ortsrand.

Gerri de la Sal, Brücke über den Noguera Pallaresa

Von dort aus spazieren wir zunächst über eine ehrwürdige Einbogenbrücke zum ehemaligen **Benediktinerkloster Santa Maria** (12. Jh.). Die Klosterkirche beeindruckt mit einer gewaltigen Vorderfront, die dreistöckige, gestufte Wand darüber trägt die Glocken; eine wuchtige Vorhalle mit drei Rundbögen beschattet das romanische Portal; massive Pfeiler trennen die drei Kirchenschiffe. Guten Zuspruch hat auch das kleine Café im Schattenwald am Spazierweg zwischen Brücke und Kirche. Wirtschaftliche Bedeutung erlangte das kleine Dörfchen durch die Salzgewinnung. Links des Parkplatzes kann man die immer noch umfangreichen **Salinenbecken** besichtigen bzw. sich die Technik der Salzgewinnung bei einer Führung erklären lassen.

Gerri de la Sal, Salinenbecken

Einst lieferten die Salinen bis zu 3.000 to Salz im Jahr. Auch jetzt ist noch eine beträchtliche Zahl der Verdunstungsbecken mit Salzwasser gefüllt; sie ziehen sich rechts unterhalb unserer Fahrstraße entlang.

Das romanische Kirchlein **Mare de Déu d'Arboló** thront nur wenige hundert Meter nördlich des Ortes jenseits des Flusses an der Felswand. Fleißige Wanderer biegen hinter dem romanischen Brückchen von GERRI DE LA SAL links und haben das rote Sandsteinkleinod nach kurzem Marsch erreicht.

Sie möchten es direkter haben - und einen schönen Übernachtungsplatz direkt am rauschenden Fluss ohne Autolärm?

Dann schwenken Sie 1200 m nach dem Ort vor dem Tunnel in die alte Straße, die ihn rechts, dem Flusslauf folgend, umgeht.

---

(156) WOMO-Wanderparkplatz: Mare de Déu d'Arboló
GPS: N42° 20' 12.7" E1° 04' 03.3"; 611 m.   **WOMO-Zahl:** 2-3
Ausstattung/Lage: Wanderweg, Flussrauschen/außerorts.

---

5 km nördlich findet man in BARO einen schönen **Campingplatz**, auch die elegante, hölzerne **Hängebrücke** ist einen Blick wert. Kurz darauf, in MONTARDIT, der nächste Campingplatz. Es sind die ersten von vielen, die am Ufer des jungen **Noguera Pallaresa** den Kanu- und Raftingfreunden Ausgangspunkte für diesen feuchtfröhlichen Wassersport bieten. Sacht führt die Straße zu einem weiten Pyrenäentalbogen hinauf, in dessen Mitte SORT liegt, eines der Rafting-Zentren. In dem kleinen Städtchen wimmelt es nur so von Angeboten. Man braucht keine Ausrüstung mitzubringen, alles wird gestellt: Moltopren-Anzüge, Helme, Schwimmwesten – und dann fährt man mit "Hallo" und einem großen Schlauchboot im Schlepp hinauf Richtung RIALP/ESTERRI D'ÁNEU entlang des Noguera Pallaresa, bis ein bequemer Einstiegsplatz erreicht ist.

Wesentlich ruhiger geht es in RIALP zu. Rechts der Straße, beim Bürgermeisteramt, findet man einen bequemen Parkplatz [N42° 26' 37.5" E1° 08' 09.9"; 716 m] und kann nach links in den alten, verwinkelten Ortskern hineinspazieren.

Auch im weiteren Verlauf des Flusses tönt noch lange das fröhliche Kreischen der "Rafting-Abenteurer" bis zur Straße hinauf. Wer hat wohl mehr Spaß – die Teilnehmer, die sich gegenseitig ins Wasser schubsen (oder sich gleich neben den Booten treiben lassen) oder die Zuschauer am Straßenrand?

Auch LLAVORSI ist noch einmal ein umtriebiges Rafting-Zentrum mit Campingplatz am Ortsende. Wenig später, bei »km 145,4«, kann man das schäumende Flüsschen Richtung AIDÍ überqueren und findet direkt hinter der Brücke rechts eine schöne, blickgeschützte Picknickwiese direkt am Fluss.

(157) WOMO-Stellplatz: »km 145,4«
GPS: N42° 31' 01.5" E1° 11' 45.1"; 832 m. **WOMO-Zahl:** 2-3.
Ausstattung/Lage: Liegewiese, Flussrauschen/außerorts. **Zufahrt:** siehe Text.

Geräusche vorbeifahrender Autos werden Sie wohl kaum hören – sie werden vom Rauschen des Gebirgsflusses übertönt.

Die Gegend wird nun einsamer, die Schluchten der Pyrenäen nehmen uns auf. Neben der Staumauer des **Stausees von Torrassa** zweigt eine steile Gebirgsstraße nach ESPOT ab. ESPOT ist berühmt, SUPER-ESPOT ist berühmter!

Dort oben, an den Hängen des **Pic Carbonero**, warten ganze Batterien von Skiliften auf den ersten Schnee. Sommers konzentriert sich das Interesse auf den benachbarten **Nationalpark Aigüestortes**. Ganze Scharen von Touristen überfluten ihn Jahr für Jahr (obwohl die anderen Pyrenäengebiete allesamt herrliche Landschaften mit viel mehr Ruhe besitzen). Das Ergebnis sind Verkehrsstaus, Parkplatzprobleme, dauernde Änderungen der Zufahrtsbedingungen und allsommerlich genervte Naturparkwächter.

> Die Situation stellt sich zur Zeit wie folgt dar:
> Am Ortsende von ESPOT beginnt die Zufahrtsstraße zum Nationalpark, sie ist sehr steil, aber asphaltiert. Nach 500 m (bezeichnenderweise an der Zufahrt zum letzten der drei **Campingplätze**) verwehrt ein Verbotsschild die Weiterfahrt für Fahrzeuge über 2 m Breite.
> Nach insgesamt 4 km kommt an der Nationalparksgrenze ein großer Parkplatz, der jedoch in der Regel bereits mittags überfüllt ist. Von dort aus sind es noch 4 km (zu Fuß) bis zum Ende der Straße am **Sant-Maurici-See** (einst durfte man auch mit PKW oder WOMO bis dorthin fahren).
> Für alle diese aktuellen Beschränkungen könnte man aus naturschützerischer Sicht Verständnis haben – aber nicht für die Tatsache, dass kommerzielle Landroverflotten zahlende Gäste nicht nur bis zum See, sondern auch auf Touren durch den Nationalpark fahren dürfen.
> Falls Sie sich dafür interessieren: Am Ortsbeginn von ESPOT (beim Infoamt des NP) kann man einsteigen und tagsüber auf dem großen Schotterplatz [N42° 34' 29.7" E1° 05' 25.4"] gegenüber parken; die Fahrt bis zum **Sant-Maurici-See** kostet hin und zurück 10 € (bis 12 Jahre 6 €).

Für die Nacht empfehlen wir, entweder durch den Ort Richtung Nationalpark bis zum großen Schotterplatz bei den Bombers (Feuerwehr) zu fahren ...

(158) WOMO-Stellplatz: Espot (Feuerwehr)
GPS: N42° 34' 48.3" E1° 04' 58.6"; 1353 m. **WOMO-Zahl:** 2-3.
Ausstattung/Lage: Liegewiese, Wanderweg/Ortsrand. **Zufahrt:** siehe Text.

... oder nach SUPER-ESPOT hinaufzukurven! Nach 2,5 km haben wir einen Wiesenplatz am Ortsrand erreicht und nach 3,0 km einen Riesenparkplatz beim ersten Lift. Kaum eine Menschenseele lässt sich hier im Sommer blicken.

(159) WOMO-Stellplatz: Super-Espot (Ortsbeginn)
GPS: N42° 33' 51.1" E1° 05' 56.7"; 1500 m. **WOMO-Zahl:** 2-3.
Ausstattung/Lage: keine/Ortsrand. **Zufahrt:** siehe Text.

Wir beschließen kurzerhand, uns einen eigenen, **alternativen Nationalpark** mit schönem See in idyllischer Einsamkeit zu suchen!

Zunächst rollen wir auf der C 13 weiter am Ufer des **Stausees von Torrassa** entlang. Nach 1000 m kann man rechts der Straße bequem parken, mit Kanus über den See paddeln, windsurfen, aber auch Reitpferde mieten. Nach weiteren 1000 m, in LA GUINGUETA, kann man den Stausee an einer Engstelle überqueren und auf der anderen Seite rechts oder links ein ruhiges Picknickplätzchen suchen.

In ESTERRI D'ÁNEU (Achtung! Die Hauptstraße schwenkt als vorher C 28 nach links!) beginnen wir die Suche nach unserem "alternativen Nationalpark": Die Hauptstraße macht am Ortsende einen Knick nach links, die C 13 (C 147) führt aber geradeaus weiter entlang des **Noguera Pallaresa** Richtung ISIL.

Wir folgen "unserem" Fluss und bekommen als erstes wirklich einen kleinen Stausee (**Pantà de Borén**) geboten. Idyllische Plätzchen unter Birken liegen am Ortsbeginn von BORÉN direkt am See.

> **(160) WOMO-Wanderparkplatz: Borén**
> **GPS:** N42° 39' 32.9" E1° 05' 00.0"; 1100 m. **WOMO-Zahl:** 2.
> **Ausstattung/Lage:** Liegewiese, Wanderweg/Ortsrand.
> **Hinweis:** Der Rundwanderweg "Mare de Deu de les Neus" (1 1/4 Std.) beginnt am Kirchplatz. Zu ihm fährt man am Ortsende von BORÉN links und findet am Kirchplatz auch reichlich Parkraum, um das WOMO sicher abzustellen.

Wir passieren BORÉN und begucken das kleine "Lügenbrückchen", über das nur noch unser Wanderweg führt. Für WOMOs und Lügenbolde gibt es wenig später etwas stabileres ...

Dann ist Kultur direkt am Straßenrand geboten: Vom ehemaligen Benediktinerkloster Sant Joan ist die dreischiffige, wehrhafte **Klosterkirche Santa Maria** (12. Jh.) erhalten geblieben.

Klosterkirche Santa Maria (XII. Jh.)

Die Rundbogenfriese unter dem Dach sind mit verschiedenen Menschenköpfen verziert und über dem romanischen Portal wollte man uns mitteilen, wie sich Adam und Eva nach dem Sündenfall verändert haben. Leider hat ein Bilderstürmer das Relief so verstümmelt, dass man für die untere Körperhälfte die Phantasie zu Hilfe nehmen muss.

Auch ALÒS D'ISIL besitzt ein altes Brückchen, die Adam-und-Eva-Reliefs an der romanischen **Pfarrkirche Sant Llisser** tragen die gleichen "Moralistenspuren"; vielleicht kann Sie das schöne Portal mit den dekorierten Zierbögen entschädigen ... Aber eigentlich ist jedes der Häuser in diesem romantischen, entlegenen Gebirgsdörfchen sehenswert!

Die weiterführende Straße (Wegweiser: Bonabé) zieht recht bequem weiter am Flüsschen entlang. Wir schielen hinab in eine senkrechte Klamm (»km 1,6«), begucken einen Wasserfall (»km 1,8«), bei »km 3,2« kann man vor der Brücke an der großen Wiesenfläche halten [N42° 43' 20.9" E1° 06' 41.0"], auf der man herrlich rasten, die Bergeinsamkeit und die unberührte Natur genießen kann.

Bei »km 3,2« endet die Asphaltbahn bei dem großen Wanderparkplatz unterhalb der Refugi del Fornet - wir haben unseren "Alternativen Nationalpark" erreicht.

Hier kann man mit prächtigem Pyrenäenblick lagern und faulenzen oder einen der drei markierten Wanderwege zur französischen Grenze in Angriff nehmen.

---

(161) WOMO-Wanderparkplatz: Alternativer Nationalpark »3,2«
GPS: N42° 43' 33.4" E1° 06' 24.7"; 1370 m.   **WOMO-Zahl:** > 5.
Ausstattung/Lage: Tisch & Bank, WC, Wanderwege "El cami de la llibertad" und Wanderweg Nr. 1 "Fort de Salau" an der französischen Grenze/außerorts.

An der für WOMOs rein theoretischen Fortsetzung der Piste liegt eine Gaststätte mit Pferdeverleih (»km 3,8«), ein weiterer, kleiner Wasserfall (»km 4,9«), ein Katarakt (»km 5,3«), ein verlassenes Gehöft mit drei Scheunen (»km 8,4«) [N 42° 44' 57.4"; E 1° 5' 30.7"; 1451 m]. Nach genau 9,3 km, bei einer weiteren großen Almwiese, verschwindet der **Noguera Pallaresa** nach rechts.

Bitte kehren Sie am Wanderparkplatz um und nehmen Sie für die Weiterfahrt die Hauptstraße über den **Pass de la Bonaigua** [N42° 39' 51.4" E0° 58' 40.9"; 2078 m] nach BAQUERA!

Nur Verrückte wie wir (oder Allradfahrzeugbesitzer) werden weiter auf der miserablen Piste (??) durch tiefe Schlaglöcher rumpeln, die Ölwanne ankratzen und nach weiteren 9 km auf dem Wald-Parkplatz oberhalb des verlassenen Dörfchens MONTGARRI ankommen. Von dort aus führt ein Fußweg zur Kirche **Mare de Déu de Montgarri**. Noch 4,5 km sind es dann auf besserer Schotterbahn bis zur **Plá de Beret**, wo man nach insgesamt 22,8 km wieder Asphalt unter den Rädern hat.

Die **Plá de Beret** ist eine Hochfläche, von der aus eine Unzahl von Skiliften weiter hinaufzieht; auch die spanische Königsfamilie pflegt hier, im schneesichersten Skigebiet Spaniens, zu wedeln.

Im Sommer ist die **Plá de Beret** Ausgangspunkt für Bergtouren, auch ein Fußweg nach MONTGARRI beginnt am Rande des riesigen Parkplatzes, der nächtens sicher völlig einsam liegt. Große und vor allem kleine Pferdenarren werden sich an der Vielzahl der weidenden Unpaarhufer erfreuen ...

> **(162) WOMO-Wanderparkplatz: Plá de Beret**
> **GPS:** N42° 43' 43.6" E0° 57' 50.3"; 1853 m.
> **Max. WOMOs:** >5.
> **Ausstattung/Lage:** Wanderwege, Mülleimer/außerorts.
> **Direkte Zufahrt:** Über den Pass de la Bonaigua bis BAQUEIRA, dort rechts.

Wir turnen nun hinab nach BAQUEIRA, wo wir auf die Vernünftigen treffen, die den **Pass de la Bonaigua** benutzt haben. Mit Ihnen zusammen rollen wir weiter durchs einst einsame **Aràn-Tal**. Erst 1924, als die Straße über den Port de la Bonaigua gebaut wurde (1948 kam der Vielha-Tunnel dazu), erhielt das Tal überhaupt eine Straßenverbindung nach Spanien. Kein Wunder, dass die aranesische Sprache den Spaniern recht "spanisch" vorkommt, während Franzosen durchaus mithalten können.

Neben uns fließt natürlich auch nicht mehr der **Noguera Pallaresa** (der bei MONTGARRI entspringt), sondern die **Garona**, die bei BORDEAUX als **Garonne** in den Atlantik mündet. Der Geologe schließt daraus messerscharf, dass das **Aràn-Tal** nördlich des Pyrenäen-Hauptkammes liegt ...

Heute gleicht das Aràn-Tal einem motorisierten Ameisenhaufen. So fällt (mangels Parkplatz) auch die Besichtigung der **Kirche Sant Andreu** in SALARDÚ aus. Immerhin sichten wir den großen, achteckigen Glockenturm, das Wahrzeichen des Aràn-Tales.

VIELHA ist der größte Ort des Aràn-Tales (als VETULA bereits von den Römern gegründet). Der Touristenstrom, der von Frankreich hereinquillt, rinnt nur zum kleinsten Teil ins Aràn-Tal. Die Hauptmasse wälzt sich durch den Vielha-Tunnel weiter nach Süden, düst über LLEIDA an die "Traumküsten". Für uns ist VIELHA letzte Tank- und Einkaufsstation. Im Supermarkt decken wir uns letztmals mit "Spanischem" wie Rotwein, Cava-Sekt – und Calamares-Konserven ein, lassen uns dann vom Urlauberstrom weiter Richtung "França" treiben. Eine letzte, nicht zu verachtende Attraktion haben wir noch auf spanischem Boden zu bieten: **Güells de Joeu**, auf aranesisch gar "Uelhs deth Juèu" ist der unaussprechliche Name eines Kataraktes, der als unterirdischer Fluss das Maladeta-Massiv durchquert hat und unvermittelt aus dem Gebirge quillt. Kurz vor »km 172« biegen wir links nach ES BÒRDES (0 km), später ist auch "El Artiga de Lin" angezeigt (in der Ortsmitte Brunnen).

Blick von der Area Recreativa Artiga de Lin

Das steile Teersträßchen ist sehr gepflegt. Nach 6,5 km kann man neben den Resten einer Kapelle bequem parken [N42° 41' 48.3" E0° 42' 26.1"; 1220 m], nach 7 km passieren wir den größten Brunnen Spaniens (eher ein Wasserfall) mit dem aranesischen Namen "Hont deth Gresilhon", gegenüber Picknicktische und nach 8,6 km kommt ein großer Wanderparkplatz [N42° 40' 58.4" E0° 42' 25.7"; 1313 m], von wo aus man den Katarakt von unten her erwandern kann.

Nach insgesamt 9 km erreichen wir einen weiten Talschluss mit großem Parkplatz (**Area Recreativa Artiga de Lin**), umgeben von herrlichen Berghängen, von denen silberne Wasserfälle herabstürzen; eine Pferdeherde lässt sich willig streicheln und mit harten Weißbrotresten füttern.

> **(163) WOMO-Wanderparkplatz: Artiga de Lin**
> **GPS:** N42° 40' 41.9" E0° 42' 20.0"; 1473 m.   **Max. WOMOs:** 3-4.
> **Ausstattung/Lage:** Liegewiese, Wanderwege/außerorts.

Am nächsten Morgen (das Thermometer zeigt 5 °C) ist eine wärmende Joggingrunde anzuempfehlen. Die Fortsetzung der Straße ist eine Schotterpiste, die um einen Hang herum ins Nachbartal führt und dort nach 900 m endet.

Zwischen zwei Natursteinpfosten führt ein Wanderpfad in 8 min. hinab zum gewaltig schäumenden Katarakt, der aber eher geologisches Interesse erregt. Viel schöner ist der Wasserfall, zu dem sicher einer der Wanderwege am Beginn des Parkplatzes hinaufführt.

Wir kehren zur Hauptstraße zurück. Vielleicht interessiert es Sie noch, dass im Örtchen LES noch eine Tankstelle mit spanischen Preisen auf Sie wartet? Kurz darauf überqueren wir, ohne dass wir es richtig merken, die französische Grenze. Wie schön, dass wir an der Heimreisestrecke bereits ein paar bequeme Übernachtungsplätze kennen ....

TRICKS UND TIPPS – alphabetisch geordnet

Abschleppstange
Adressen
Ärztliche Hilfe
Auto siehe Fahrzeug
Autobahngebühren
Autofahrer siehe Einreise
Autohilfsdienste
Autopapiere siehe Einreise
Autowerkstätten siehe Autohilfsdienste

Baby
Beleuchtung
Benzin siehe Treibstoff
Bergwandern/Bergsteigen

Campingmöbel
Campingplätze siehe Freies Camping
Chemikaltoilette siehe Entsorgung

Devisen
Diesel siehe Treibstoffe
Dusche

Einreiseformalitäten
Entsorgung
Ersatzrad siehe Reifen
Ersatzteile siehe Autohilfsdienste

Fahrzeug
Filmen/Fotografieren
Flora/Fauna
Freies Camping

Gas
Gaststätten siehe Speisen
Geld siehe Devisen
Geschwindigkeitsbegrenzung s. Verkehr
Getränke
Gewicht siehe Fahrzeug
GPS siehe Zauberei

Haustiere

Insektenplage

Kartenmaterial
Kerze siehe Beleuchtung
Kleidung
Klima
Konserven siehe Lebensmittel
Krankheit siehe ärztliche Hilfe
Kühlschrank
Kulturgeschichte

Lebensmittel
Literatur

Medikamente

Nachrichten siehe Rundfunk

Öffnungszeiten
Oktanzahl siehe Treibstoff

Packliste
Pflanzen siehe Flora/Fauna
Preise

Redewendungen
Reifen
Reparaturbuch siehe Literatur
Rundfunk

Schlafsack
Sonnenschutzmittel
Sonnensegel siehe Campingmöbel
Speisen
Sprache siehe Verständigung
Straßenhilfsdienst siehe Autohilfsdienste
Straßenverhältnisse s. Verkehr

Telefon
Temperaturen siehe Klima
Tierwelt siehe Flora/Fauna
Toilette siehe Entsorgung
Treibstoffe
Trink-, Wasch-, Spülwasser

Uhrzeit
Urlaubszeit siehe Klima, Reisezeit

Verkehr
Versicherung s. Einreiseformalitäten
Verständigung

Wasserkanister siehe Trinkwasser
Wassertemperaturen siehe Klima
Wasserversorgung siehe Trinkwasser
Wechselstuben siehe Devisen
Wetter siehe Klima
Windsurfen siehe Surfen
Wohnmobil siehe Fahrzeug

Zauberei - Outdoornavigation mit GPS
Zoll siehe Einreiseformalitäten

ABSCHLEPPSTANGE/ABSCHLEPPSEIL

Unsere Autos sind immer zuverlässiger geworden, deshalb macht man sich immer weniger Gedanken über eine Panne. In entlegenen Gebieten kann ein liegengebliebenes Fahrzeug aber schon zu einem mittleren Problem werden. Gerade die extremen Bedingungen, denen das häufig überladene Gefährt im Urlaub ausgesetzt ist (Staub, Sand, Hitze), können zu einem Ausfall führen. Die Hilfe nahezu jedes Verkehrsteilnehmers kann man voraussetzen! Hier ist jeder auf die Partnerschaft des anderen angewiesen und verhält sich auch entsprechend. Aber haben Sie sich schon einmal Gedanken darüber gemacht, wie man 2 bis 3 Tonnen Abschleppgewicht mit ausgefallenem Bremskraftverstärker ein vorher kaum beachtetes Gefälle hinabbewegt? (Bremskraftverstärker werden nur bei laufendem Motor "geladen"!)

Tipps:
- >> *Wir haben beste Erfahrungen mit unserer Abschleppstange gemacht.*
- >> *Probieren Sie sofort beim Kauf die Montage aus, manche Abschlepphaken sind noch nicht genormt.*
- >> *Kaufen Sie die Abschlepphilfe lieber eine Nummer zu kräftig. Denken Sie daran, was Sie alles zusätzlich zum zulässigen Gesamtgewicht dabei haben!*
- >> *In Spanien ist offiziell das Abschleppen durch Privatpersonen verboten. In entlegenen Gegenden sind aber Autohilfsdienste kaum zu erreichen. Also geht man dort mit der Verordnung auch entsprechend großzügig um.*

ADRESSEN

Allein in der Fremde – und dann unter die Räuber gefallen?!
Was tun, wenn die Ausweispapiere verloren gingen? Was tun, wenn die Polizei bei einem Verkehrsunfall den Pass einzieht und man sich ungerecht behandelt fühlt? Was tun, wenn Wertsachen, Geld oder sogar das ganze Auto geklaut wurde? Was tun, wenn man einfach nicht mehr weiter weiß?

Tipps:
- >> *Jeder größere Ort hat seine Touristeninformation (Dirección General de Promocion del Turismo, D.G.T.). Dort erhält man nicht nur Prospektmaterial und Stadtpläne, sondern von den stets fremdsprachenkundigen Angestellten auch Rat und Hilfe.*
- >> *Die deutschen Konsulate tun in solchen Fällen **wirklich** alles, manchmal sogar mehr und vor allen Dingen erfolgreicheres, als man sich vorstellen kann:*

    Deutsche Botschaft:
    Calle de Fortuny 8, E-28010 Madrid
    Tel.: 91-557 90 00
    Deutsches Konsulat:
    Passeig de Gràcia 111 11°, E-08008 Barcelona
    Tel.: 93-292 10 02
    Österreichische Botschaft:
    Passeo de la Castellana 91, 9°, E-28046 Madrid
    Tel.: 91-556 53 15; eMail: madrid-ob@bmeia.gv.at
    Schweizerische Botschaft:
    Calle de Nunez de Balboa, 35 A 7°, E-28001 Madrid
    Tel.: 91-436 39 60
    Schweizerisches Generalkonsulat:
    Gran Via de Carlos III, 94 7°, Tel.: 93-409 06 50

- >> *Sie möchten sich zu Hause noch genauer über Ihr Urlaubsziel informieren? In D, A, CH gibt es gleich sechs spanische Fremdenverkehrsämter: Kurfürstendamm 63, 10707 Berlin,*

Tel.: 030-882 65 43, Fax: 882 66 61, eMail: berlin@tourspain.es
Grafenberger Allee 100 (Kutscherhaus), 40237 Düsseldorf,
Tel.: 0211-680 39 80, Fax: 680 39 85, eMail: dusseldorf@tourspain.es
Myliusstraße 14, 60323 Frankfurt/Main,
Tel.: 069-725 033, Fax: 725 313, eMail: frankfurt@tourspain.es
Postfach 15 19 40, 80051 München,
Tel.: 089-53 07 46 11, Fax: 53 07 46 20, eMail: munich@tourspain.es
Walfischgasse 8, 1010 Wien,
Tel.: 0043-1-512 95 80, Fax: 512 95 81, eMail: viena@tourspain.es
Seefeldstraße 19, 8008 Zürich,
Tel.: 044 253 60 50, Fax: 044 252 62 04, eMail: zurich@tourspain.es
>> Informationsmaterial verteilen auch die Automobilclubs.

ÄRZTLICHE HILFE

Krank im Urlaub? Das ist so ziemlich das letzte, was man sich wünscht. Manchmal ist es jedoch nur das kleine Unwohlsein, das den Tag vermiest oder es ist ein Medikament ausgegangen. Was tun?

Tipps:
>> *Die meisten spanischen Ärzte sprechen französisch, englisch oder deutsch. Auskunft erteilt Ihnen das Touristenbüro.*
>> *Freundliche Auskunft und Hilfe erhielten wir stets auch bei den Apothekern. Die Ausrüstung der Apotheken mit Medikamenten ist gut. Wir erhielten alle nötigen Medikamente, auch Antibiotika, problemlos ohne Krankenschein.*
>> *Auskunft über die Sozialhilfeabkommen, die auch die ärztliche Hilfe in Frankreich und Spanien regeln, sowie über die Mitnahme von nötigen Papieren, erteilt die AOK bzw. Ihre Krankenkasse.*
>> *WOMO-TIPP: Lassen Sie sich privat behandeln! Sie müssen zwar Arztrechnungen und Medikamente bar bezahlen, werden jedoch äußerst zuvorkommend bedient – und nach Ihrer Rückkehr bekommen Sie, bei korrekt ausgefüllten Rechnungen, die Beträge von Ihrer Kasse erstattet.*

AUTOBAHNGEBÜHREN

Was hat es für Sinn, über die ungerechten Autobahngebühren zu jammern! Man fährt eben, so oft es geht, auf der Landstraße.

Tipps:
Frankreich
>> *Sie werden es nicht glauben - hier sind Sie schnell Kapitän der Landstraße: Wohnmobile <2,00 m: Classe 1: ca. 9 Cent/km;*
<3,00 m und < 3,5 to: Classe 2: ca. 12 Cent/km;
>3,00 m oder >3,5 to: Classe 3: ca. 18 Cent/km;
> 2 Achsen und >3,00 m oder >3,5 to: Classe 4: ca. 25 Cent/km.
>> *Wir haben die Preise für die jeweils einfache Gesamtstecke für Sie ausgerechnet. Die können Sie bei den Anreiserouten nachlesen.*
>> *Auch die Treibstoffpreise auf den Autobahnen sind eine Art Extra-Gebühr. Dort zahlen Sie bis zu 25 % mehr als bei einem Supermarkt (Supermarché).*

Spanien
>> *An einem Ost-Spanien-Urlauber mit dem "blauen Büchle" können die spanischen Autobahnbetreiber nicht viel verdienen. Wir verzichten völlig auf die Benutzung kostenpflichtiger Rennstrecken.*
>> *Auch in Spanien gibt es viele vierspurige Straßen und Autobahnabschnitte, die mautfrei sind. Auf der Michelinkarte Nr. 574 (Aragon/Katalonien) kann man sie genau unterscheiden (Bestellzettel am Buchende).*

>> Bei den Automobilclubs gibt es Autobahn-Gebührenverzeichnisse. Wohnmobile mit 2 Achsen werden wie PKWs eingestuft, die Preise sind aber auch nicht niedriger als in Frankreich. Pro Kilometer sind etwa 8-10 Cent zu berappen.

AUTOHILFSDIENSTE

Irgendwann passiert es jedem einmal: Das Auto gibt keinen Mucks mehr von sich.

Tipps:
>> In vielen Tankstellen und Werkstätten gibt es Mechaniker, die im Ausland gelernt haben, hier können Sie hoffen, dass man Sie versteht. Im übrigen haben die spanischen Automechaniker den Ruf, auch aussichtslose "Fälle" zu bewältigen. Viele Ersatzteile baut man aus Schrottautos aus, statt sie teuer und zeitraubend zu bestellen.
>> Trotzdem sollten Sie sich vor dem Urlaub von Ihrer Autowerkstatt ein internationales Kundendienstverzeichnis besorgen lassen. Sie können ja Glück im Unglück haben und in der Nähe einer Reparaturwerkstätte Ihrer Automarke sein.
>> Bei einem Unfall (accidente) oder einer Panne (auxilio en carretera) ist innerorts die "Policia Municipal", außerorts die "Guardia Civil de Trafico" zuständig.
>> Der ADAC unterhält eine (deutschsprachige) Notrufstation in Ost-Spanien: Carrer Montaner, Barcelona: Tel.: 93-508 28 28
>> Die ADAC-Notrufzentrale in München ist rund um die Uhr besetzt: Tel. (aus Spanien): **0049-89-22 22 22.**

BABY

Mit einem Baby oder Kleinkind in den WOMO-Urlaub? Wir haben nur gute Erfahrungen gemacht. Kinder ändern ihr Verhalten im Urlaub wesentlich weniger als Erwachsene (sie kämen z.B. nie auf die Idee, sich wie Fleisch in der Sonne braten zu lassen). Vorsicht ist jedoch stets bei Sonnenschein, speziell im Gebirge und am Meer, angeraten. Magen- und Darmkomplikationen bleiben meist aus, wenn man noch Babykost füttert.

Tipps:
>> Schon vor der Reise mit sonnenbaden und eincremen anfangen.
>> Hütchen und baumwollenes T-Shirt sind Pflicht, der Rest des Körpers ist wesentlich unempfindlicher.
>> Nach dem Baden sofort abtrocknen, erneut mit Sonnenschutzcreme einreiben.
>> Babykost, Windeln und spez. Medikamente (Kinderarzt fragen!) von zu Hause mitbringen. Selbstverständlich erhält man alles auch in Spanien, aber Vertrautes erspart Ärger.
>> Buggy oder Babyrückentrage sind für Besichtigungen unentbehrlich. Kein noch so geduldiges Kleinkind tippelt freiwillig durch Gegenden, denen es kein Interesse abgewinnen kann.
>> Getränkewünsche unbedingt erfüllen und zwar mit schwach gesüßtem Tee (als Pulver mitnehmen). Gekaufte Getränke sind oft zu zuckerhaltig, um erfrischend zu wirken.
>> Wasser unbedingt entkeimen (siehe "Trinkwasser").
>> Vorsicht ist bei den beliebten "pommes" geboten. Sie werden fast überall in Olivenöl bereitet (welches längst nicht so heiß werden darf wie unsere Friteusenfette) und triefen vor Öl. Bleiben Sie hart, oder decken Sie sich mit Kohletabletten ein.
>> Wichtigste Urlaubsutensilien für Ihr Kind sind: Lieblingsschmusetier, Sandspielsachen, Schwimmflügel, Schwimmreif, Malsachen für die Fahrt.

BELEUCHTUNG

Rotviolett versinkt die Sonne im Meer, nach sehr kurzer Dämmerung ist es stockfinster. Erst wenn der Mond aufgeht, findet man auch nachts den Weg zum Fahrzeug zurück.

Zum ständigen Inventar eines WOMOs müssen also gehören: Taschenlampe(n), aufladbare Batterien (NiMH), Kerzen, Petroleumlampe und natürlich die 12-V-Innenbeleuchtung.

Tipps:
- >> *Bei der Innenbeleuchtung spart man viel Batteriestrom, wenn man statt der herkömmlichen Glühbirnen Lampen mit transistorgesteuerten Leuchtstoffröhren verwendet (Vierfache Stromausbeute!).*
- >> *Viele sagen: Petroleum stinkt! Das sog. Duftpetroleum enthält nur noch Spuren der stinkenden Erdölanteile und ganz nach Wunsch zusätzliche Duftstoffe. Petroleumlampen sind die ideale Beleuchtung vor dem WOMO (1 Liter Vorrat reicht).*
- >> *Steckt man eine dicke Stummelkerze in einen gläserne Bierseidel (Senfglas), so hat man ein preiswertes Windlicht. Es tut vor allem nachts gute Dienste, wenn die Kinder gerade so schön schlafen und verbreitet die beste Stimmung.*
- >> *Zuverlässiger Nothelfer ist auch eine Dynamo-Taschenlampe. Ohne Batterien tut sie ihre Dienste mit Schwungradantrieb.*
- >> *Für jede Lampe stets eine Reservebirne/Reserveröhre/Reserveglaszylinder in Vorrat halten.*
- >> *Licht verbreitet auch ein malerisches Lagerfeuer.*
  VORSICHT!!!
  Halten Sie übergroßen Abstand zu allem Brennbaren. Zu schnell kann ein plötzlicher Windstoß Funken über viele Meter hinwegtragen. Waldbrände sind in Spanien an der Tagesordnung!
- >> *Gehen Sie zu keiner Besichtigung ohne Taschenlampe in der Handtasche. Die meisten Kirchen sind nur kümmerlich beleuchtet, viele Kunstschätze sind kaum erkennbar.*

BERGSTEIGEN/BERGWANDERN

Nach der Schweiz ist Spanien das gebirgigste Land Europas! Die landschaftlich schönsten Gebirgsgegenden wurden schon frühzeitig als Nationalparks geschützt und mit markierten Wanderwegen der Bevölkerung zugänglich gemacht. Touristische Einrichtungen, die mit dem Auto erreichbar sind, gibt es nur vereinzelt in Form staatlicher Hotels (Parador). Reichlich ausgestattet sind die bekannteren Gebiete mit, meist allerdings unbewirtschafteten, Berghütten (Refugio), die jedoch erwandert werden wollen.

Leider ist der Zustand bzw. der Schwierigkeitsgrad eines Wanderweges kaum von den vorhandenen Wanderkarten abzulesen. Nie können Sie sich sicher sein, ob Sie auf einem eingezeichneten Weg Ihr Ziel auch ohne Kletterausrüstung erreichen. Trotzdem muss man dankbar sein, dass es überhaupt einigermaßen vernünftige Karten im Maßstab 1:25.000 gibt.

Die in diesem Buch beschriebenen Touren haben wir fast ausnahmslos selbst erwandert. Erforderliche Ausrüstung, Zeitaufwand und Schwierigkeitsgrad sind genau im Text genannt.

Tipps:
- >> *Glauben Sie nicht, bei spanischen Zweieinhalbtausendern auf Bergschuhe, Anorak, Rucksack mit Feldflasche, Proviant und Kompass verzichten zu können.*
- >> *Die gängigsten Wanderwege sind mit Farbklecksen markiert, manchmal sind Steinmännchen angehäuft, Wegweiser gibt es nur ganz vereinzelt.*
- >> *Abseits der Haupttrampelpfade begegnen Sie kaum einem Menschen.*

Gehen Sie deshalb nie allein auf Tour. Wenn Sie sich verirren oder verletzen, findet Sie so bald niemand!
>> *Gebirge haben nie beständiges Wetter. Brechen Sie eine längere Tour lieber ab, wenn das Wetter umzuschlagen beginnt. Regen, ja sogar Schneefall oder Hagelschauer, aber auch dichter Nebel können zu wahrhaft ungemütlichen, mit Kindern zu unverantwortlichen Situationen führen.*
>> *Jede Wandertour, sei sie ein Gipfelsturm oder eine mehr gemütliche Rundwanderung, belohnt Sie mit atemberaubenden Blicken auf eine grandiose Landschaft.*
>> *Für die erforderlichen Wanderkarten siehe "Kartenmaterial".*
>> *Weitergehende Fragen beantwortet Ihnen gerne der Spanische Bergsteigerverband:*

FEDME
Federación Española de Deportes de Montaña y Escalada
c/ Floridablanca, núm. 84, CP 08015 Barcelona (Spanien)

CAMPINGMÖBEL

So komfortabel auch manches WOMO eingerichtet ist, im Freien sitzt es sich meist doch ungezwungener, der Freiraum ist einfach größer. Andererseits will man auch nicht den Eindruck eines Dauerlagers erwecken und vor der Weiterfahrt nicht stundenlang einräumen. Auf Campingtisch und -stühle sowie ein großes Sonnensegel bzw. Markise sollte man jedoch nicht verzichten!

Tipps:
>> *Sparen Sie nicht bei den Campingmöbeln, nehmen Sie Aluminium! Es ist leichter und hält viel länger.*
>> *Die Sonne scheint morgens und abends ganz flach unter das Sonnensegel. Deshalb muss es in seinen Ausmaßen reichlich dimensioniert sein. Es sollte über die ganze Länge des Fahrzeugs reichen und eine Tiefe von 2,50 m haben. Auch hier sollten die Aufstellstäbe aus Alu sein. Teleskopstangen helfen Platz zu sparen.*
>> *Oft ist es günstiger, sich das Sonnensegel nach den Maßen des Fahrzeugs schneidern zu lassen oder selbst zu nähen. Wählen Sie dann Dralon-Stoff! Er ist völlig unempfindlich gegen Feuchtigkeit und schimmelt nicht. Seitliche Lochung ermöglicht ein „Abhängen" eines Teils gegen Morgen- und Abendsonne.*
>> *Eine montierte Markise halten wir für einen feinen Luxus, ein komplettes Vorzelt für überflüssigen Ballast.*

DEVISEN

Bargeld (und wie viel?), ec-Karten, Reiseschecks oder, oder? Trotz Euro vor jeder Reise das gleiche Problem?

Tipps:
>> *Für die Anfahrt durch Deutschland und Frankreich muss genügend Bargeld vorhanden sein, um Treibstoff, Autobahngebühren sowie eventuelle Gaststätten- und Übernachtungskosten bezahlen zu können.*
>> *Hin- und Rückfahrt durch Frankreich ergeben eine Strecke von etwa 2200 km, bei einem Verbrauch von 15 l pro 100 km etwa 330 Liter Sprit.*
>> *Für die ersten Spanientage braucht man etwas Startkapital, nicht überall hängen Geldautomaten herum.*
>> *Später geht man zum "Nachtanken" an einen Geldautomaten, wo man mit ec-Karte stets gut bedient wird (mit Visa & Co. ist's teurer!).*
>> *Auch manche 24-h-Tankstellen haben Zapfautomaten, die mit ec-Karten oder Visakarte gefüttert werden können.*

DUSCHE

Eine eingebaute Duschkabine im WOMO ist eine feine Sache, wenn man mal von den Kondenswasserproblemen in der kalten Jahreszeit absieht. Verzichten kann man aufs Duschen auch nicht, mit der Zeit bildet sich auf der Haut vom Baden eine Salzschicht.

Tipps:
>> Haben Sie eine eingebaute Dusche, so stecken Sie den Kanister mit dem Duschwasser in einen schwarzen Plastikbeutel und stellen diese "Solareinrichtung" in die (hoffentlich scheinende) Sonne. Auf diese Weise wärmt sich Ihr Duschwasser von selbst, und Sie können eine Menge Gas sparen.
>> Praktisch ist auch der Einbau einer kleinen Außenwandklappe, durch die Sie den Duschschlauch ziehen und das Wasser an- und abstellen können. So sparen Sie sich in der Duschkabine lästige Reinigungsarbeiten.
>> WOMO-Fahrern ohne Dusche ist gut mit der Solardusche geholfen (Camping-Fachhandel). Sie besteht aus einem schwarzen Plastikbeutel mit Duschkopf. Meist erwärmt sich das Wasser darin stärker, als man verträgt. Aufgehängt an der Heckleiter oder einem Baum spendet sie kostenlosen Duschgenuss.

EINREISEFORMALITÄTEN

Für Urlauber aus Deutschland, Österreich oder der Schweiz gilt folgendes: Personalausweis, Führerschein, Kraftfahrzeugschein und Grüne Versicherungskarte nicht vergessen.

Tipps:
>> Reisebedarf für den persönlichen Gebrauch kann zollfrei eingeführt werden, schließlich bleiben wir auf unserer gesamten Reise in der EU.
>> Falls Sie mit einem geliehenen Fahrzeug nach Spanien einreisen möchten, brauchen Sie eine (unbeglaubigte) Vollmacht des Besitzers. Den Vordruck finden Sie in dem ALLGEMEINEN WOHNMOBIL HANDBUCH unseres Verlages; man erhält ihn auch beim Automobilclub oder gegen Freiumschlag von uns.

ENTSORGUNG

Einer der Gründe dafür, dass das Freie Camping in so vielen Ländern verboten oder zumindest ungern gesehen wird, ist mit Sicherheit die Verunstaltung und Verseuchung der Landschaft mit Fäkalien. Die Benutzung einer Campingtoilette ist deshalb ein absolutes "Muss" für jeden engagierten Camper.
Aber auch der "sonstige Müll" kann problemlos umweltgerecht entsorgt werden!

Tipps:
>> Chemikaltoiletten sind nicht der Weisheit letzter Schluss, bekämpfte man doch die zu erwartenden Düfte selten mit umweltverträglichen Mitteln. Wie verhält sich der moderne, umweltbewusste Toilettengänger in Ostspanien:

1. Machen Sie Ihre Chemikaltoilette wieder zu einer harmlosen Campingtoilette – indem Sie keine giftigen Chemikalien zusetzen.
2. Wir verwenden nur Schmierseife, andere schwören auf Oranex (Orangen-schalenextrakt) aus dem Bio-Laden – und es geht auch.
3. Der beste Geruchsabzug ist immer noch ein Schornstein! Man bastelt ihn für Pfennigbeträge, indem man am Toilettenunterteil ein Loch bohrt, einen gewinkelten Schlauchstutzen (evtl. mit Absperrhahn) einsetzt und einen Schlauch durch den Fahrzeugboden führt. Schon nimmt der Fahrtwind Ihre Düfte mit. Noch besser ist die Schornstein-Wirkung, wenn sie von

einem Ventilator unterstützt wird. Nach Einbau einer SOG-Toilettenentlüftung sind üble Gerüche (auch ohne Chemikalien) für immer passé: Fa. SOG-Dahmann, Tel.: 02605-952 762; www.sog-dahmann.de
4. Campingtoiletten entweder an Toiletten am Strand, bei Tankstellen, auf Campingplätzen oder in Ortschaften mit öffentlichen Toiletten entleeren.
5. Offizielle WOMO-Ent- und Versorgungsstellen gibt es in Ost-Spanien nur auf Campingplätzen.
6. Nur im äußersten Notfall gräbt man auf Ödland oder im Wald (mindestens 100 m von Gewässern entfernt) ein Loch und buddelt es nach Füllung sorgfältig zu.
7. Wer den Inhalt seiner Campingtoilette hinters Gebüsch gießt, den soll der Blitz beim Schei... treffen.

>> Mülleimer gibt es in Ost-Spanien an (fast) jedem Bade- oder Picknickplatz. Wir haben sie in unseren Info-Kästen stets mit aufgeführt. Glascontainer findet man in jeder Ortschaft!

FAHRZEUG

Wenn das Auto nicht mehr läuft, "läuft" gar nichts mehr im Urlaub. Nur das beruhigende Gefühl, alles getan zu haben, damit Motor, Zündanlage, Reifen und Fahrgestell mehrere tausend Kilometer ohne Murren durchhalten, kann stressfreie Urlaubstage garantieren.

Tipps:
>> *Kundendienst vor dem Urlaub nicht vergessen!*
>> *Ersatzteile mitnehmen:*
   * *Reservezündkerzen, -keilriemen, -sicherungen*
   * *Reserve-Birnenset komplett?*
>> *Pannenausrüstung komplett?*
   * *Reservekanister 20 Liter, voll?*
   * *1-2 Liter Öl*
   * *Reserverad mit Profil, Luftdruck o.k.?*
   * *Ersatzschlauch (auch bei schlauchlosen Reifen!)*
   * *Abschleppstange, ausprobiert?*
   * *passender Wagenheber, ausprobiert?*
   * *Warndreieck/Warnblinkleuchte*
   * *Erste-Hilfe-Koffer, komplett?*
   * *Werkzeugkoffer, komplett?*
   * *Verzeichnis der Auslandskundendienststätten meiner Automarke, neu!*
   * *Reparaturbuch*
>> *Scheibenwaschanlage gefüllt, "Scheibenkratzer" mit Gummilippe und Schaumstoffwulst (Insekten!) vorhanden?*
>> *Feuerlöscher o.K.?*

FILMEN/FOTOGRAFIEREN

Zweifelsohne verstärken die mitgebrachten optischen oder sogar akustischen Urlaubserinnerungen die Vorfreude auf die nächste Reise. Für jegliches Foto/Videomaterial gilt: Reichlich von zu Hause mitbringen, die Preise in den Urlaubsländern sind stets höher, von der Auswahl ganz zu schweigen.

Tipps:
>> *Kaufen Sie rechtzeitig Fotomaterial, nutzen Sie Sonderangebote im Frühjahr. Im Kühlschrank halten die Filme jahrelang, ohne zu altern.*
>> *Ihre Digitalkamera ist neu? Dann bedenken Sie: Die mitgelieferte Speicherkarte ist ein (schlechter) Witz. Sie brauchen pro Bild etwa 1 MB!*
>> *Nicht nur die Natur und Ihre Lieben sind fotografierenswert. Für Innenaufnahmen (z. B. die herrlichen Tropfsteinhöhlen) brauchen Sie einen kräftigen Elektronenblitz, ein Stativ wäre auch nicht schlecht.*

>> Denken Sie an einen Vorrat der benötigten Batterien (am besten aufladbare NiMH-Akkus) für Blitzgerät und Kamera.
>> Ein 12-V-Ladegerät für die Batterien der Digitalkamera, Videokamera usw. sollte immer an Bord sein (oder ein Wechselrichter).
>> Schauen Sie öfter nach dem Objektiv. Seeseitiger Wind bläst Salzwasserspritzer auf die Linse. Vorsichtig mit einem angefeuchteten Läppchen abtupfen, dann trockenwischen.
>> Machen Sie Ihre Fotos möglichst vor 10 und nach 16 Uhr, andernfalls hilft nur ein UV-Filter gegen Verschleierung.
>> Auch Unterwasseraufnahmen sind ohne großen Aufwand möglich. Im Fachhandel gibt es Wasserschutzetuis bis 10 m Tauchtiefe.

FLORA/FAUNA

Die Tier- und Pflanzenwelt von Spaniens Gebirgen und Küsten ist uns zum Teil völlig fremd. Es lohnt sich, ihr mehr als einen Blick zu schenken. Vor allem beim Spiel am Strand, aber auch bei den Gebirgstouren trifft man auf vieles, was einem unbekannt ist. Gut gestaltete Bestimmungsbücher (s. "Literatur") machen es auch dem Laien leicht, sich in die spanische Natur einzuleben.

Tipps:

>> Bei Ihrer Rundfahrt durch Ost-Spanien werden Sie verschiedene Klimazonen durchqueren. Die Pyrenäen und die Höhen der Serras haben kühleres Klima und häufigeren Niederschlag, mitteleuropäische Laubbäume, aber auch Fichten und Kiefern bestimmen das Waldbild. Mittendrin liegt die sommers heiß-trockene Ebene von Lleida (die wir möglichst schnell durchqueren). Zur Urlaubszeit bestimmen endlose, meist schon abgeerntete, öde Weizenfelder, aber auch Oliven- und Mandelbaumplantagen das Bild.
>> Nur selten bekommt man ein kleines Wäldchen aus immergrünen Stein- oder Stecheichen zu sehen, durch Raubbau und intensive Weidewirtschaft wurden weite Gebiete der Erosion überlassen, fehlende Jagdgesetze haben weite Landstriche von der Tierwelt entvölkert.
>> Entlang der Mittelmeerküste und im angrenzenden Hinterland fühlt man sich auch im Hochsommer wohl: Das Klima ist mild und die Temperaturspitzen werden gemildert; eine subtropische Pflanzenpracht entdeckt man jedoch nur in den gepflegten Vorgärten.
>> Die Tierwelt der Nationalparks ist geschützt und konnte sich dort wieder entfalten. Trotzdem muß man schon viel Glück haben, um einen Steinbock oder ein Exemplar der Spanischen Gemse zu erblicken.
>> Auf Greifvogelsafari jedoch werden wir mit Ihnen gehen: In vielen Schluchten der Serras und der Pyrenäen können Sie Geier und Adler bei ihren Flugkünsten bewundern und aufs (Tele-)Objektiv bannen.

FREIES CAMPING

„ACAMPADA LIBRE!
PROHIBICION DE PRACTICARLA CERCA DE LOS CAMPAMENTOS, PLAYAS, RIOS Y POBLACIONES, ETC."

Es ist nicht schwer zu verstehen, was von dieser "offiziellen Erlaubnis für freies Camping" zu halten ist. Gestattet ja, aber überall dort nicht, wo man gerade möchte. Wie sieht die Praxis aus?

Tipps:

Frankreich
>> Das Freie Campieren ist in Frankreich verboten. Die einmalige Übernach-

tung im WOMO wird jedoch geduldet. Wir haben nie einen Polizisten gesehen, geschweige denn Probleme gehabt.
>> „Wo kein Kläger, da kein Richter!" Fahren Sie noch bei Tageslicht von der Hauptstraße ab und suchen Sie sich in ein paar hundert Meter Entfernung einen Wald- oder Wiesenweg, wo Sie von der Straße sichtgeschützt sind. Kein Mensch wird sich um Sie kümmern.
>> Die Zahl offizieller WOMO-Übernachtungsplätze nimmt in Frankreich immer mehr zu. Sie sind meist kostenlos und bieten Ver- und Entsorgungsmöglichkeiten an. Wenn sie an der Tour liegen, haben wir sie natürlich aufgeführt.
>> "Camping a la ferme", Camping auf dem Bauernhof – diese Schilder finden Sie häufig an den Durchfahrtsstraßen. Dort stehen Sie ruhig, sicher und preiswert.
>> An unserer Lieblingsstrecke haben wir neun (!) ruhige Übernachtungsplätze, meist weit abseits der Straße notiert, um Ihnen die Anreise noch bequemer zu machen. Dank präziser Beschreibung und der Angabe der GPS-Daten sind sie auch im Dunkeln problemlos zu finden!

Ost-Spanien
>> Das freie Campieren ist in Spanien zwar nicht prinzipiell verboten, aber die Möglichkeiten dazu sind höchst unterschiedlich: An der Küste ist fast alles zugebaut, die paar Ausnahmen haben wir im Text und auf den Tourenkarten ausführlich beschrieben. Im Landesinneren dagegen sind wir kaum einem Wohnmobil begegnet, an den meisten unserer Übernachtungsplätzchen waren wir völlig allein.
>> Ein einziges Mal (am Ufer eines Gebirgsflusses) trafen wir auf eine Polizeistreife – die sich wegen möglichen Hochwassers Sorgen um uns machte.
>> Oft haben wir auf sog. "Areas recreativas" übernachtet, gut eingerichteten Picknickplätzen mit Tischen und Bänken, Grillstellen, oft auch Toiletten. An diesen Stellen gibt man sich große Mühe um Sauberkeit, Mülleimer stehen reichlich herum. Es ist deshalb vor allem eine Frage des persönlichen Benehmens, ob man dort auch WOMO-Urlauber als (willkommene) Gäste betrachtet. Hier kann eventuell auch die Campingtoilette ausgeleert werden.
>> BITTE! Sorgen Sie mit dafür, dass von Anfang an deutsche WOMO-Fahrer einen guten Ruf bekommen, machen Sie lieber mehr Dreck weg, als Sie selbst gemacht haben, als umgekehrt! Denn: Ist der gute Ruf einmal versaut, kann man sich in einer Gegend nicht mehr blicken lassen!
>> Sollte sich wirklich einmal ein Polizist mit Ihnen anlegen wollen, so weisen Sie ihn freundlich darauf hin, daß Sie hier nicht campieren, sondern lediglich picknicken/baden und am nächsten Tag weiterfahren werden. Zeigen Sie ihm Ihren Müllbeutel und Ihren Abwassertank, und versuchen Sie ihm vor allem klar zu machen, wie gut es Ihnen in seinem Heimatland gefällt. Wenn er ein echter Spanier ist, wird er Ihnen noch viel Spaß in España wünschen – und weiterfahren.

Hilfe bei der Platzsuche:
>> Besitzt die Straße Kilometersteine, dann haben wir im Text die Abzweigungen auf 100 m genau gekennzeichnet.
Beachten Sie: Nehmen in Ihrer Fahrtrichtung die Zahlen auf den Kilometersteinen ab, dann liegt z.B. »km 12,4« 400 m **vor** »km 12«!

Die S-S-S-Regel:
>> Die von uns beschriebenen Badeplätze an der Küste sind nicht für Sie allein reserviert! Der Andrang variiert von "absulut einsam" bis "chaotisch überfüllt". Dabei gilt wie überall die S-S-S-Regel: In der **S**aison (August) sind am **S**onntag die Strände besonders voll, wenn auch noch die **S**onne

scheint. Suchen Sie sich deshalb bereits vorher ein schönes Plätzchen – und verlassen Sie es erst Montag früh.

Campingplätze in Frankreich

Frankreich besitzt etwa 5000 Campingplätze, mehr als jedes andere Land der Welt. Besonders preiswert sind die von den Gemeinden eingerichteten "Camping Municipal" und die "Camping a la ferme". Wer sich nicht die Mühe machen will, nach einem eigenen Plätzchen zu suchen, der ist dort sicher gut aufgehoben.

Campingplätze in Ost-Spanien

An unseren Touren durch Ost-Spanien liegen etwa 200 gut ausgestattete Campingplätze, die allermeisten von ihnen an der Küste. Sie sind in die Kategorien L (Luxus), 1, 2 und 3 eingeteilt. Die Preise unterscheiden sich folglich deutlich. Für eine Parzelle mit WOMO + zwei Personen liegen sie in der Hauptsaison zwischen 16 € und 38 €; der mittlere Preis beträgt ziemlich genau 25 €. Die meisten von ihnen bieten eine problemlose Wohnmobilentsorgung an.

GAS

Außer der Zweitbatterie die einzige Energiequelle beim Freien Camping. Bei einer vierköpfigen Familie muss man mit einem Gasverbrauch von 3 kg pro Woche rechnen. Einen ordentlichen Happen 'frisst' davon der Kühlschrank.

Tipps:
>> *Sie haben eine graue Camping-Europa-Umtauschflasche? In Ost-Spanien tauscht sie Ihnen niemand um!*
>> *Die in Spanien an allen Ecken herumstehenden orangefarbenen Propangasflaschen werden nur gegen gleiche getauscht. Die Anschlüsse passen nicht! Was tun?*

1. Möglichkeit:
Sie leihen sich zu Hause bei Ihrem Flaschner eine zusätzliche 11-kg-Flasche. Oft wird eine Leihgebühr verlangt.

2. Möglichkeit:
Sie haben nur Platz für eine 11-kg-Flasche, brauchen aber mehr Gas? Fahren Sie mit Ihrer einen Flasche los, nehmen Sie aber einen Zwischenstutzen für den Anschluss einer kleinen, blauen Camping-Gaz-Flasche mit. Diese können Sie preiswert überall in Frankreich und Spanien erwerben und tauschen. Die Füllung ist jedoch teurer als die der Propangasflaschen in Deutschland. Kommen Sie aber nicht auf die Idee, sie mit in den nächsten Winterurlaub zu nehmen. Butangas siedet bei 0°C. und ist deshalb bei Temperaturen unter Null nicht zu verwenden.

GETRÄNKE

Kein Land auf der Welt hat eine größere Weinanbaufläche als Spanien. So ist es kein Wunder, dass auch für den ärmsten Spanier eine Mahlzeit ohne Wein undenkbar wäre. Selbst zum preiswertesten Menü gehört in jeder Gaststätte ein Viertel Roter. Sie sind kein Weintrinker? Dann empfehlen wir Ihnen den ausgezeichneten spanischen Champagner.
Auch nicht? Schade! Aber selbstverständlich erhalten Sie auch Bier, Mineralwasser und Fruchtsäfte in jedem Lokal.

Tipps:
>> *Weinkennern eine bestimmte Marke zu empfehlen, ist bei der Fülle des Angebots unmöglich. Beginnen Sie mit einem trockenen Roten aus dem Priorat und probieren Sie sich durch!*

>> Sie legen mehr Wert auf einen preiswerten, bekömmlichen Tischwein? Dann machen Sie es wie die Einheimischen und verlangen Sie den "vino de la casa" (oder "vino de mesa"). Hier haben Sie noch die Wahl zwischen "vino blanco" (Weißwein), "vino tinto" (Rotwein) und "vino rosado"oder "clarete" (Weißherbst).
>> Spanischer Sekt (Bezeichnung: "Cava") ist so berühmt, dass Sie mit uns in St. Sadurni d'Anoia eine Kellereibesichtigung mit Sektprobe machen müssen!
>> Bier wird zunehmend zum zweitwichtigsten Getränk in Spanien. Preisbewußte greifen nicht zu den vertrauten 0,5-L-Dosen, sondern zur soliden 1-L-Flasche!
>> Ausgesprochen fruchtig und nicht zu süß sind die "lemon"-Fruchtsaftgetränke. Die Firmen KAS und SCHWEPPES scheinen den Getränkemarkt unter sich aufgeteilt zu haben. Leider werden sie häufig nur in riesigen Plastikflaschen verkauft, die dann den Müllbeutel blockieren. Bis 1,5 L Inhalt passen sie noch in die Tür des Kühlschrankes.
>> Weltberühmt sind die spanischen Brandys. Selbst bei den preiswerten Angeboten fährt man nicht schlecht.
>> Kaffee sollten Sie von zuhause mitbringen! In Spanien wird er anders (schärfer) gebrannt, ist teurer und oft entdeckt man (meist zu spät) auf der Verpackung den Vermerk: "Con azucar" – mit Zucker.
>> Wer gern Sirup verwendet, um Gewicht zu sparen, muss Vorrat von zu Hause mitbringen. Noch nicht einmal Orangensirup gibt es im Land der Apfelsinenwälder.
>> Auch Zitronentee-Pulver haben wir nur selten gesichtet. Es ist immer noch unser Lieblingsgetränk, vor allem auf Wanderungen, weil es nahezu nichts wiegt und erst vor Ort mit frischen Quellwasser angemischt wird.

HAUSTIERE

Hunde, Katzen und was sonst noch als Haustier kreucht und fleucht, darf man mit nach Spanien bringen, wenn die Einreisepapiere stimmen. Verlangt wird ein internationaler Impfpass mit Tollwutimpfbescheinigung (nicht älter als 1 Jahr, nicht frischer als 1 Monat)! Das amtstierärztliche Attest soll auch die Herkunft aus einem seuchenfreien Gebiet bescheinigen.

Spanier sind keine Hundenarren wie die Deutschen. Man sagt ihnen sogar eine ausgesprochene Abneigung gegen Hunde nach. Dies sollten Sie berücksichtigen, wenn Sie Waldi mit in eine Gaststätte oder an den Strand nehmen nehmen möchten. **Meist ist am Badestrand Hundeverbot**.

INSEKTENPLAGE

Stechmückenschwärme wie in Finnland gibt es in Spanien nicht. Trotzdem kann schon ein einziger Moskito die Nachtruhe einer ganzen WOMO-Besatzung vermiesen. Auch der malerischste Sonnenuntergang lässt sich nicht genießen, wenn sich durstige Insektenrüssel durch die Jeans bohren.

Tipps:
>> Schmieren oder sprühen Sie sich in entsprechenden Gebieten **vor** Sonnenuntergang mit **Autan** ein. Glauben Sie ja nicht, ein Mückenrüssel gehe nicht durch eine lange Hose hindurch, wenn sie an der Haut anliegt! Die Pyrethrum-Räucherspiralen haben nach unseren Erfahrungen nur Erfolg, wenn man sich mit mehreren "Rauchtöpfen" umgibt. Ein qualmendes Lagerfeuer direkt am Wasser (WALDBRANDGEFAHR!) wirkt mit Sicherheit besser.

>> Haben Sie noch keine Fliegenrollos in Ihrem WOMO, so können Sie Mückengaze zu Ihren Fenstern passend mit Klettband umnähen, das Gegenstück um die Fenster kleben (oder tackern) und die Gaze nur bei Bedarf andrücken (Hinweis: Es gibt auch ganz kleine Mückenarten!!)..
>> Bedenken Sie: **Alle** Öffnungen nach außen müssen verschlossen werden, auch Türen und Dachluken. Bei der Eingangstür ist es praktisch, die Gaze in der Mitte mit einem Reissverschluss zu unterteilen.
>> Sprühen Sie eine Stunde vor dem Zubettgehen das WOMO mit Insektenspray aus. Gegen Mücken im Wageninneren hilft auch keine Moskitogaze – es sei denn, Sie benutzen ein Moskitonetz! Für das allein reisende Ehepaar ist es die luftigste (und preiswerteste) Lösung. In Kastenform bedeckt es das ganze Bett – und man kann alle Fenster weit öffnen.
>> Nicht selten wird Ihre Mahlzeit im Freien von stechenden Fliegen (die sich im reichlichen Abfall vermehren) oder Wespen gestört. Hier helfen am ehesten noch die Pyrethrum-Räucherspiralen – oder die Fliegenpatsche.

KARTENMATERIAL

Jede Karte ist nur so gut wie die Informationen, die der Verlag bekommt. Selbst wenn Sie immer das neueste Kartenmaterial verwenden, kann es Ihnen passieren, dass plötzlich Straßen oder Brücken auftauchen, die auf Ihrer Karte nur projektiert sind. Insgesamt betrachtet ist das zur Verfügung stehende Kartenmaterial über Ost-Spanien reichhaltig und gut.
Für die Anreise durch Frankreich empfehlen wir die Michelinkarte Nr. 721 im Maßstab 1:1 Mio (gibt's bei WOMO)!
Für Ost-Spanien gibt es die MICHELIN-Karte Nr. 574 im Maßstab 1:400.000. Sie deckt unsere gesamten Ost-Spanien-Touren ab (gibt's bei WOMO)!
Um die größeren Städte sind kleine Quadrate mit Zahlenangaben gezogen, die zu den Stadtplänen in den grünen Michelin-Reiseführer passen. Eine gute Orientierungshilfe bei der Ankunft und bei Besichtigungen.
Hinweis: Wer häufiger Frankreich und Spanien bereist, ist preiswerter mit den Spiral-Atlanten Nr. 22097 (Frankreich 1:200.000) und 22460 (Spanien/Portugal 1:400.000) bedient.
Wanderkarten im Maßstab 1:25.000 gibt es von allen Gebirgsgegenden (Verlag: Editoral Alpina, Granollers). Sie haben alle ein ausführliches Begleitheftchen, im dem u.a. viele Touren empfohlen werden – leider nur auf spanisch! Wir benutzten für die Tourenplanung die fünf Wanderkarten ORDESA, MONTSENY, GARROTXA, SERRA DEL CADÍ und SANT MAURICI.
Falls Ihnen unsere Wandertouren ausreichen, brauchen Sie diese Wanderkarten nicht.

KLEIDUNG

Der erste Bummel durch eine spanische Stadt zeigt uns sofort: Jede Spanierin, aber auch jeder Spanier legt besonderen Wert auf schicke Kleidung und gibt dafür einen erheblichen Anteil seines Geldes aus. Natürlich gestattet man dem Touristen so ziemlich alles, was unpassende Kleidung anbetrifft – aber dann darf sich der Urlauber auch nicht wundern, wenn er nur als Devisenbringer, nicht als Gast betrachtet und entsprechend behandelt wird.

Tipps:
>> Badehose oder -anzug reichen allein nicht für den Urlaub in Ost-Spanien, dazu schleppen wir Sie zu oft durchs Landesinnere.
>> Beim Stadtbummel sind Shorts und Schirmmütze nicht angebracht. Luftige Kleider – und wegen der Kirchenbesuche lange Hosen – wären angemessener!
>> Vor allem abends, im guten Restaurant oder auch in der Disco, wird beim

Herrn Anzug und bei der Dame elegante Gaderobe erwartet.
>> Die Standardausrüstung fürs unsere Bergwanderungen (in der Hauptsaison) sind Bergstiefel, kurze Hose, kurzärmeliges Hemd – und ein Anorak im Rucksack!

KLIMA

Bei unserer Rundreise durch Ost-Spanien haben wir im Küstenbereich typisches Mittelmeerklima, Niederschläge sind kaum zu erwarten.
In den Urlaubsmonaten Juni bis September liegt die mittlere Höchsttemperatur bei 25-28 Grad. Das Wasser hat überall 22-23 Grad.
Je mehr man sich von der Küste entfernt, desto heißer wird es, in Lleida liegt die mittlere Höchsttemperatur schon bei 32° C.
Je höher man in die Serras (und in die Pyrenäen) steigt, desto angenehmer wird es wieder tags (und desto kälter nachts).
Zur besseren Übersicht eine kleine Tabelle der mittleren max. Luft- und Wassertemperaturen:

Monate	1	2	3	4	5	6	7	8	9	10	11	12
LUFT:												
Pyrenäen	6	7	12	14	17	23	26	24	22	16	10	6° C
Lleida	9	13	18	21	25	29	32	32	28	21	15	10° C
Barcelona	13	14	16	18	21	25	28	28	25	21	16	13° C
Tarragona	13	14	15	17	20	24	26	26	25	21	17	14° C
WASSER:												
Sant Feliú	12	12	13	14	15	19	23	22	22	19	16	14° C
Barcelona	12	12	16	14	16	20	23	23	22	19	16	14° C
Tarragona	13	12	13	14	15	19	23	22	22	19	16	14° C

Tipps:
>> Auch die heißesten Sommer sind dadurch erträglich, dass fast dauernd leichte Winde wehen.
>> Natürlich ist Ost-Spanien am schönsten im Frühling und im Herbst – aber wer hat da schon Urlaub?
>> Sommergewitter sind sehr selten, dann aber kurz und manchmal von heftigen Winden begleitet. Bringen Sie Sonnenschirm und Sonnensegel **rechtzeitig** in Sicherheit, räumen Sie alles Verwehbare ins Fahrzeug, verschließen Sie alle Fenster, manchmal peitschen Sandwolken über den Strand. Rollen Sie das Segel des Surfbretts zusammen, ziehen Sie Ihr Schlauchboot hoch aufs Ufer.
>> Im Gebirge gelten andere Maßstäbe! Die Regenfälle sind häufiger, manchmal kommt es auch zu Hagelschauern und dichtem Nebel. Gehen Sie deshalb nur bei stabiler Wetterlage auf Tour!
>> Die o.a. Temperaturen sind langjährige Mittelwerte. Es kann auch zu tagelangen Hitzeperioden kommen. Dann ist es im Gebirge besonders schön. Wer in der Hitze stöhnt, ist selber schuld!

KÜHLSCHRANK

Die Dometic-Kühlschränke mit den Anschlüssen für 220V/12V/Gas, die in den meisten Wohnmobilen eingebaut sind, haben eine robuste Natur ohne bewegliche Verschleißteile. Trotzdem sind sie ein Sorgenkind für jeden Camper, denn ohne Kühlung kommt auch ein WOMO-Haushalt kaum noch aus.

Tipps:
>> Schon bei geringer Schräglage des Fahrzeugs sinkt die Kühlleistung

beträchtlich.
Abhilfe: *Mit Wasserwaage oder voll gefülltem Wasserglas waagerechten Stand des WOMOs kontrollieren, durch Aufbocken, Eingraben eines Rades oder Platzwechsel verbessern.*

>> *Schon seit einiger Zeit gibt es jedoch Geräte, die auch bei stärkerer Neigung des WOMOs recht ordentlich kühlen. Achten Sie darauf beim Neukauf.*

>> *Während der Fahrt, vor allem aber beim Tanken, ist der Betrieb mit Gas gefährlich, außerdem geht das Flämmchen oft im Fahrtwind aus. Schaltet man auf 12 V und vergisst nach Ankunft das Ab- bzw. Umstellen, so ist eine vollgeladene 50-Ah-Batterie nach ca. 5 Stunden leer und meist auch kaputt. Was hilft's, dass es sich "nur" um die Zweitbatterie handelt, wenn jetzt Tauchpumpe und Innenbeleuchtung nicht mehr funktionieren!? Ein separates Kühlschrankrelais oder ein Unterspannungsabschalter sorgt für Abhilfe.*

>> *Ist die Kühlleistung bei Gasbetrieb nicht zufriedenstellend, sind folgende Punkte zu überprüfen:*
   * *Liegen die Zu- und Abluftgitter möglichst nach Norden, also nicht im Sonnenschein?*
   * *Ist der Kühlschrank nicht zu vollgestopft?*
   * *Ist überhaupt ein Abluftkanal montiert?*
   * *Liegt überall, vor allem an der Unterseite der Tür, das Dichtgummi an?*
   * *Ist das Flämmchen überhaupt noch an? Von außen kann man das Zischen hören, im Inneren des Kühlschranks ist meist ein Guckloch!*

>> *Die im Fachhandel für Campingzwecke angebotenen Kompressorkühlschränke arbeiten nur mit 12V/220V. Sie kommen nur in Verbindung mit einer ausreichend dimensionierten Solaranlage in Frage.*

KULTURGESCHICHTE

Das Geschichtsbuch Iberischer Kultur muss ein mächtiger Wälzer sein! Würde man jedem Jahr nur eine einzige Seite widmen, es kämen über 40.000 zusammen. Die angeführten Beispiele, vor allem von Bauwerken, sind alle in unseren Touren beschrieben.

40.000 - 10.000 v. Chr.:
In der Jüngeren Altsteinzeit (Paläolithicum) schaffen unsere Vorfahren hervorragende Höhlenmalereien. Ein bescheidenes Beispiel besichtigen wir in Morella la Vella (Tour 2).

Ab 4.000 v. Chr.:
Die Dolmengräber sind unvergängliche Zeugen eines hochentwickelten Totenkultes aus der Jungsteinzeit (Neolithicum): Dolmen Cueva de la Daina bei Platjà d'Aro (Tour 7) und Dolmen Creu d'en Cobertella bei Roses (Tour 9).

Ab 1.100 v. Chr.:
Die Iberer setzen sich, von Nordafrika kommend, zunächst in Andalusien fest, dringen von dort nach Norden vor. Wichtige iberische Siedlungen waren Olérdola (Tour 5) und Ullastret (Tour 7). Wenig später schwappen mehrere Einwanderungswellen von Kelten über die Pyrenäen. Sie vermischen sich mit den Iberern zur spanischen Urbevölkerung, den Keltiberern.

Ab 700 v. Chr.:
Griechische Händler und Siedler gründeten Kolonien rings ums Mittelmeer, im jetzigen Katalonien die Hafenstädte Roda (Roses) und Emporion (Empúries). Sie brachten den Weinbau mit, pflanzten die ersten Olivenplantagen. Die wichtige Ausgrabungsstätte von Empúries zeigt auch den Übergang der

griechischen Stadt in römische Hände (Tour 8).
Zeitgleich geriet der Südteil Spaniens unter phönizischen Einfluss, dann übernahm die phönizische Kolonie Karthago (Hannibal) die Macht. Als diese die Griechen verdrängten, riefen sie Rom um Hilfe. Die Römer siegten – und besetzten ganz Spanien als **Hispania Citerior** mit Tarraco (Tarragona) als Hauptstadt (Touren 4 + 5). Weitere römische Zeugnisse sind eine ganze Reihe von Thermalbädern (z. B. Caldes de Montbui; Tour 6) und das Mausoleum von Centcelles (Tour 5).

Ab 400 n. Chr.:
Die Westgoten bringen das Christentum nach Spanien. Ihre dünne Herrscherschicht bewahrte aber im wesentlichen nur das römische Erbe.

711 - 1492:
Maurenherrschaft über Spanien, christliche Rückeroberung. Die Ausdehnung der Mauren über die Pyrenäen wurde durch die Franken verhindert. In Katalonien blieb der maurische Einfluss gering, die Rückeroberung (Reconquista) begann hier so früh (9.-12. Jh.), dass zur romanische Epoche eine Unmenge bedeutender Bauwerke entstand.

11. - 13. Jahrh. (Romanik):
Große, breit und schwer wirkende Kirchen. Rundbögen, Tonnengewölbe, sparsamer Skulpturenschmuck an Säulen, Türen und den kleinen Fenstern: Barcelona, Girona, Vilabertrán, Ripoll, Coll de Nargó, Ponts, Gerri de la Sal, Gandesa, La Pobla de Lillet und viele mehr.

13. - 15. Jahr. (Gotik):
Hoch aufragende Kathedralen. Spitzbögen, filigranartige Stern- und Netzgewölbe, die Schwerkraft scheint aufgehoben:
Kathedralen von Barcelona, Tarragona, Lleida, Girona, Tortosa, die Klöster Santes Creus und Poblet, die Orte Besalú, Castelló d'Empúries, Pals, Santa Pau, Vulpellac ...

16. - 18. Jahrh. (Renaissance, Barock):
Mit dem Verfall Kataloniens ging der Niedergang von Kunst und Kultur einher, es wurde nur wenig gebaut. Einige (gotische) Kirchen erhielten barocke Fassaden, z. B. in Tortosa und Girona.

19. - 20. Jahrh. (Modernisme, Avantgarde, Surrealismus):
Zeitgleich dem deutschen Jugendstil, fällt der Modernisme mit dem erstarkenden katalanischen Nationalbewusstsein zusammen. Allerwichtigster Vertreter dieser Stilrichtung ist der eigenwillige Antonio Gaudí (1852-1926), der ganz Barcelona seinen Stempel aufgedrückt hat: Sagrada Familia, Parc Güell, Casa Milá, Casa Battlo.... Begabte Schüler von Gaudi entwarfen das Kirchlein von Vistabella und die Kapelle von Ripoll.
Die Modernisme-Architekten Josep Puig i Cadafalch und Cèsar Martinell zeichnen verantwortlich für ansprechende Industriebauten wie die Kellereigebäude in Sant Sadurní (Codorniu), Gandesa und Pinell de Brai.
Zwei katalanische Maler, Joan Miró und Salvador Dalí, gelangten zu Weltruhm. Die Miró-Stiftung in Barcelona und das Dalí-Museum in Figueres liegen an unseren Touren.

LEBENSMITTEL (siehe auch "Getränke")

Wir unterscheiden in Anreisetage und eigentlichen Urlaub in Spanien. Während wir im Urlaub die einheimische Küche genießen und eigene Gerichte meist frisch zubereiten, werden unterwegs nur Dosen aufgemacht.

Tipps:
- >> Außer einer "Grundausstattung" an Teigwaren, Reis sowie Gewürzen empfiehlt sich, ein Vorrat an Wurstkonserven mitzubringen, um nicht dauernd die gleiche Frischwurst einkaufen zu müssen.
- >> Wer auf die Dauer das lapperige Weißbrot (=pan blanco) aus der Bäckerei (=panaderia) nicht aus stehen kann, verlangt das teurere dunkle Brot (=pan negro) oder muss sich "Mestemacher Brot" in der Dose oder das wochenlang haltbare Vollkornbrot mitbringen. Zunehmend findet man es auch in "spanischen" Supermärkten (LIDL)!
- >> Das Angebot an Obst, Gemüse und Salat ist reichhaltig und preiswert, also etwa so teuer wie im Sommer in Deutschland.
- >> Das Frischfleischangebot in der Metzgerei (=carniceria) beschränkt sich meist auf Rind-, Lamm- und Schweinefleisch, die Preise liegen etwas höher als in Deutschland. Dafür ist das Fleisch aber auch stets erstklassig; ein Ochsenkotelett (=chuleta de ternero) von der Größe eines Suppentellers wird mir unvergesslich bleiben!
- >> Eine Delikatesse ist der luftgetrocknete Schinken (=jamon serrano).
- >> Das Frischwurstangebot ist von der Vielfalt und vom Geschmack her dürftig, wesentlich besser sind die Dauerwürste (=salchichons und chorizos).
- >> Über spanischen Käse könnte man ein Buch schreiben, so viele Sorten gibt es. Alle sind hervorragend, am besten schmeckt uns Schafskäse oder Käse aus Schafs-, Ziegen- und Kuhmilch.
- >> Reichhaltig gefüllt sind Tiefkühltruhen und Fischkonservenregale. Unter den Fleischkonserven können wir Fleischbällchen (=albondigas de carne) empfehlen, ein schnelles Gericht für unterwegs, das nicht nur Kinder begeistert.
- >> Die wichtigste Nahrungsquelle in Spanien sollte jedoch Frischfisch sein! Das Angebot ist umwerfend, allerdings sollte man frühzeitig die Markthalle oder das Fischgeschäft (=pescaderia) aufsuchen, sonst sind die besten Stücke weg.
- >> Ihre Kinder mögen keinen Fisch? Kaufen Sie eine Scheibe "bonito", die von dieser kleinen Thunfischart wie vom Brotlaib abgeschnitten wird. Gebraten aus der Pfanne oder geröstet vom Grill ist er unwiderstehlich.
- >> Unverzichtbar ist also der eigene Holzkohlengrill oder noch besser – der WOMO-Pfannenknecht! Aber beachten Sie: **Große Waldbrandgefahr!**

LITERATUR

Unsicher steht man vor dem wohlgefüllten Spanienregal in der Buchhandlung. Eines ist sicher: Zunächst gute Auto- und Wanderkarten. Aber wir haben auch den Bücherwald für Sie durchforstet.

Tipps:
Kunst:
- >> Michelin: Spanien
- >> DuMont Kunstreiseführer: Katalonien und Andorra.
- >> T. Schröder: Reisehandbuch Katalonien, Müller.
- >> Susanne Lipps: Katalonien, Goldstadt.
- >> HB-Bild-Atlas: Katalonien & Costa Brava.
Natur:
- >> Roberto Cabo: Natur Spanien (Naturschutzgebiete), BLV.
- >> H.V. Morton: Wanderungen in Spanien, Societäts-Verlag.
- >> Pareys Bergblumenbuch, Verlag Parey.
- >> Schönfelder: Die Kosmos-Mittelmeerflora.
- >> Campbell: Der Kosmos-Strandführer.
Sonstiges:
- >> M. de Cervantes: Don Quijote, div. Verlage.

>> Kauderwelsch Sprechführer: Spanisch (gibt's bei WOMO)
>> Spanische Fremdenverkehrsämter (siehe "Adressen"):
Allgemeine Spanien-Informationen.

MEDIKAMENTE

Natürlich können wir hier keine ärztliche Voraussage machen, was Ihnen im Urlaub alles passieren kann, aber nach der Statistik wollen wir einige Wahrscheinlichkeiten abwägen.

Tipps:
>> *Schauen Sie nochmals nach, ist Ihr Erste-Hilfe-Koffer noch gut gefüllt (Mullbinden, Heftpflaster, Schere, Pinzette, Fieberthermometer)?*
>> *Mittel gegen Durchfall sind ein "muss" in fremden Ländern, fragen Sie Ihren Arzt. Kohletabletten sind "härteren Sachen" zunächst vorzuziehen.*
>> *Aufregung und langes Sitzen bei der Anfahrt kann auch zu Verstopfung führen – führen Sie mit den richtigen Mitteln ab!*
>> *Wie steht es mit Reisekrankheit? Fahren Sie zum ersten Mal mit einem WOMO, könnte Ihnen vielleicht das Schwanken oder die ungewohnte Sitzstellung aufstoßen. Sorgen Sie vor!*
>> *Kinder sind ein Fall für sich! Nehmen Sie auf jeden Fall die Medikamente mit, die Sie sowieso das Jahr über brauchen.*
>> *Soventol hilft nicht nur gegen Insektenstiche, sondern lindert auch Sonnenbrand.*
>> *Zwei Elastik-Binden für verstauchte Füße und Salbe gegen Prellungen sollten nicht nur bei der Bergtour dabei sein.*
>> *Was brauchen Sie sonst noch alles gegen Erkältungen, Magenbeschwerden, Sodbrennen, Blähungen, Völlegefühl? Schleppen Sie nicht alles mit! Die spanischen Apotheker sind sehr freundlich und in fast allem gut sortiert.*
>> *Last not least: Das Merfen-Orange für die kleine Schürfwunde und gegen den großen Schmerz, ein Wund-Desinfektionsmittel, das nicht brennt, aber wegen der schönen Farbe bei Kindern besonders beliebt ist. Gegen Brennen im Salzwasser hilft Sprühpflaster.*
>> *Und wenn alles nichts mehr hilft:*
Beim ADAC-Arzt können Sie sich von Spanien aus unter der Nummer **0049-89-22 22 22** *Rat holen.*

ÖFFNUNGSZEITEN

In Spanien gehen die Uhren anders! Dieser Spruch bewahrheitet sich vor allem bei den Mahlzeiten:
Mittagessen ab 14 Uhr, Abendessen nicht vor 21 Uhr. Da hilft kein Klagen, Sie müssen sich einfach anpassen. Das fällt jedoch relativ leicht, da in Spanien die Mitteleuropäische Zeit gilt und die Sonne sowie so eine Stunde später "ankommt".
Banken und Behörden haben meist nur montags bis freitags von 9 - 13.30 Uhr geöffnet, Postämter auch von 16 - 19 Uhr.
Museen haben meist montags geschlossen! Ansonsten von ca. 10-13.30 und 16-19 Uhr geöffnet.
Geschäfte öffnen von 9 - 13 und von 16 - 20 Uhr, Supermärkte sind durchgehend geöffnet. Allerdings sind die Regeln nicht so streng wie im sturen mitteleuropäischen Raum. Vor allem in der Provinz öffnet ein Ladenbesitzer immer dann, wenn er sich ein Geschäft verspricht – d.h. fast den ganzen Tag, bis spät in die Nacht, oft auch sonntags.
Selbst wenn geschlossen sein sollte – fragen Sie in der benachbarten Kneipe nach. Man wird den Besitzer für Sie ausfindig machen!

PROFI-PACKLISTE

Brieftasche/Handtasche/Geheimfach
Pässe, Personal-, Kinderausweis (gültig!)
Führerscheine, Vollmacht
Grüne Karte (gültig!)
KFZ-Schein
Bargeld/Brustbeutel
ec-Karte
Visacard
Impfbücher
Auslandskrankenscheine
Zusatzversicherungen
Schutzbrief
Fotokopien aller dieser Papiere

___
___

Wohnmobilhaushalt
Wecker
Einkaufstasche (groß)
Kaffee-, Teekanne
Filtertüten/Filter oder noch besser:
Espresso-Kaffeemaschine
Geschirr/Gläser
Vesperbrettchen/Bestecke
Brotmesser/Kartoffelschäler
Schöpflöffel/Schneebesen
Töpfe/Dampftopf
Pfannen/Sieb
Topflappen
Butterdose/Plastikdöschen mit Deckel
Flaschentrage
Thermoskanne
Eierbehälter
Küchenpapier/Alufolie
Nähzeug/Schere
Klebstoff/Klebeband
Wäscheleine/Klammern
Waschpulver
Plastikschüssel
Abtreter
Schuhputzzeug
Kabeltrommel
Verbindungskabel CEE-Schuko
Stecker (Ausland)
Doppelstecker
Gasflaschen (voll?)
Anschlussstutzen für Camping-Gaz-Flasche
Handfeger/Kehrschaufel
Putzlappen
Klappspaten
Hammer/Nägel/Axt
Zündhölzer/Feuerzeug
Gasanzünder
Taschenlampen
Kerzen
Petroleumlampe/Petroleum
Ersatzbirnen 12 V/220 V
Ersatzsicherungen für jedes Gerät
Ersatzwasserpumpe und
2 m dazu passender Wasserschlauch
Feuerlöscher
Insektenspray/Insektenlampe
Moskitogaze für Fenster und Tür
Toilette/Clo-Papier
Schmierseife (statt Toilettenchemikalien)
Dosen-, Flaschenöffner, Korkenzieher
Spülmittel/Bürste
Scheuerpulver
Geschirrtücher
Leim/5 m Schnur
5 m Schwachstromkabel zweiadrig
Gartenschlauch mit Passstück für verschiedene Wasserhähne/Trichter
Wasserentkeimungsmittel
Müllbeutel

___
___

Reiseapotheke
Mittel gegen Reisekrankheit
Soventol (lindert Insektenstiche usw.)
Husten-, Schnupfenmittel
Fieberzäpfchen
Kohle-Kompretten
Mittel gegen Durchfall
Mittel gegen Kopfschmerzen
Mittel gegen Verstopfung
Nasen-, Ohrentropfen
Halsschmerztabletten
Wundsalbe/Brandsalbe
Wunddesinfektionsmittel (Merfen-Orange)
Sprühpflaster
Elastikbinden
Salbe gegen Prellungen
Fieberthermometer
Pinzette
Auto-Verbandskasten o.K.?
Persönliche Medikamente

___
___

Auto
Allgemeines Wohnmobil-Handbuch
WOMO®-Knackerschreck
Bedienungsanleitungen
Bordbuch/Wörterbücher
Reiseführer/Campingführer
Straßenkarten/Autoatlas
Auffahrkeile/Stützböcke
Wasserwaage
D-Schild
Kundendienst gemacht?
Ersatzteilset von der Werkstatt?
Pannenausrüstung komplett?
Reservekanister voll?
1-2 Liter Reserveöl
Reserverad Luftdruck o.K.?
Abschleppstange, ausprobiert?
Passender Wagenheber, ausprobiert?
Luftpumpe
Warndreieck/Warnweste
Arbeitshandschuhe
Werkzeugkoffer komplett?
Kundendienststellenverzeichnis, neu?

___
___

Kleidung
Unterwäsche
Socken/Strümpfe
Hemden/Blusen
Schuhe/Sandalen
Hausschuhe
T-Shirts/Shorts
Hosen/Jeans
Kleider/Röcke
Pullover/Jacken/Stola
Anoraks/Windjacken/"Friesennerz"
Wolldecken
Sonnenhüte/Kopftücher
Nachthemden/Schlafanzüge
Bikinis/Badehosen
Gummistiefel/Wanderstiefel
Sonnenbrille/Ersatzbrille

_____

_____

Campingartikel
Stühle/Tisch/Liegestühle
Liegematten/Hängematte
Sonnensegel/Stangen/Häringe/Leinen
Grill/Grillzange/Holzkohle oder besser:
WOMO®-Pfannenknecht

_____

_____

Unterhaltung
KW-Radio
Schreibzeug/Adressbuch
Handarbeitszeug
Kinderspielzeug
Malutensilien
Bücher/Spiele
Kassettenrekorder/Kassetten
CD-Player/CDs
Taucherbrillen
Wasserball/Fußball/Wurfringe
Frisby/Indiaca usw.
Schlauchboot/Pumpe/Ruder
Luftmatratzen
Sandspielzeug
Schwimmflügel/Schwimmreif
Surfbrett/Zubehör
Fotoapparat/Filme
Videokamera/Kassetten
Ersatzbatterien/Ladegerät für 12 V
Rucksäcke
Kartentasche
Fernglas
Kompass
Iso-Matten/Zelte/Kochtopfset
Feldflaschen/Taschenmesser/Angelzeug
SOS-Kettchen (vor allem für Kinder)

_____

_____

Lebensmittel
Getränke (Limo, Bier, Wein)
H-Milch/Dosenmilch/Coffeemate
Milchpulver/Limopulver/Zitronenteepulver
Wurst-, Fischdosen
Fertiggerichte/Beutelsuppen
Tee/Kaffee/Kaba
Müsli
Butter/Margarine
Brot/Dosenbrot
Reis/Nudeln/Grieß
Kartoffelbrei/Mehl
Babykost
Puddingpulver
Schokolade/Bonbons/Kaugummi
Marmelade/Nutella
Bratfett/Öl/Essig
Majonnaise, Senf
Zwiebeln
Gewürze
Ketchup/Maggi/Salz
Zucker/Süßstoff
Kartoffeln
Eier
Zwieback/Salzstangen

_____

_____

_____

Toilettenartikel
Hand-, Badetücher, Waschlappen
Geschirrtücher
Tempo-Taschentücher
Kämme/Bürsten
Haarfestiger/Lockenwickel/Haarspangen
12 V-, Akku- oder Nassrasierer
Nageletui/Hygieneartikel
Empfängnisverhütungsmittel
Windeln/Creme/Babycreme
Seife/Rei in der Tube
Sonnencreme, -öl
Fettstift (Labello)
Zahnbürsten/Zahnpasta
Autan gegen Mücken
Schlafsäcke/Kopfkissen/Spannlaken

_____

_____

Nicht vergessen!
Post/Zeitung abbestellen
Offene Rechnungen bezahlen
Haustier abgeben
Blumen versorgen
Mülleimer leeren
Kühlschrank abstellen?
Antennen herausziehen
Wasch-, Spülmaschine, Bügeleisen aus?
Wasser, Gas, Heizung, Boiler abgestellt?
Rolläden schließen
Haustür verschließen!
Nachbarn/Verwandte benachrichtigen:
    Reiseroute, Autokennzeichen. Reserveschlüssel abgeben.

_____

_____

_____

_____

_____

PREISE

Wie soll man diese Frage längerfristig beantworten, in der Zeit der raschen Veränderungen?

Bis jetzt hat immer gegolten: Was aus dem eigenen Lande stammt, ist in Spanien billiger als bei uns. Für ein komplettes Menü (menu de la casa) zahlten wir zwischen 6,- und 10,-Euro, selbst zusammengestellte Gerichte kamen, ganz nach Hunger und Ansprüchen, auf 4,- bis 15,-Euro. Trinkgelder sind stets inbegriffen, bei besonders guter Bedienung sollte man um etwa 10 % aufrunden.

Die Treibstoffpreise, überall annähernd gleich, sind inzwischen den deutschen vergleichbar. Sie sollten sich kurz vor der Abfahrt bei Ihrem Automobilclub informieren.

Die Autobahngebühren sind hoch, für jeden Kilometer muss man etwa 8-10 Cent rechnen. Für einen Tag auf einem Campingplatz muss man fürs WOMO und zwei Personen 17,- bis 35,- Euro berappen.

Obst, Salat, Gemüse, überhaupt alles, was es auf dem Frischwarenmarkt gibt, ist etwas billiger als in Deutschland. Der Knaller aber sind die Weinpreise. Wer will, kann schon für weniger als einen Euro einen Liter ordentlichen Tischwein erstehen. Auch einheimischer Brandy ist sehr günstig. Sonstige Getränkepreise gleichen den unsrigen. Dabei gilt auch in Spanien: Im ALDI (oder LIDL) ist's billiger als im Tante-Emma-Laden.

Ein 3-Minuten-Telefonat nach Deutschland kostet zwischen 22 und 8 Uhr 2,50 Euro, sonst knapp 4 Euro.

REDEWENDUNGEN

Wir wollen und können den unter "Literatur" angegebenen Sprachführer nicht ersetzen, aber ein Dutzend wichtiger Begriffe sollten Sie eigentlich auswendig können:

- **Deutsch**	- **Spanisch**	- **Katalanisch**
- Guten Tag	- buenos días	- bon dia
- Guten Abend	- buenos tardes (ab 14 Uhr)	- bona tarda
- Gute Nacht	- buenos noches	- bona nit

- Soll es nicht ganz so formell sein, geht für alle Gelegenheiten:
- 'hola'.

- Auf Wiedersehen	- hasta luego, adios	- adéu, a reveure
- Bitte	- por favor	- si us plau
- Danke	- gracias	- gràcies
- Entschuldigung	- Perdon!	- perdoni!
- Ja/nein	- sí/no	- sí/no
- Rechts	- a la derecha	- a la dreta
- Links	- a la izquierda	- a la espuerra
- Geradeaus	- todo seguido	- tot recte
- Was kostet das?	- Cuanto cuesta esto?	- Quant val això?
- Ich hätte gern....	- quisiera....	- voldria...

.... und die wichtigsten Camper-Fragen:

- **Deutsch**	- **Spanisch**
- Wie komme ich zum Strand?	- Como se va a la playa?
- Wo ist ein Brunnen mit Trinkwasser?	- Donde hay una fuente con agua potable?
- Ist das Wasser trinkbar?	- Es potable esta agua?
- Darf man hier baden?	- Puedo bañarme aqui?
- Darf man hier im WOMO übernachten?	- Puedo dormir, aqui, en Autocaravanas?

Tipps:
>> Nur die Gaststätten in den Küstenregionen haben mehrsprachige Speisekarten, Fremdsprachenkenntnisse kann man bei der Bedienung kaum

voraussetzen, meist sind es ein paar Brocken französisch. In dem von uns empfohlenen Wörterbuch sind einige Gerichte zweisprachig aufgeführt.
>> Auf dem Lande trifft man ab und zu ehemalige Fremdarbeiter, die sich freuen, mit Ihnen deutsch zu sprechen.
>> Auch Ihre Spanisch-Kenntnisse helfen Ihnen in Katalonien nicht immer. Man ist stolz darauf, wieder katalanisch sprechen zu dürfen – und auch Hinweisschilder usw. sind meist in dieser Sprache beschriftet, die eher dem Französischen ähnelt. Im Buchhandel gibt es auch deutsch-katalanische Wörterbücher.

REIFEN

Bei einer Reifenpanne denkt man meist nur an die Mühen eines Radwechsels. Nicht selten verliert jedoch der defekte Reifen ganz plötzlich Luft – Unfälle sind nicht auszuschließen.

Tipps:
>> *Fahren Sie nur mit fünf wirklich kritisch begutachteten Pneus in den Urlaub! Wichtig ist dabei nicht nur die Kontrolle der Profiltiefe, sondern auch die Suche nach Rissen oder Einstichen. Diese werden in der Regel zum Ausgangsort für größere Schäden.*
>> *Werfen Sie auch unterwegs ab und an einen Blick auf die Füße Ihres Fahrzeugs, und fühlen Sie die Temperatur ab. Nach Schotterstrecken hört man manchmal ein gefährlich klingendes, klackerndes Geräusch. Suchen Sie nach einem Stein, der sich ins Profil eingeklemmt hat!*
>> *Sie haben hoffentlich einen Ersatzschlauch dabei? Auch bei schlauchlosen Reifen ist durch Einlegen eines Schlauches eine Panne z.B. durch einen Nagel schnell behoben, wenn der Reifen sonst noch o.K. ist.*
>> *Ist eine Reparatur nicht mehr möglich, und man hat keinen Reifen Ihrer Marke auf Lager (was höchst wahrscheinlich ist), dann kaufen Sie einen anderen, eventuell einen gebrauchten. Fahren Sie nie ohne Ersatzrad! Abschleppen wird Sie gern jeder – aber nicht mit drei Rädern!*

RUNDFUNK

Es ist schon einige Jahre her, da bogen wir mit unserem alten VW-Bus kurz vor Antalja in eine malerische Bucht ab – und standen plötzlich, umringt von Soldaten, zwischen zwei PAK-Geschützen. Seit Tagen war Krieg um Zypern, nur wir hatten keine Ahnung! Kann das heute nicht mehr passieren?

Tipps:
>> *Deutsche Sendungen gibt es in Spanien auf UKW im Empfangsbereich der Urlaubszentren des Mittelmeeres. Außer Musik und Werbung wird kaum etwas geboten..*
>> *Auf Mittelwelle bekommen Sie deutsche Sender nur in miserabler Qualität herein – und nur unter günstigen tektonischen Bedingungen.*
>> *Möchten Sie im Urlaub nicht auf Informationen aus der Heimat und über das Weltgeschehen verzichten, dann brauchen Sie einen Kurzwellenempfänger!*
>> *Selbst mit preiswerten Geräten kann man zumindest die ‚Deutsche Welle‘ oder ‚Radio Austria‘ auf dem 49-m-Band empfangen. Wir empfehlen ein Gerät mit digitaler Frequenzanzeige. Es bietet als einziges die Gewähr, dass Sie Ihren Sender nicht ständig neu suchen müssen.*
>> *Um Batterien zu sparen, haben die meisten Geräte einen 6V-oder 9V-Anschluss. Mit einem DC-DC-Wandler können Sie das Gerät (auch Kassettenrecorder usw.) auch an die Autobatterie anschließen (Conrad-electronics, 92240 Hirschau).*
>> *Für moderne Urlauber ist der KW-Empfänger nur noch Nostalgie. Satelliten-*

empfang ist das Zauberwort – und auf immer mehr WOMOs sieht man die bekannte Schüssel, mit der man auch eine ganze Reihe von heimatlichen UKW-Sendern in Stereoqualität empfangen kann. Antenne, Receiver (mit 12-V-Anschluss) und 12-V-Farbfernseher gibt's komplett schon unter 500 Euro.

SCHLAFSACK

Wie man sich bettet, so schläft man. Aber womit soll man sich zudecken? Denken Sie dabei nicht nur an die durchschnittlichen Höchsttemperaturen, sondern auch an die Fahrtage, an Übernachtungen im Gebirge oder an den beginnenden Herbst bei der Heimreise.

Tipps:
>> *Handeln Sie nicht nach dem Motto: Lieber geschwitzt als gefroren! Zur Not können Sie immer noch die Gasheizung andrehen. Schlafsäcke, die im Zelt bewährt sind, führen im WOMO zu Hitzeanfällen.*
>> *Geeignet sind für die wärmere Jahreszeit die preiswerten Steppbetten (ab 20 Euro im Campinghandel und in Kaufhäusern) oder Wolldecken, die man in die Bettbezüge steckt.*
>> *Wichtig sind Spannbettbezüge, die das kunstvoll zusammengesetzte Polstermosaik nach dem Bettenbau zusammenhalten.*
>> *Haben Sie Kinder mit, die neben dem WOMO im Zelt schlafen wollen? Es ist bei schönem Wetter kein dickerer Schlafsack nötig, sondern eine Iso-Matte, die die Bodenkälte wesentlich besser abhält als eine Luftmatratze. Während der Fahrt lässt sie sich bequem unter der Matratze im Alkoven unterbringen.*
>> *Im Gebirge und bei Regenwetter, aber auch im Landesinneren sinken nachts die Temperaturen stärker ab. Im Zelt wird dann ein "richtiger" Schlafsack gebraucht.*

SONNENSCHUTZMITTEL

Immer wieder trifft man in südlichen Gefilden bedauernswerte Geschöpfe, die die Gefahren der UV-Strahlung nicht ernst genommen haben und nun wie halb gepellte Kartoffeln herumlaufen.

Tipps:
>> *UV-Strahlung ist im Gebirge und am Meer am gefährlichsten – die Temperatur spielt dabei überhaupt keine Rolle!*
>> *Wer wie ein weißer Käse im Urlaub ankommt, sollte zunächst nur gut eingecremt ans Sonnenbaden gehen. Es gibt Sonnenmilch und Sonnencremes mit verschiedenen Schutzfaktoren. Ihre Filterwirkung verlängert jedoch nur die Zeit, die Sie sich in der Sonne aufhalten können. Sie hält die Sonnenstrahlen nicht völlig von Ihnen ab.*
>> *Besonders nach dem Baden ist Vorsicht im Platze. Sofort abtrocknen und wieder eincremen. Auch wer nie Probleme mit Sonnenbrand hat: Das Salzwasser laugt die Haut aus, macht sie trocken und rissig. Spätestens nach der abendlichen Süßwasserdusche sollten Sie den ganzen Körper eincremen.*
>> *Kinder, vor allem Babys, sollte man beim Spiel in der Sonne gut im Auge behalten! Pflicht sind Sonnenhütchen und anfangs T-Shirt, sowie regelmäßiges Eincremen.*
>> *Eine gute Sonnenbrille ist jedem anzuraten. Brillenträger sind mit Colormatic-Gläsern gut bedient. Besonders im Gebirge schmerzen die Augen in der grellen Sonne.*
>> *Gerade im Gebirge sollte man besonderen Wert auf die Lippenpflege legen. Ein Fettstift gehört in jedes Tourengepäck.*

SPEISEN

Die Liebe zu Spanien geht durch den Magen! Wenn Sie ein paar Tipps berücksichtigen, werden Sie dieses Sprichwort bald bestätigen können!

Tipps:
- *Auch das Küstengebiet Ost-Spaniens verwöhnt seine Bewohner und Gäste täglich mit frischen Fischen und Mariscos (sonstiges Meeresgetier), das Landesinnere bietet Obst, Gemüse und Weidefläche für Vieh und Wild in Hülle und Fülle.*
- *In Langenscheidts Sprachführer sind mehrere Seiten den spanischen Speisekarten gewidmet. Lesen Sie sich ein bißchen ein.*
- *Schließen Sie nie vom Äußeren einer Gaststätte auf die Qualität der Küche! Fragen Sie lieber einen Einheimischen, Spanier gehen gern (und gut) essen.*
- *Wenn Sie sich unsicher sind, bestellen Sie das "menu de la casa". Damit fahren Sie nie schlecht. Beachten Sie jedoch: Der Zusatz "pan, aqua **y** vin" heißt "Brot, (Mineral-)Wasser **und** Wein", der Zusatz "pan, aqua **o** vin" jedoch "Brot, Wasser **oder** Wein". Manchmal muß man die Steuer (I.V.A.) separat bezahlen, manchmal kostet die Bedienung **vor** der Gaststätte Aufpreis.*
- *In den Touristenzentren unterbieten sich die Gaststätten bei den Preisen. Erwarten Sie nicht, in der billigsten Gaststätte auch noch lukullisch bedient zu werden. Suchen Sie lieber in einer Seitenstraße nach einem gut (mit Einheimischen) besuchten Lokal.*
- *In guten Gaststätten können Sie zwischen einigen Zubereitungsarten wählen:*

asado	*-gebraten*
asado a la parilla	*- gegrillt*
cocido	*- gekocht*
al horno	*- im Backofen gebacken*
a la plancha	*- auf einer heißen Platte gegrillt*
a la romana	*- im Teigmantel*
a la cazuela	*- in der Kasserolle*

- *Wenn Sie alle Fisch- und Fleischarten nach sämtlichen Zubereitungsmethoden ausprobiert haben, sind Sie reif für die "mariscos"! Marisquerias sind Gaststätten, die sich auf ihre Zubereitung spezialisiert haben, aber auch in anderen Gaststätten fehlen sie nie.*
- *Sie haben solches Zeug noch nie gegessen und wissen auch nicht wie? Es schmeckt besser als feinstes Kalbfleisch und die Tricks, wie man in einen Krebs hineinkommt, wird Ihnen jeder gern zeigen.*
- *Das passende Getränk? Ein trockener, weißer Penedés – oder ein Cava-Sekt!*
- *Auch der Gang zum Metzger, durch die Fischhalle und über den Gemüsemarkt kann der Auftakt zu einem Drei-Sterne-Menü sein. Unser ALLGEMEINES WOHNMOBIL KOCHBUCH verrät Ihnen eine Unmenge von Urlaubsgerichten.*

TELEFON

In Spanien gibt es mit Sicherheit doppelt so viele Telefonhäuschen pro qm wie in Deutschland – denn Spanier haben die "Telefonitis".

Tipps:
- *Ins Ausland telefonieren kann man in Spanien in jedem Dörfchen vom Postamt aus und von jedem Telefonhäuschen, die man sogar an den einsamsten Stellen findet.*
- *Telefonhäuschen sind in Spanien nicht so "schön" auffällig gelb wie in Deutschland, sondern in Alu natur. Telefonbücher liegen nur in der Post aus!*

>> Die spanische Telefongesellschaft hat etwas geschafft, was man in Deutschland nachmachen sollte: Fast alle öffentlichen Telefone schluk-ken Münzen **und** Telefonkarten.
>> Telefonkarten = Tarjetas bekommt man in den staatlich lizenzierten Tabakläden, die man leicht an den braun-gelben Schildern mit der Aufschrift "Tabacos" erkennt.
>> Von Spanien nach Deutschland wählt man 0049, nach Österreich 0043, in die Schweiz 0041.
>> Die Landesvorwahl für Spanien ist 0034. Nach der Landesvorwahl fällt stets die Null der Ortsnetzkennzahl weg.
>> **Wichtige Telefonnummern in Spanien:**
Deutsche Botschaft, Madrid: 91 557 90 00
Österreichische Botschaft, Madrid: 91 556 53 15
Schweizerische Botschaft, Madrid: 91 431 34 00
Notrufdienst des ADAC, Barcelona: 93 200 88 00
Notruf: 061.
>> Telefon-Service "Deutschland direkt": Sie können von Spanien aus ein kostenloses R-Gespräch führen über eine deutschsprachige Vermittlung. Der Angerufene zahlt für die Vermittlung 5 Euro und für jede Gesprächsminute 0,60 Euro. Wählen Sie einfach: 900-99-0049.
>> Besonders praktisch nicht nur für Vielreisende sind Prepaid-Karten von privaten Anbietern oder der Telekom (T-Card). Mit diesen Prepaid-Karten kann man bis zu 75% billiger von allen Telefonen (auch Handys) aus telefonieren.

TREIBSTOFFE

In Frankreich herrscht freier Wettbewerb, während auf der Pyrenäenhalbinsel der Sprit, staatlich festgelegt, überall fast das gleiche kostet.

Tipps:
>> Tanken Sie vor der französischen Grenze noch einmal voll: In Frankreich ist der Sprit am teuersten. Beim ADAC gibt es ein Verzeichnis der preiswerten Tankstellen nahe der (deutschen) Autobahnen.
>> In Frankreich herrscht Wettbewerb an den Tankstellen. Es lohnt sich, die Preise zu vergleichen. Auf Autobahnen ist es bis zu 25 % teurer als an Supermärkten (Supermarché). An manchen Tankstellen gibt es 24-h-Tankautomaten für ec-Karten und Kreditkarten (mit Pin).
>> Besonders günstige Tankstellen in Frankreich haben wir bei den Anreiserouten eingezeichnet und im Text beschrieben. Ausnahmslos findet man sie bei den großen Supermärkten.
>> Vergessen Sie nicht, vor allem während der ersten 1000 km des Urlaubs, regelmäßig den Ölstand zu kontrollieren. Lange Vollgas-Strecken machen nicht nur den Fahrer durstig.

TRINK-/WASCH-/SPÜLWASSER

Während wir beim Abwasser die Formel aufgestellt haben:
10 Liter x Personenzahl = Volumen des Abwassertanks, braucht man pro Person eine Frischwasserkapazität von mindestens 20-30 Litern.

Tipps:
>> Die Suche nach Trinkwasser ist für unsere Leser vorbei. An jeder Tour sind genügend Trinkwasser stellen angegeben.
>> Es gibt Camper, die kochen jeden Tropfen Wasser ab. Das verbraucht unnötig Gas. Außerdem schmeckt das abgekochte Wasser durch den Verlust des gelösten Kohlendioxids fade. Andererseits kann man auch nicht jedem munter plätschernden Brünnlein bedenkenlos trauen, selbst wenn alle Einheimischen "agua potable" beteuern.

>> Das Behandeln von Flusswasser mit Natrium-Hypochlorit oder Certisil hat die gleiche 100%ige Wirkung auf krankheitserregende Keime hat wie zweimaliges Abkochen. Behandeln Sie also Wasser stets mit keimtötendem Mittel, wenn Sie nicht mit eigenen Augen sehen, wie es aus einer Quelle sprudelt. Nur dann ist Sicherheit vor Infektion vorhanden.
Bedenken Sie: Eine Entkeimung von 10 Liter Wasser kostet weniger als drei Pfennige, eine Diarrhöe mehrere Urlaubstage. Außerdem verhindern Entkeimungsmittel die Nachverkeimung des Wassers im Tank.
>> Wasserkanister haben einen großen Vorteil gegenüber eingebauten Tanks. Man kann Sie dem Nachbarn zum Füllen mitgeben und bequem im Freien reinigen. Praktisch sind durch ihren geringen Platzbedarf zusätzliche, faltbare Wasserbehälter.
>> **ACHTUNG!** Alle Entkeimungsvorschriften gelten nur für optisch reines, also klares Wasser. Trübes Wasser müsste vorher gefiltert werden.
>> Irgendwann geht an jedem Strand der Trinkwasservorrat aus! Wie kann man sparen?
>> Salzwasser: Geschirrspülen klappt wunderbar, wenn das "Spüli" keine "Anionische Tenside" enthält. Auf der Flasche nachschauen oder einfach ausprobieren. Haarewaschen geht prima! Auch hier ist Seife nicht geeignet, man nehme flüssige "Seife", die keine Alkalien enthält, z.B. "Eubos" (Apotheke).
>> **Fluss-, See-, Bachwasser:** Wenn das Wasser optisch rein ist, kann man es zum Spülen, Waschen und Haarewaschen verwenden. Nur zum Zähneputzen muss man es vorher abkochen oder chemisch entkeimen.

UHRZEIT

In Deutschland, Frankreich und Spanien gilt die Mitteleuropäische Zeit. Da auch alle drei Staaten gleichzeitig auf Sommerzeit umstellen, ändert sich für den deutschen Urlauber fast gar nichts.
Warum nur fast? Weil Spanien viel westlicher als Deutschland liegt und dort die Sonne ein bis zwei Stunden später aufgeht. Dadurch wird es (bei gleicher Uhrzeit) später hell - und natürlich auch später dunkel. Sogar der Magen meldet sich später.
So, jetzt wissen Sie auch, warum die Spanier später essen.

VERKEHR

Dem WOMO-Fahrer kann es nur darum gehen, sein großes und schweres Gefährt unbehelligt bis zum Urlaubsziel und zurück zu transportieren. Dabei kann ihm allerhand passieren.

Tipps:
>> Geschwindigkeitsbegrenzungen nötigen uns bedächtigen WOMO-Fahrern meist nur ein müdes Lächeln ab:

	Frankreich	Spanien
Autobahnen	130 km/h	120 km/h
Schnellstraßen	110 km/h	100 km/h
Landstraßen	90 km/h	90 km/h
innerorts	50 km/h	50 km/h

>> Promillegrenze in beiden Ländern 0,5. Es besteht Anschnallpflicht, Kinder haben hinten zu sitzen.
>> Verkehrsregeln, soweit sie von den deutschen abweichen:

Frankreich
Bei Nässe muss 10 km/h langsamer gefahren werden, auf AB 20 km/h. Ist der Führerschein noch kein Jahr alt, darf nur 90 km/h gefahren werden. Bei

Regenfall ist Abblendlicht einzuschalten. Gelbe Streifen am Fahrbahnrand bedeuten Parkverbot. Im Zweifelsfall gilt immer: "Rechts vor links".

Spanien
Abschleppen durch Privatfahrzeuge ist verboten. Auf beleuchteten Straßen nachts nur mit Standlicht fahren.

Straßenverhältnisse
In Frankreich sind die RN, die "routes nationales" in gutem Zustand, einige Ortsdurchfahrten sind jedoch noch eng, kopfsteingepflastert und verstopft. Die Autobahnen sind hervorragend (auch vom Preis her)!
In Spanien hat man inzwischen ganz toll aufgeholt. Es gibt im Verlauf unserer Touren fast nur noch ausgezeichnete Nationalstraßen. Zum Ausgleich haben wir ein paar "Abenteuer-Schotterpisten" eingebaut.
Für die Pisten zu den Stränden und Ufern fühlt sich die Straßenbauverwaltung allerdings nicht zuständig. Hier muss sich jeder Pilot auf sein Fahrzeug und sein Können – und zur Not auf die Schiebekräfte seiner Mitfahrer verlassen.

VERSTÄNDIGUNG

Gäbe es die ehemaligen Gastarbeiter nicht, die uns in Spanien regelmäßig bei Verständigungsproblemen geholfen haben, würden wir vermutlich jetzt noch dort in irgendeiner Klemme sitzen.
Spanien liegt am Rande Europas, durch die Pyrenäen von ihm getrennt. Jahrhundertelang war der Blick der Spanier auf die Kolonien in Übersee gerichtet – Fremdsprachen waren überflüssiger Luxus. Dies wird sich in den nächsten Jahrzehnten sicher ändern, aber so lange können wir nicht warten! Eines steht fest: Die allerwenigsten Spanier beherrschen eine Fremdsprache und die allerwenigsten Deutschen können spanisch. Was tun?

Tipps:

>> Südländer sind Meister in der Gebärdensprache. Tun Sie es ihnen nach, so kommen Sie auch ohne Worte aus.
>> Viele Gaststätten haben dreisprachige Speisekarten (spanisch, französisch, englisch). Deutsch ist leider selten dabei. Bei Verständigungsproblemen wird man Sie in die Küche bitten. Dort können Sie sich informieren.
>> Ärzte, Apotheker und Juristen sprechen mit Sicherheit französisch, englisch oder deutsch. Lassen Sie sich den Richtigen von der Dame im Touristenbüro suchen.
>> Die Jugend lernt französisch und englisch, leider sehr selten deutsch in der Schule. Sie freuen sich auf ein Schwätzchen mit Ihnen und geben gerne Auskunft.
>> Polizisten haben im allgemeinen keine Fremdsprachenkenntnisse! Bestehen Sie deshalb auf einem Dolmetscher (interprete), wenn es Probleme gibt.
>> Sie können ein paar Brocken spanisch? Klasse! Hoffentlich geraten Sie dann nicht ausgerechnet an einen Spanier, der nur katalanisch spricht – das würde Ihnen sicher spanisch vorkommen!

ZAUBEREI – OUTDOOR-NAVIGATION MIT GPS

Das GPS (Global Positioning System) ist ein vom US-Verteidigungsministerium entwickeltes Satellitensystem zur weltweiten Standortbestimmung. Bereits ab 150 € bekommt man ein handy-kleines Gerät, mit dem man auch bei Nacht und Nebel jederzeit feststellen kann, wo man sich befindet – und wird zu dem Platz geleitet, von dem man die Koordinaten hat (aber nur, wenn im Gerät auch das Kartenmaterial des jeweiligen Landes gespeichert ist).
In dem vorliegenden Reiseführer sind für alle Übernachtungsplätze die Koordinaten im Format Grad / Minuten / Sekunden (hddd°mm'ss.s") angegeben.

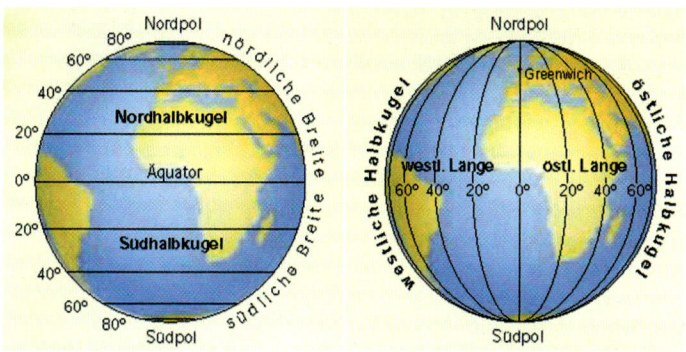

Hinweis: Die obige Schreibweise der Koordinaten ist die am meisten verbreitete. Falls Ihr Gerät voreingestellt die Schreibweise Grad mit Dezimalen (hddd.ddddd°) oder Grad / Minuten mit Dezimalen (hddd°mm.mmm') anzeigt, finden Sie mit Sicherheit eine Umstellmöglichkeit auf das obige Format.

Besitzer von GPS-Geräten bei denen man Koordinaten eingeben kann, z.B. der Fa. Garmin, TomTom oder Falk, tippen sinnvollerweise die angegebenen Koordinaten der WOMO-Stellplätze vor dem Urlaub in das Gerät ein. Wer es noch bequemer haben möchte, erwirbt beim WOMO-Verlag die "GPS-CD zum Buch" – und die GPS-Daten werden in Sekundenschnelle vom Computer aufs GPS-Gerät überspielt.

Natürlich kann man auch "vor Ort" nur die Koordinaten des Platzes eingeben, den man als nächstes anfahren möchte.

ACHTUNG! Viele unsere Plätze liegen an Nebensträßchen und Schotterpisten, die kein Navi kennt. Aber die Zufahrt ist ja auch im Text beschrieben – und eine gute Autokarte gehört immer noch zur Pflichtausstattung eines jeden WOMO-Urlaubers ....

Geocaching heißt ein neues Spiel!

Man versteckt einen "Schatz" (meist in einer Plastikschachtel) und veröffentlicht die Koordinaten des Versteckes. Wer den "Schatz" findet, trägt sich im beiliegenden Logbuch ein, entnimmt dem Schatz eine Kleinigkeit, legt etwas anderes hinein und versteckt ihn wieder an der gleichen Stelle. Wir haben für Sie zwei "Schätze" in Ost-Spanien versteckt.

> **Zum Schluss:**
> ## IN EIGENER SACHE – ODER DER SACHE ALLER!?

Urlaub mit dem Wohnmobil ist etwas ganz besonderes. Man kann die Freiheit genießen, ist ungebunden, dennoch immer zu Hause, lebt mitten in der Natur – **wo man für sein Verhalten völlig selbst verantwortlich ist!**

Seit mehr als 25 Jahren geben wir Ihnen mit unseren Reiseführern eine Anleitung für diese Art Urlaub mit auf den Weg. Außer den umfangreich recherchierten Touren haben wir viele Tipps allgemeiner Art zusammengestellt, unter ihnen auch solche, die einem WOMO-Urlauber eigentlich selbstverständlich sein sollten, denn weil wir als Wohnmobiler die Natur in ihrer ganzen Schönheit und Vielfalt hautnah erleben dürfen, haben wir auch besondere Pflichten ihr gegenüber, die wir nicht auf andere abwälzen können.

Jährlich erhalten wir viele Zuschriften, Grüße von Lesern, die mit unseren Reiseführern einen schönen Urlaub verbracht haben und sich herzlich bei uns bedanken. Wir erhalten Hinweise über Veränderungen an den beschriebenen Touren, die von uns bei der Aktualisierung der Reiseführer Berücksichtigung finden.

Aber: Wir erhalten auch Zuschriften über das Verhalten von Wohnmobilurlaubern, die sich **egoistisch, rücksichts- und verantwortungslos** der Natur und ihren Mitmenschen – nachfolgenden Urlaubern und Einheimischen – gegenüber verhalten.

In diesen Briefen geht es um die Themen Müllbeseitigung, Abwasser- und Toilettenentsorgung. Es soll immer noch Wohnmobilurlauber geben, die ihre Campingtoilette nicht benutzen, dafür lieber den nächsten Busch mit Häufchen und Toilettenpapier "schmücken", die den Abwassertank nicht als Tank benutzen, sondern das Abwasser unter das WOMO trielen lassen, die ihren Müll neben dem Wohnmobil liegenlassen und davondüsen, alles frei nach dem Motto: **"Nach mir die Sintflut!"**

Liebe Leser!

Wir möchten Sie im Namen der gesamten WOMO-Familie bitten: Helfen Sie aktiv mit, diese Schweinereien zu unterbinden! Jeder Wohnmobilurlauber trägt eine große Verantwortung, und sein Verhalten muss dieser Verantwortung gerecht werden.

Sprechen Sie Umweltferkel an, weisen Sie sie auf ihr Fehlverhalten hin und machen Sie mit dem WOMO®fan-Aufkleber deutlich: **Ich verhalte mich umweltgerecht!**

Der nächste freut sich, wenn er den Stellplatz sauber vorfindet, denn auch er hat sich seinen Urlaub verdient!

Vor allem aber: Wir erhöhen damit die Chance, dass uns unsere über alles geliebte Wohnmobil-Freiheit noch lange erhalten bleibt.

Helfen Sie mit, den Ruf der Sippe zu retten! Verhindern Sie, dass einzelne ihn noch weiter in den Schmutz ziehen!
Wir danken Ihnen im Namen aller WOMO-Freunde –

Ihr WOMO-Verlag

Stichwortverzeichnis

AIGUABLAVA 147
AINSA 20
ALÒS D'ISIL 226
ALQUÉZAR 28
Alternativer Nationalpark 226
AMPOSTA 62
Añisclo 17
Aràn-Tal 228
Arc de Barà 101
Area de les Ferreres 124
Area de Plana de Col 126
ARNES 50
Artiga de Lin 229
Assud 63
BALAGUER 207
BANYOLES 170
BAQUERA 227
BARBASTRO 27
BARCELONA 111
Bassa de les Olles 68
BECEITE 50
BEGUR 147
BENICARLÓ 57
BESALÚ 168
BIELSA 15
Bielsa-Tunnel 15
BLANES 129
CADAQUÉS 159
Cala Cap Roig 135
Cala Jóncols 159
Cala Montjoi 158
CALDES DE MONTBUI 117
Canyon de Añisclo 17
Cap Roig 146
Cartoixa de Scala Dei 78
Casa de Fusta 61
Castell de Mur 217, 220, 222
Castell d'Olérdola 102
CASTELLFOLLIT 175
CASTELLÓ D'EMPÚRIES 156
Centcelles 90
Chevreaux 11
Codorniu 104
COL DE NARGÓ 197
COLERA 161
COLLBATÓ 108
Congost de Collegats 219
Congost de Montrebei 213
Congost de Terradets 215
CONSTANTÍ 90
CORBERA 41
CORÇÀ 212
Costa Brava 131
Dali 141, 159
Dalí 166
Delta de l'Ebre 60
DELTEBRE 66
Dolmen Cova d'en Daina 136
Dolmen Creu d'en Cobertella 157
Dolmen de Sols de Riu 199
Ebro 45
El Médol 100
El Parrizal 51
EL PINELL DE BRAI 43
EL POBLENOU 60
EL PORT DE LA SELVA 160
Embalse de Barasona 26
Embalse de El Grado 24
Embalse de Pena 53
Empordà 156
Ermita de la Abeillera 85
Ermita de St. Elm 132
Ermita de St. Grau 131
Ermita Mare de Déu 73
Ermita San Jorge 36, 37, 38, 39
Ermita Sant Antoni 83
Ermita Santa Madrona 41
Ermita Santa Maria Magdalena 43
ES BÒRDES 228
Escornalbou 75
ESPOT 224
Estany de Banyoles 170
ESTERRI D'ÁNEU 225
FALSET 76
FIGUERES 166
Fontcalda 47
Forêt de Chailluz 10
FRAGA 35
Fuente de la Salut 54, 55
GANDESA 40
Garganta de Tresponts 196
GARRIGUELLA 163
Garrotxa 172
GERRI DE LA SAL 220
GIRONA 137
GRAUS 25
Horta de St. Joan 45
HOSTALRIC 127
ISIL 225
JOSA DEL CADÍ 191
Kap de Norfeu 158
Kloster Montserrat 107
Kloster Poblet 86
Kloster Santes Creus 88
Knackerschreck 261
LA BISPAL 142
La Fonteta 42
LA POBLA DE LILLET 183
LA POBLA DE SEGUR 217
LA TORRE 198
LA VILELLA BAIXA 77
Lac du Bouchet 11
L'AMETTLA DE MAR 69
Les Roques de Benet 47

Tipps & Tricks 259

L'ESCALA 152
L'ESTARTIT 151
Lisle-sur-Tarn 13
LLAFRANC 146
LLANÇÀ 160
LLAVORSÍ 223
LLEIDA 33
LLORET DE MAR 130
Mare de Déu 167
Mare de Déu del Camp 163
MARTORELL 104
Medes-Inseln 152
MIRAVET 44
MONROYO 53
MONT-ROIG 74
MONTAN DE TOST 193
Monte Caro 64
MONTGARRI 227
Montjuïc 111
MORELLA 54
MORELLA LA VELLA 55
Nationalpark Aigüestortes 224
Noguera Pallaresa 211
Noguera Ribagorçana 213
Ordesa 16
ORGANYÀ 197
PALS 148
Pantà de Boadella 167
Pantà de Siurana 81
Pedraforca 186
Pedralta 133
PEÑÍSCOLA 58
PERALADA 165
Pfannenknecht 261
Plá de Beret 227
PLATJA D'ARO 134
Platja de Can Comes 156, 157
Platja de Creixel 100
Platja de la Marquesa 67
Platja de l'Arrabassada 97
Platja de Migjorn 59, 61
Platja de Pals 147, 149, 150, 152
Platja del Trabucador 60
Platja Llarga 97
Pont del Diable 91, 105
PONTS 203
PORQUERES 172
PORTBOU 161
PORTLLIGAT 159
PRADES 84
PRAT DE COMTE 45
PUBOL 141
QUART D'ONYAR 137
Rafting 222
RIALP 222
Rio Mataraña 40
Rio Segre 37
RIPOLL 178
Riu Arija 182
Riu de Rialb 199
Riu Mataraña 51
Riu Ter 176
RIUDECANYES 74
Salardu 228
SALDES 186
Salpeterhöhle 109
SANT CARLES 59
SANT JOAN LES FONTS 176
SANT LLORENÇ 209
Sant Pere de Ponts 204
SANT PERE PESCADOR 155
SANT PRIVAT 174
SANT SADURNÍ 103
Santa Maria de Falgars 185
Santa Maria de Gualter 202
Santa Maria de Lillet 182
Santa Maria de Palau 202, 203
SANTA PAU 173
SCALA DEI 78
Schildkröten 164
Serra de Boumort 219
Serra de Cadí 186
Serra de Mogrony 181
Serra de Montsant 77
Serra de Montsec 209
Serra de Montseny 123
Serra de Montserrat 106
Serra de Pandols 40
SIURANA 81
ST. FELIU 131
ST. JOAN ABADESSES 177
ST. MIQUEL DEL FAI 119
St. Pere de Rodes 160
Stausee de Terradets 216
Stausee von Rialb 198
SUPER-ESPOT 224
TARRAGONA 91, 93
Torre de los Escipiones 99
Torreciudad 25
TORTOSA 64
TOSSA DE MAR 130
TREMP 217
Turó de l'Home 124
ULLASTRET 144
ULLDEMOLINS 82
VALDERROBRES 52
Valle de Pineta 17
Valle d'en Bas 174
VIC 120
VIELHA 228
VILA NOVA DE SAU 123
VILABERTRAN 165
VINARÒS 55, 57
VISTABELLA 89
VULPELLAC 142
Walter Benjamin 161
XERTA 63

Der WOMO®-Pfannenknecht

ist die saubere Alternative zum Holzkohlengrill.

* Kein tropfendes Fett,
* Holz statt Holzkohle,
* vielfältige Benutzung –
* vom Kartoffelpuffer bis zur Gemüsepfanne.

Massive Kunstschmiedearbeit, campinggerecht zerlegbar, Qualitäts-Eisenpfanne von Rösle, bequeme Handhabung im Freien, einfachste Reinigung.

Nur 49,90 € – und nur bei WOMO!

Der WOMO®-Aufkleber

* passt mit 45 cm Breite auch auf Ihr Wohnmobil.

* ist das weit sichtbare Symbol für alle WOMO-Freunde.

Nur 2,90 € – und nur bei WOMO!

Der WOMO®-Knackerschreck

* ist die universelle und **sofort sichtbare Einbruchssperre**.
* Wird einfach in die beiden Türarmlehnen eingehängt, zusammengeschoben und abgeschlossen. (tagsüber unter Einbeziehung des Lenkrades, nachts direkt, somit ist Notstart möglich).
* Passend für Ducato, Peugeot, MB Sprinter sowie VW (LT & T4).
* Krallen aus 10 mm starkem (Edel-) Stahl, d. h. nahezu unverwüstlich.

Ab 44,90 € – und nur bei WOMO!

Info-Blatt für das WOMO-Buch: Ost-Spanien'11

(ausgefüllt erhalte ich 10% Info-Honorar auf Buchbestellungen direkt beim Verlag)

Lokalität: **Seite:**   **Datum:**
(Stellplatz, Campingplatz, Wandertour, Gaststätte, usw.)
- ○ unverändert   ○ gesperrt/geschlossen   ○ folgende Änderungen:

Lokalität: **Seite:**   **Datum:**
(Stellplatz, Campingplatz, Wandertour, Gaststätte, usw.)
- ○ unverändert   ○ gesperrt/geschlossen   ○ folgende Änderungen:

Lokalität: **Seite:**   **Datum:**
(Stellplatz, Campingplatz, Wandertour, Gaststätte, usw.)
- ○ unverändert   ○ gesperrt/geschlossen   ○ folgende Änderungen:

Lokalität: **Seite:**   **Datum:**
(Stellplatz, Campingplatz, Wandertour, Gaststätte, usw.)
- ○ unverändert   ○ gesperrt/geschlossen   ○ folgende Änderungen:

Lokalität: **Seite:**   **Datum:**
(Stellplatz, Campingplatz, Wandertour, Gaststätte, usw.)
- ○ unverändert   ○ gesperrt/geschlossen   ○ folgende Änderungen:

Lokalität: **Seite:**   **Datum:**
(Stellplatz, Campingplatz, Wandertour, Gaststätte, usw.)
- ○ unverändert   ○ gesperrt/geschlossen   ○ folgende Änderungen:

Meine Adresse und Tel.-Nummer:

Nur komplett ausgefüllte, zeitnah eingesandte Infoblätter können berücksichtigt werden!